HEYNE FILMBIBLIOTHEK

W0109283

DER KINDERFILM von A bis Z

von
GUDRUN LUKASZ-ADEN / CHRISTEL STROBEL

Originalausgabe

WILHELM HEYNE VERLAG
MÜNCHEN

HEYNE-FILMBIBLIOTHEK
Nr. 32/127

Herausgeber: Bernhard Matt

Redaktion: Cornelia Zumkeller

Copyright © 1988 by Wilhelm Heyne Verlag GmbH & Co. KG, München
Umschlagfoto: Verleih Jugendfilm
Rückseitenfoto: Archiv Lothar Just, München
Innenfotos: Archiv der Autorinnen, München
Printed in Germany 1988
Umschlaggestaltung: Atelier Ingrid Schütz, München
Satz: Fotosatz Völkl, Germering
Druck und Bindung: Ebner Ulm

ISBN 3-453-03009-5

Inhalt

Vorwort

Ich gehe ins Kinderkino, weil ich da viele Filme kennenlerne; weil dort Filme extra für uns gezeigt werden; weil man im Kino jemanden neben sich hat; weil es so viel schöner ist als Fernsehen; weil ich da etwas erleben kann; weil es Spaß macht.

Das sind einige von vielen Antworten, die wir im Münchner »Kinderkino Olympiadorf« auf die Frage »Warum gehst du ins Kinderkino?« bekommen haben. Antworten, die typisch sind, die sich verallgemeinern lassen, die man überall in den Kinderkinos hören kann, überall, wo Kinderfilme laufen.

Kinderfilme, das sind Filme, die Geschichten *für* Kinder erzählen, Geschichten *über* Kinder.

Dieses Kinderfilmbuch stellt eine qualitative Auswahl aus dem im bundesdeutschen Verleih verfügbaren Angebot vor, das heißt Filme, die im Programm von Kinderkinos zu sehen sind. *Die Kinderfilme von A bis Z* stellen keine Auflistung dar, sondern sind untergliedert in 17 Rubriken: neue bundesdeutsche Kinderfilme, Buchverfilmungen, Märchenfilme, Animationsfilme, Abenteuerfilme, Kinderkrimis, Indianerfilme, Tier- und Naturfilme, Musicals, Fantasy- und Science-fiction-Filme, Slapstick-Filme, Filme zwischen Phantasie und Wirklichkeit, Gegenwartsfilme, Filme zur Zeitgeschichte, Filme über Kindheiten, Filme über Kinder der Welt.

Während der Arbeit an diesem Buch haben wir uns immer wieder neu die Frage gestellt: Was ist ein Kinderfilm? »Ein Film, der für Kinder gemacht ist« – so einfach war die Etikettierung vielleicht früher, in den 50er Jahren, als Kinderfilme kindertümelnd daherkamen, als für Kinder eine »heile Welt« entworfen wurde, die oft kaum etwas mit ihnen selbst zu tun hatte. Diese Meinung hält sich teilweise auch heute noch als Vorurteil – Kinderfilm = Kinderkram, Kinderkitsch, Babykino.

Doch der Kinderfilm ist erwachsen geworden. Regisseure, Autoren, Kinderkinomacher haben neue Akzente gesetzt, neue Kriterien entwickelt: Ein guter Kinderfilm ist ein Film, in dem Kinder ihren Träumen und Sehnsüchten nachhängen und zugleich ihre eigene Welt erkennen können, ein Film, der kindliche Bedürfnisse nach Spaß und Abenteuer befriedigt, der aber auch die Kinder ernst nimmt, ein Film, der eine glaubhafte Geschichte erzählt, künstlerisch anspruchsvoll und professionell gestaltet ist, mit überzeugenden Darstellern, mit Humor und Melancholie, Realismus und Phantasie. Es sind Filme, die Kindern helfen, sich im komplizierten Kinderalltag zurechtzufinden, besser klarzukommen. Kriterien, die die jungen Zuschauer honorieren, denn sie spüren genau, wo sie ernstgenommen werden. Ebenso wie sie eine Antenne für falsche Gefühle haben, für Anbiederungen.

Inzwischen gibt es »Kinderfilme«, die ursprünglich gar nicht für Kinder gemacht wurden. So zeigte sich der französische Regisseur Jean Loup Hubert ziemlich überrascht, als sein Film *Am großen Weg* (siehe Seite 288) beim Internationalen Kinderfilmfestival in Frankfurt 1987 lief und den Preis der Kinder-Jury erhielt. Weitere Beispiele für die Aneignung durch Kinder: *Auf Wiedersehen Kinder* von Louis Malle, *Hoffnung und Ruhm* von John Boorman und *Peppermint Frieden* von Marianne Rosenbaum. Was der Filmemacherin gar nicht so recht ist, weil das Etikett »Kinderfilm« sich nachteilig auf die Kinoauswertung auswirken könnte.

Diese Auffassung haben mehrere bundesdeutsche Filmemacher und Verleiher aufgrund gemachter Erfahrungen. Hier zeigt sich die Misere, in der sich der Kinderfilm bei uns befindet. Noch immer wird er als etwas »Kleines« und damit Minderwertigeres betrachtet, wird geringgeschätzt, auch von der Filmkritik. Kinderfilm findet auf den Feuilletonseiten der Tageszeitungen so gut wie nicht statt.

Eine Situation, die nicht zu trennen ist von den gesellschaftspolitischen Bedingungen eines Landes. Bei uns zum Beispiel ist es schwer, einen Kinderfilm zu machen, ein mühsames Unterfangen, das vor allem eins voraussetzt: Beharrlichkeit. Und Sparsamkeit. Kinderfilme sind in der Bundesrepublik – im Gegensatz zu anderen Ländern – noch immer kein selbstverständlicher Bestandteil der Filmproduktion.

In Skandinavien zum Beispiel ist die Produktion von Kinderfilmen garantiert. So gibt es in Dänemark seit 1982 ein Filmgesetz, wonach 25 Prozent der staatlichen Filmförderung dem Kinder- und Jugendfilm zustehen. In der Tschechoslowakei, mit Recht als »Hollywood des Kinderfilms« bezeichnet, werden seit 1958 in den drei Filmstudios des Landes (Barrandov-Studio/Prag, Gottwaldov und Koliba-Studio/Bratislava) systematisch Kinder- und Jugendfilme produziert, die nicht nur alljährlich auf einem nationalen Kinderfilmfestival zu begutachten sind, sondern weltweit die Kinderkinos bereichern. Diese Kontinuität läßt auch künstlerische Entwicklungen zu. Ota Hofman, Schriftsteller und Filmautor (*Pan Tau* u. v. a.): »Ich halte sehr viel von jenen Regisseuren, die sich dem Kinderpublikum widmen, denn das ist eine Kunst, die nur wenige beherrschen.« Kinderfilm wird in der ČSSR begriffen als Herausforderung an die »erwachsenen Regisseure«. Das gilt auch für die Sowjetunion, dem Staat mit der ältesten Kinderfilmtradition, die bis ins Jahr 1919 zurückreicht. Damals waren vier der insgesamt 56 Produktionen bereits spezielle Kinderfilme. Und 1927 gab es dazu auch das erste eigene Kinderkino in Moskau. Aus dem breitgefächerten Kinderfilmangebot sind leider nur wenige Filme bei uns im Verleih. In der DDR gibt es seit der Gründung der DEFA eine reiche und vielfältige Kinderfilmproduktion. Seit 1950 entstanden in unserem Nachbarland etwa 170 Kinderfilme, jährlich kommen acht bis zehn hinzu. Kinderfilme machen ein Fünftel der Spielfilmproduktion aus, staatlich finanziert und eingeplant, inhaltliche Schwerpunkte sind die drei Sparten: Märchen und phantastische Stoffe, historische Sujets und Gegenwartsthemen. Nicht von ungefähr stammen 40 Prozent der im Buch vorgestellten und bei uns verfügbaren Filme aus diesen Ländern.

Von solchen paradiesischen Zuständen im Kinderfilm-Genre sind wir trotz partieller Film- und Verleihförderung, trotz bemerkenswerter Bemühungen im Abspielbereich noch weit entfernt.

Und dennoch: Der Kinderfilm ist bei uns im Kommen, wird wiederentdeckt (siehe »Kinder sind das Publikum von morgen«, Seite 11). Immer mehr Filmtheater machen Kinderkino, nachdem jahrelang engagierte Erwachsene im nichtgewerblichen Bereich mit Idealismus, Enthusiasmus und Überzeugung für den Kinderfilm und das Kinderkino eintraten,

Pionierarbeit leisteten. Der Kinderfilm lebt – in kommunalen Kinos ebenso wie in Freizeitheimen, in Kneipenhinterzimmern wie in Kindergärten, in Pfarreien wie in Volkshochschulen – überall ist eine rege Kinderkinoszene entstanden.

Was Kinderkino sein kann, Thesen zum Kinderkino, hat Jürgen Barthelmes, Medienpädagoge und wissenschaftlicher Referent am Deutschen Jugendinstitut München, in seinem Aufsatz »Erregung, Lust, Langeweile und der Geschmack des Zitronenbonbons auf der Zunge« (siehe Seite 317) entwickelt.

Nicht nur Pädagogen und Medienfachleute kümmern sich um den Kinderfilm, auch interessierte Eltern arbeiteten von Anfang an in den Kinderkino-Initiativen mit.

Für sie wie für alle Eltern, denen nicht egal ist, was ihre Kinder im Kino sehen, und natürlich für die kinobegeisterten Kinder selbst, haben wir dieses Buch gemacht. Es soll informieren, anregen, Spaß und – nicht zuletzt durch die vielen Fotos – Lust auf Kinderkino machen.

Wir, das sind *Christel Strobel* (geb. 1943 in Dresden), Mitbegründerin und Mitarbeiterin des Kinderkino München e.V. (seit 1979), Redakteurin der Fachzeitschrift »Kinder- und Jugendfilm Korrespondenz«, und *Gudrun Lukasz-Aden* (geb. 1942 in Berlin), freie Journalistin in München, u. a. in der Redaktion der »Kinder- und Jugendfilm Korrespondenz«.

1985 erschien von den beiden Autorinnen in der Heyne-Filmbibliothek das Buch »Der Frauenfilm«.

Aus der Medienarbeit des Kinderkino München e.V. (Kinderkino Olympiadorf, Kinderfilmfest München, Länderfilmfestivals) stammen die zitierten Filmkritiken von Kindern.

Besonderer Dank geht an Hans Strobel und das Kinder-Film-Archiv, ohne die wir das Kinderfilmbuch in dieser Form nicht hätten machen können.

Neue bundesdeutsche Kinderfilme

Kinder sind das Publikum von morgen

Die Situation des Kinderfilms ist eng verknüpft mit den gesellschaftlichen Bedingungen. So gab es bis Ende der 50er Jahre in unserem Land eine finanziell einträgliche, aber biedere Märchenfilmproduktion. Der Rückzug in die private Idylle war mehr gefragt als die Auseinandersetzung mit der Gegenwart. Durch die rasante Entwicklung des Fernsehens und die Novellierung des Jugendschutzgesetzes 1957, das bestimmte, daß Kinder unter sechs Jahren keine öffentlichen Kinovorführungen mehr besuchen dürfen, geriet der Kinderfilm in der Bundesrepublik in die Krise, denn 50 bis 70 Prozent der Besucher von Märchenfilmveranstaltungen – andere Filme für Kinder gab es kaum – waren Kinder unter sechs Jahren. Als Folge davon und auch als Ausdruck der allgemeinen Kinokrise lag die Kinderfilmproduktion in den 60er Jahren brach.

Erst Anfang der 70er Jahre – in Zusammenhang mit der Vorschuldebatte, neuen Ansätzen im Bereich des Kinderfernsehens und der Anerkennung des Neuen Deutschen Films im Ausland – wandte sich das öffentliche Interesse wieder dem Kinderfilm zu. Die Produktion kam in Gang – mit anderen Inhalten. Die gesellschaftliche Unverbindlichkeit wurde abgelöst von engagierter Parteinahme für die realen Probleme und Bedürfnisse der Kinder. Der Neue Deutsche Kinderfilm ist somit hauptsächlich ein Gegenwartsfilm. Während Horst Schwab mit der Kindergruppe eines Freizeitheims in Berlin-Kreuzberg das Kurzspiel-Filmexperiment *Kohlen für die Naunynstraße* erarbeitete, war Hark Bohm der erste Filmemacher, der sich gezielt dem Genre des Kinder- und Jugendfilms zuwandte und mit seinen sozialkritischen Themen neue Akzente setzte. Von Jahr zu Jahr wurde die Bandbreite größer, engagierten sich zunehmend mehr Regisseure für die Sache der Kinder.

Einer von ihnen ist Haro Senft, der mit seinen Filmen Innenansichten der Kinderwelten vermittelt und darüber hinaus mit seinen filmpolitischen Äußerungen für die Sache des Kinderfilms eintritt.

Parallel dazu entstanden Institutionen, die es sich zur Aufgabe machten, den Kinderfilm zu fördern. 1975 fand die erste Internationale Kinderfilmwoche im Kommunalen Kino in Frankfurt statt, woraus sich das jährliche Internationale Kinderfilmfestival entwickelt hat; 1977 wurde das Kinder- und Jugendfilmzentrum in Remscheid eingerichtet und anläßlich der Vorstellung des am Deutschen Jugendinstitut entwickelten Curriculums »Soziales Lernen« das Manifest »Schafft Filme für unsere Kinder« veröffentlicht. Hieraus entstand ein Jahr später der Förderverein Deutscher Kinderfilm, ein Zusammenschluß von Produzenten, Regisseuren, Verleihern, Fernsehredakteuren, Kinderkinomachern, Kinobesitzern und Journalisten, mit dem Ziel, dem Kinderfilm durch Kooperation wieder eine wirtschaftliche und kulturelle Bedeutung zu verschaffen. Ein weiterer wichtiger Schritt auf diesem Weg war die Einrichtung der Berliner Kinderfilmförderung. 1978 erhielt das Kuratorium junger deutscher Film vom Land Berlin 400.000 Mark für den Kinderfilm, eine bescheidene Summe, aber immerhin ein Anfang. 1979 wurden schon 900.000 Mark bereitgestellt, in den folgenden zwei Jahren je eine Million. Vom Bundesministerium des Innern kam jeweils etwa die gleiche Summe hinzu. Sichtbares Ergebnis dieser Filmpolitik: 1984 waren beim Kinderfilmfest im Rahmen der Internationalen Filmfestspiele Berlin vier neue bundesdeutsche Kinderfilme zu sehen. *Lisa und die Riesen, Flußfahrt mit Huhn, Gülibik* und *Echt tu matsch* dokumentierten eine Themen- und Gestaltungsvielfalt.

Diese positive Produktionsentwicklung war aufgrund der immer noch unzureichenden und nicht kontinuierlichen Fördermaßnahmen von kurzer Dauer. Trotz des Engagements einiger TV-Anstalten (WDR zum Beispiel: *Flußfahrt mit Huhn, Sommer des Falken,* ZDF: *Ich hatte einen Traum, Metin,* WDR/BR: *Pan Tau – Der Film*) ist das wahrhaftig nicht hoch gesteckte Ziel, zwei bis drei Kinderspielfilme pro Jahr zu produzieren, noch nicht erreicht.

Im Gegensatz zu dieser nicht befriedigenden Situation im

Produktionsbereich expandiert die Entwicklung im Abspiel-
bereich. Nicht nur die nichtgewerblichen und kommunalen
Kinderkinos zeigen Kinderfilme, sondern in verstärktem
Maße nehmen auch kommerzielle Kinos eine alte Tradition
wieder auf und bieten verstärkt Kindervorstellungen bzw. ein
»Kinderkino« an. Denn die Kinobesitzer haben erkannt:
Kinder sind das Publikum von morgen.

Bananen Paul

BRD 1980 – Regie: Richard Claus – Drehbuch: Richard
Claus, Manfred Weis – Darsteller: May Buschke, Martin
Lüttge, Otto Schnelling u. a. – 90 Min. – Farbe – empfohlen
ab 8 Jahren
35 mm: Filmwelt
In Heimfeld ist der Bär los: »Bananen Paul« ist aus dem Zirkus geflohen und findet Unterschlupf bei dem kleinen Mäd-

›Bananen Paul‹

chen Iva, das ihn vor seinen Verfolgern versteckt. Angeheizt durch die örtliche Sensationspresse wird aus dem harmlosen motorradfahrenden Zirkusbären eine reißende Bestie, die ein Kind in ihre Klauen gebracht hat. Alle verfügbare Technik wird eingesetzt, um das vermeintliche Ungeheuer einzukreisen.

»Trotz einiger Schwächen, die sich aus dem Spiel zwischen einem Kind und einer Kunstfigur zwangsläufig ergeben, bereitet der Film viel Spaß und vermittelt fast nebenbei auch eine Menge Einsichten über Sensationspresse, die Beeinflussung durch die Massenmedien und die Funktionen von Regierung und Opposition: Den Bürgern von Heimfeld sind zum Beispiel die riesigen Schlagzeilen der Zeitung über die Jagd nach dem Monster viel wichtiger als alles, was um sie herum geschieht.« *(M. Hobsch, in: Ev. Filmbeobachter 23/82)*

Unten und rechts: ›Echt tu matsch‹

Echt tu matsch

BRD 1984 – Regie: Claus Strigel und Bertram Verhaag – Drehbuch: Claus Strigel – Darsteller: Mine Gruber, Ulrike Neumann, Michael Gahr, Ottfried Fischer u. a. – 93 Min. – Farbe – empfohlen ab 10 Jahren
16 mm: atlas; Filmothek NW,
35 mm: atlas

Ein Traum wird wahr, eine Utopie Realität: In der Dante-Realschule sind die Machtverhältnisse für 14 Tage auf den Kopf gestellt. »Pädagogisches Experiment« heißt das offiziell. Die Kinder können bestimmen, was und wie gelernt wird. Sie haben eine Schülerordnung aufgestellt, in der es heißt: »Unter Klassenziel versteht die Schülerschaft, daß alle Schüler den Stoff beherrschen. Ist das nicht der Fall, so hat der Lehrer das Ziel nicht erreicht.« Einer der betroffenen Lehrer spricht von Anarchie, ein anderer sagt zynisch: »Die Zwerge proben den Aufstand.«

Eine turbulente Komödie mit vordergründigen Gags und hintergründigen Gedanken und Ideen. Ein Film zum Thema Schule – aber kein Schulfilm –, der bei denen, die es angeht, lebhafte Reaktionen auslöst. Maren, elf Jahre alt: »Der Lehrer erscheint mir langweilig, weil er immer nur quatscht. Den neuen Bio-Unterricht finde ich toll. Die Klasse 7a hat eine gute Klassengemeinschaft, und sie streiten fast nie. Die Musik ist auch toll – ich finde den Film super.« Und das Fazit des zwölfjährigen Oliver: »Irre Schule – irre Schüler – irre Lehrer.«

Ein Tag mit dem Wind

BRD 1978 – Regie und Drehbuch: Haro Senft – Darsteller: Marcel Maillard, Barbara Rutzmoser u. a. – 94 Min. – Farbe – empfohlen ab 8 Jahren
16 mm: atlas; BAG; EMZ 12; KJF; KMZ 19; LBS 1–14; LFD 2,7
35 mm: prokino

›Ein Tag mit dem Wind‹

16

Marcel, acht Jahre alt, fühlt sich alleingelassen. Er lebt bei seiner Mutter, die nicht viel Zeit für ihn hat. Sein bester Freund ist das Kaninchen Peter. Marcel macht sich auf den Weg, um ein Weibchen für Peter zu suchen, damit es nicht so allein ist wie er selber. Es wird ein langer Weg, auf dem er andere Menschen, ein Stück von der Welt – und sich selbst kennenlernt.

»Haro Senfts Geschichte vom kleinen Jungen, der auszog, um für sein Kaninchen ein Weibchen zu suchen, ist der gelungene Versuch, ein modernes Märchen mit filmischen Mitteln zu erzählen. Der Film des im Umgang mit Kindern erfahrenen Regisseurs entspricht mit seinen liebevollen Details der psychologischen Entwicklungsphase eines Kindes im Grundschulalter, indem er stets die Balance zwischen Märchenwelt und Realität zu wahren weiß.«

(Aus der Begründung der Jury der Ev. Filmarbeit
zur Empfehlung als »Film des Monats« März 1979)

Flußfahrt mit Huhn

BRD 1983 – Regie und Drehbuch: Arend Agthe – Darsteller: Julia Martinek, David Hoppe, Hans Beerhenke u. a. – 100 Min. – Farbe – empfohlen ab 6 Jahren
16 mm: atlas; BAG; EMZ 2,4,12; Filmothek NW; KJF; KMZ 2,10; LBS 6,8,13; LFD 2,4; Nickelodeon
35 mm: Nickelodeon

»Lieber Opa, wir sind in einem geheimen Auftrag unterwegs, wir erkunden einen neuen Zugang zum Meer.« Der »liebe Opa« bekommt einen tüchtigen Schreck, als er diese Nachricht anstelle seiner ihm anvertrauten Enkel Robert und Johanna vorfindet. Er nimmt sich ein Boot – wie die Kinder in der Nacht davor – und paddelt ihnen auf der Weser nach. Doch er wird immer wieder ausgetrickst von Robert, Johanna und den beiden Freunden plus Huhn. Die waghalsige Verfolgungsjagd zwischen den pfiffigen Kindern und dem abenteuerlustigen Großvater zu Wasser, zu Lande und in der Luft hält die Zuschauer bis zuletzt in Atem.

Arend Agthe: »Den Anstoß zur Geschichte des Films gab meine eigene Begeisterung für Abenteuergeschichten. Die Bücher von Melville, Stevenson und Jack London habe ich als Kind verschlungen, und ich habe darunter gelitten, daß meine eigene, reale Umwelt so wenig Ansatzpunkte für Abenteuer und Spannung geboten hat.«

Der Film ist ein Appell, sich Freiräume für Abenteuer und spannende Erlebnisse selbst zu schaffen. Ein Film voller Poesie und Spannung zugleich. Die Bilder lassen Zeit zum Betrachten, vermitteln ein Gefühl für die Landschaft und machen Lust, selbst auf Entdeckungsfahrt zu gehen.

›Flußfahrt mit Huhn‹

Arend Agthe (links) beim Drehen

Ich hatte einen Traum

BRD 1980 – Regie: Rainer Boldt – Drehbuch: Karlhans Frank, Herbert Günther, Rainer Boldt – Darsteller: Hans Peter Korff, Hildegard Wensch u. a. – 102 Min. – Farbe – empfohlen ab 6 Jahren
16 mm: atlas; BAG
Es geht ums Suchen und Finden – beides erweist sich als gar nicht so einfach:
Onkel Heini sucht die Erinnerung an seinen schönen Traum, Anton sucht Evelyn, Bettina findet ein Paar Cowboystiefel, Anke Onkel Heinis verlorengeglaubte Sandalen, und schließlich finden sich Anke und Igor, die sich nicht gesucht haben, auf einer Kinderhochzeit wieder …

›Ich hatte einen Traum‹

»Die Episoden dieses Kinderfilms sind in der Realität einer ländlichen Alltagswelt angesiedelt, die sich – mühelos in den Übergängen – mit der Welt der Träume und ihren Wünschen und Hoffnungen vermischt. Aus dem Zusammenspiel dieser Bezüge wachsen Einsichten und Erfahrungen zu einer kindertümlichen und -freundlichen Lebensschule. Der Film bringt die pädagogische und gestalterische Konzeption der Fernsehserie ›Neues aus Uhlenbusch‹ ein.«

(P. Linhart, in: film-dienst 3/1981)

Auch ein Film zur Rubrik *Filme zwischen Phantasie und Wirklichkeit*

Ich kann auch 'ne Arche bauen

BRD 1973 – Regie und Drehbuch: Hark Bohm – Darsteller: Uwe Enkelmann, Christoph Pfeuffer, Kirsten Wadinski u.a. – 46 Min. – Farbe – empfohlen ab 6 Jahren
16 mm: atlas

Fünf Kinder entdecken ein leerstehendes Haus, »besetzen« es und funktionieren es um in einen Abenteuerspielplatz. In dem verlassenen Haus finden sie eine Bibel mit farbigen Abbildungen. Die Geschichte von der Arche Noah hat es ihnen besonders angetan, und sie beschließen, auch eine Arche zu bauen. Doch um sie stilgerecht schwimmen zu lassen, braucht man Wasser, und der Wasseranschluß liegt im Keller. Das Spiel entwickelt sich dramatisch.

Hark Bohm hat in seinem Film, der zu den frühesten neuen bundesdeutschen Kinderfilmen gehört, die reale Alltagssituation Hamburger Arbeiterkinder mit einer fiktiven Abenteuerhandlung verknüpft und den Kinderspielfilm im Stil eines Krimis inszeniert. In dem Bemühen um Authentizität hat Hark Bohm seine Dialoge nach Studien in Kindergärten geschrieben.

Jakob hinter der blauen Tür

BRD 1987 – Regie: Haro Senft – Drehbuch: Josef Rölz, Sylvia Ulrich, Haro Senft, nach dem gleichnamigen Buch von Peter Härtling – Darsteller: Thomas Spielberg, Dagmar Deisen u. a. – 96 Min. – Farbe – empfohlen ab 10 Jahren
16 mm: atlas
35 mm: igelfilm
Haro Senft: »Es ist sehr unterschiedlich, wie Erwachsene und Kinder mit der Trauer umgehen. Kinder sind viel direkter. Fünfjährige fragen bereits sehr gezielt nach dem Tod und was danach kommt. Leider Gottes werden sie von den Erwachsenen oft im Stich gelassen. Das Thema wird tabuisiert.«
Jakob hat durch einen Motorradunfall seinen Vater verloren – ein Verlust, den er nicht verkraften kann. Am wenigsten begreift ihn seine Mutter, sieht nicht die Not, die sich hinter Jakobs Teilnahmslosigkeit verbirgt. Von drei Stadtstreichern, von der Gesellschaft ebenso isoliert wie Jakob, fühlt sich der Junge auch ohne große Worte verstanden. In der spröden Freundschaft mit Schot, einem der drei, einem gestrandeten Profimusiker, gelingt es Jakob, Trauer zu zeigen – ein erster Schritt zurück ins Leben und eine Wiederannäherung an die Mutter.

›Jacob hinter der blauen Tür‹

»Ein Film über Tod und Trauern aus der Perspektive eines Zwölfjährigen, von einem bundesdeutschen Regisseur gefilmt. Der Gedanke daran läßt im ersten Moment erschauern! Um so erstaunlicher das Ergebnis: Haro Senfts Verfilmung von Peter Härtlings Kinderbuch ›Jakob hinter der blauen Tür‹. Das sensible, unsentimentale Porträt eines Jungen, dessen Vater gestorben ist ... Durch eine diskrete und detailgenaue Beschreibung des Alltags von Sohn und Mutter macht Haro Senft die Krise sichtbar, ohne in peinlicher und damit peinigender Larmoyanz festzufahren.«
(H. Spaich, in: Kinder- und Jugendfilm Korrespondenz, Nr. 32/4'87)

Auch ein Film zur Rubrik *Buchverfilmungen*

Die Kinder aus Nr. 67

BRD 1979/80 – Regie und Drehbuch: Usch Barthelmeß-Weller und Werner Meyer, nach dem gleichnamigen Roman von Lisa Tetzner – Darsteller: Bernd Riedel, René Schaaf, May Buschke, Tilo Prückner u. a. – 103 Min. – Farbe – empfohlen ab 10 Jahren

16 mm: BAG; Basis; EMZ 3,12,19; Filmothek NW; KJF; KMZ 19; LBS 1−14; LFD 1,2
35 mm: Basis

Der Film spielt im Jahre 1932/33 (ein halbes Jahr vor und nach der Machtergreifung der Nationalsozialisten) in Berlin und zeigt, wie sich die politischen Verhältnisse jener Zeit auch auf Kinder ausgewirkt haben. Im Mittelpunkt steht die Freundschaft von Paul und Erwin, die an den Verhältnissen zerbricht. Anfangs ist zumindest die Welt der Kinder im Hinterhof des Hauses Nr. 67 noch in Ordnung. Sie spielen miteinander, ganz gleich, aus welchem Milieu sie kommen, welche politischen Ansichten die Eltern vertreten und welcher »Rasse« sie angehören. Nach der Machtübernahme der Nazis verändert sich vieles in der Schule und auf dem Hof. Das jüdi-

›Die Kinder aus Nr. 67‹

sche Mädchen Miriam verläßt mit ihrer Familie das Haus und das Land. Paul, dessen arbeitsloser Vater den »neuen Ideen« gegenüber aufgeschlossen ist, geht zur Hitlerjugend, übrig bleibt Erwin, Sohn eines Sozialdemokraten, der sich der Bewegung verweigert, die Begeisterung nicht teilt. Erwin gerät damit immer mehr ins Abseits, er versucht verzweifelt, Paul wachzurütteln, ihn im Namen der alten Freundschaft zur Vernunft zu bringen.

Das Haus Nr. 67 ist ein Mikrokosmos. Innerhalb kurzer Zeit wirken sich die politischen Veränderungen auf die Hausgemeinschaft und die Kinder aus. Vielen Erwachsenen erscheint der Nationalsozialismus als Ausweg aus ihrer persönlichen Misere. Und die Kinder sind davon mitbetroffen. Einfühlsam und milieugerecht vermitteln die Filmemacher Zeitgeschichte aus der Sicht von Kindern – für Kinder. Der Film entstand nach dem schon 1932 von Lisa Tetzner geschriebenen Kinderbuch, das die Entwicklung in Deutschland vorwegnahm.

Auch ein Film zur Rubrik *Filme zur Zeitgeschichte* und zur Rubrik *Buchverfilmungen*

Konrad aus der Konservenbüchse

BRD 1983 – Regie und Drehbuch: Claudia Schröder, nach dem gleichnamigen Kinderbuch von Christine Nöstlinger – Darsteller: Daniel Thorbeke, Violetta Ferrari, Heinz Schubert u. a. – 80 Min. – Farbe – empfohlen ab 6 Jahren
16 mm: atlas; BAG; EMZ 7,12; LBS 1,4,6,7,13,14; LFD 1,4
35 mm: Nickelodeon

Frau Bartolotti, eine lebenslustige, schlampige, leicht vergeßliche, aber sehr liebenswerte Person, bekommt eines Tages den siebenjährigen Knaben Konrad in einer Konservenbüchse ins Haus. Als die Lieferung an ihrer Tür abgegeben wird, kann sie sich nicht mehr so genau erinnern, ob sie den Knaben überhaupt bestellt hat. Egal, sie mag ihn und nimmt ihn. Konrad ist das Gegenteil seiner »Mutter«: Er ist fleißig, ordentlich, wohlerzogen, paßt sich an, sehr zur Freude des Verlobten von Frau Bartolotti, des Herrn Egon,

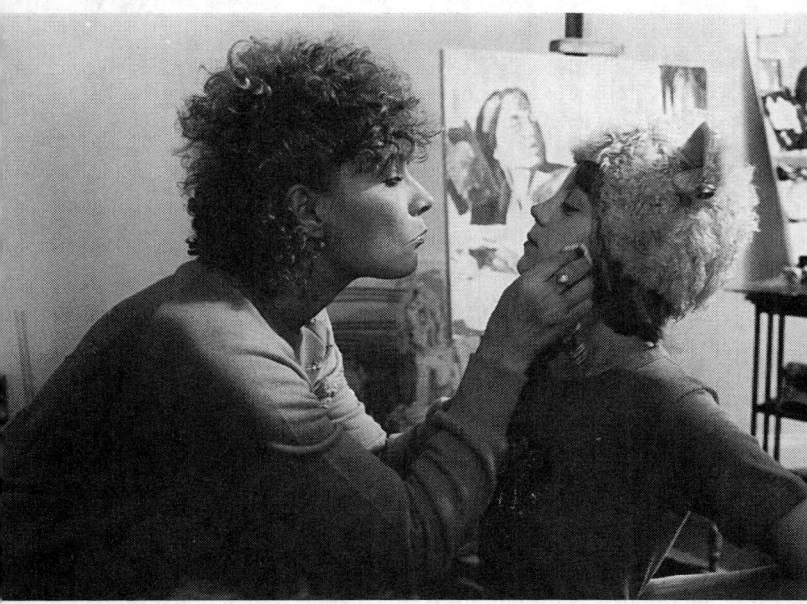

Violetta Ferrari mit ›Konrad‹

25

›Konrad aus der Konservenbüchse‹

einem Apotheker. Konrad lebt im Spannungsfeld dieser unterschiedlichen Menschen mit ihren gegensätzlichen Auffassungen von Erziehung. Wenn Konrad doch nur lernen würde, einmal frech und »normal« zu sein – wie alle anderen Kinder auch. Doch Böses braut sich von außen zusammen, Konrad stellt sich als Fehllieferung heraus …

Das hier vorgestellte unkonventionelle Mutterbild findet bei den Kindern im Kino spontane Resonanz, zum Beispiel: »Konrad muß seiner Mutter sagen, was sie mit ihm tun soll, eigentlich ist das ja umgekehrt.« »Die Mutter hat vielleicht Sprüche drauf! Dafür ist Konrad viel zu vernünftig.« »Die Frau ist Spitze, auch wenn sie manchmal komisch ist und trinkt.« »Frau Bartolotti ist noch keine richtige Mutter, sie weiß nicht, wie man mit Kindern umgehen muß. Aber wie sie es macht, finde ich lustig.«

Auch ein Film zur Rubrik *Buchverfilmungen* und zur Rubrik *Filme zwischen Phantasie und Wirklichkeit*

Küken für Kairo

BRD 1985 – Regie: Arend Agthe – Drehbuch: Arend Agthe, Monika Seck-Agthe – Darsteller: Karl-Friedrich Praetorius, Hans Beerhenke, Lotti Huber u. a. – 68 Min. – Farbe – empfohlen ab 6 Jahren
16 mm: atlas; Filmothek NW
35 mm: atlas

»Ich finde die Einleitung des Films sehr spannend. Da wird gezeigt, wie Küken ausschlüpfen. Ich finde auch den Vergleich zwischen Eiern, in denen etwas Lebendes ist, und denen, die gekocht werden, interessant. Die Musik macht alles noch spannender. Gut ist, daß sich Osswald so um das Küken kümmert. Die Umstände, die Osswald und Alexander machen, um das Küken zu finden, sind wirklich lustig. Der Schluß ist süß, wo Max das Küken bekommt. Ich finde, der Film ist gut für kleine Kinder geeignet.«   *(Marion, 14 Jahre)*

Der Filmemacher Arend Agthe hat eine wahre Begebenheit zur Vorlage für seine Geschichte genommen: »Es gibt ihn, den Piloten der Cargo-Maschine. Er hat mir erzählt, daß er alle 14 Tage 200 000 Küken nach Kairo fliegt, und vorgeschlagen, daß ich darüber mal einen Film machen sollte. Viele Leute sagen so etwas zu einem Filmemacher, aber das war

wirklich eine Geschichte …« – So ungewöhnlich der Küken-
transport ohnehin schon ist – Arend Agthe hat noch einige
Aufregungen mehr um ein verirrtes Küken, das schließlich
nach abenteuerlichen Umwegen als Weihnachtsgeschenk für
den kleinen Sohn des Piloten pünktlich am Heiligen Abend in
Frankfurt landet, inszeniert.

›Küken für Kairo‹

28

Lisa und die Riesen

BRD 1983 – Regie und Drehbuch: Thomas Draeger – Darsteller: Eva Lenz, Sigfrit Steiner u. a. – 93 Min. – Farbe – empfohlen ab 6 Jahren
16 mm: Nickelodeon
35 mm: Nickelodeon
Lisa liebt Märchen – und den liebenswürdigen alten Buchhändler, Herrn Jakoblein, der sie besonders schön erzählen kann. Das fünfjährige Mädchen lebt gern in der Welt der Phantasie, um so mehr, seit ihre Eltern immer weniger Zeit für sie haben. Lisas Verbündeter wird ein Riese, der allerdings nicht immer das tut, was Lisa will. So kann er auch nicht das Aufstellen einer Riesenabenteuermaschine verhindern, die ein geschäftstüchtiger Unternehmer erfunden hat, um

29

den Kindern das Taschengeld für ein paar spannende Minuten zu entlocken.

Doch Abenteuer kommen nicht per Knopfdruck aus einer Maschine, egal wie trickreich die auch arbeiten kann – Abenteuer müssen Kinder selbst erleben, und eine große Stadt bietet dazu viele Möglichkeiten. Das phantasiebegabte und gewitzte Mädchen heckt einen Plan aus, um die Entdeckungslust und die Spielfreude der Kinder wiederzuerwecken.

»Regisseur Thomas Draeger hat seinen Angriff auf die Verödung der Phantasie durch Videospiele als witzige Utopie verfilmt, in der die Sicht der Kinder, ihr Spiel mit der Wirklichkeit, ihre Freude, Trauer, Ohnmacht und letztlich ihr Sieg nie aus den Augen verloren werden. Bunt und lustig, wie am Schluß der Zug der Kinder durch die Stadt, ist das Leben nicht – erst die Phantasie bringt Farbe hinein.«

(K. Behrend, Münchner Abendzeitung vom 14.11.86)

Metin

BRD 1979 – Regie und Drehbuch: Thomas Draeger – Darsteller: Tudra Yüksel, Daniela Linkiewicz u. a. – 82 Min. – Farbe – empfohlen ab 5 Jahren
16 mm: BAG; EMZ 2,7,10,12; KJF; KMZ 19; LBS 1–14; LFD 4,7; Matthias
In Westberlin, einst als drittgrößte »türkische« Stadt bezeichnet, leben über 100000 Türken. Metin ist einer von ihnen, seine Geschichte steht stellvertretend für die der vielen anderen ausländischen Kinder in unserem Land. Metin lebt anders als die anderen: Schon als Sechsjähriger ist er mit Aufgaben im Haushalt betraut, kümmert sich um seine kleine Schwester, geht einkaufen am türkischen Markt. Mit dem

›Metin‹

›Metin‹-Kinderzeichnung

Einzug von Anne, einem gleichaltrigen deutschen Mädchen im Vorderhaus, verändert sich sein Leben. Die beiden freunden sich an, Metin zeigt ihr das Stadtviertel, sie spielen im Hof zusammen und müssen sich gegen Vorurteile – auf beiden Seiten – wehren. Der Konflikt spitzt sich zu, aber Anne löst durch einen Trick die Spannungen zwischen den deutschen und den türkischen Kindern, jedenfalls für eine Weile.

Trotz seiner Zweisprachigkeit – die Türken sprechen türkisch, die Deutschen deutsch – wird der Film verstanden, weil die Situationen, die er zeigt, eindeutig und auch ohne Sprache zu verstehen sind.

»Ohne moralischen und sozialkritischen Fingerzeig entwikkelt der Film (gedacht ›für Leute zwischen fünf und neun und deren Eltern‹) ruhig und beobachtend konkrete Vorstellungen vom Anderssein, um über den thematischen Konflikt zum Nachdenken anzuregen.

(M. Hobsch, in: Ev. Filmbeobachter 8/1980)

Nordsee ist Mordsee

BRD 1976 – Regie und Drehbuch: Hark Bohm – Darsteller: Uwe Enkelmann, Dschingis Bowakow, Marquard Bohm u. a. – 85 Min. – Farbe – freigegeben und empfohlen ab 12 Jahren
16 mm: atlas; LBS 5,7,8,13; LFD 2
35 mm: Filmverlag
»Ich träume oft davon, ein Segelboot zu klaun – und einfach abzuhaun ...« – das ist der Titelsong von Udo Lindenberg zum Film von Hark Bohm. Uwe und Dschingis, zwei 14jährige »Halbstarke« aus Wilhelmsburg, Hamburgs Arbeiterbezirk, machen diesen Traum wahr. Sie hauen ab auf einem selbstgebauten Floß, Richtung Nordsee. Damit hoffen sie, ihrem tristen Alltag, der Gewalttätigkeit von Uwes Vater, den Vorurteilen der Gleichaltrigen gegenüber dem mongolischen

›Nordsee ist Mordsee‹

33

Jungen Dschingis, zu entfliehen. Sie begeben sich in Gefahr, werden von der Polizei verfolgt und geraten dadurch an den Rand der Kriminalität. Aus der Notgemeinschaft der beiden Jungen wird eine starke Freundschaft.

Hark Bohm: »Fast alle Erwachsenen, die ich kenne, sind unglückliche Leute. Aus Angst, scheitern zu können, scheuen sie den Ausbruch aus ihrem oft trostlosen Alltag, versäumen sie es, ihre Träume zu erfüllen, das Neue und Unbekannte zu suchen. Uwe und Dschingis machen genau das, was jeder Mensch irgendwann einmal getan hat oder immer noch tun möchte ... Sie brechen aus und schaffen es, weil sie zusammenhalten.«

»... Dieses sensible Sich-Einstellen auf die Gefühlswelt von Halbwüchsigen ergänzt Bohm tongenau durch die Musik von Udo Lindenberg: Da steckt das unterkühlte Vertrotzte, Verletzbare und auch Rotzfreche im Text, das sich deckt mit den Spielregeln der Straße.«   *(Münchner Abendzeitung)*

Rosi und die große Stadt
siehe Rubrik *Musicals*

Der rote Strumpf

BRD 1980 – Regie: Wolfgang Tumler – Drehbuch: Elfie Donelly nach ihrem gleichnamigen Kinderbuch – Darsteller: Julie Tumler, Inge Meysel u. a. – 92 Min. – Farbe – empfohlen ab 6 Jahren
16 mm: atlas; BAG; EMZ 12; LBS 13
35 mm: atlas

»Der rote Strumpf ist eine Geschichte, die einen alten Menschen und ein Kind vorstellt, die unter anderem deswegen zusammenkommen, weil die mittlere Generation nicht viel mit ihnen anfangen kann. Das bringt die beiden zusammen, und das interessiert mich sehr.« So der Regisseur Wolfgang Tumler über seinen ersten Kinospielfilm. Seine durchaus realistische Geschichte reichert er an mit Traum- und Phantasie-Elementen. Das Mädchen Mari lernt eine alte Frau kennen, die von ihrer Umwelt als höchst sonderbar eingestuft wird und deshalb in einer psychiatrischen Klinik leben muß. Mari stört

Der rote Strumpf (mit Inge Meysel)

sich nicht daran, findet es beispielsweise plausibel und lustig, daß Frau Panacek einen blauen und einen roten Strumpf trägt. Eine solche Oma hätte sie gern! Für Mari ist es selbstverständlich, diese Wunschoma mit nach Hause zu nehmen. Aber ihre Eltern sind da ganz anderer Meinung.

»In dem Film wird die Frage gestellt, wer hier eigentlich ›normal‹ ist … Also ich fand den Film toll und kann ihn euch nur empfehlen.« *(Christoph, 13 Jahre)*

Auch ein Film zur Rubrik *Buchverfilmungen*

Servus Opa, sagte ich leise

BRD 1979 – Regie: Hans-Henning Borgelt – Drehbuch: Elfie Donelly, Hans-Henning Borgelt nach dem gleichnamigen Kinderbuch von Elfie Donelly – Darsteller: Hans Mahlau, Alexander Sternberg – 48 Min. – Farbe – empfohlen ab 10 Jahren

›Servus Opa, sagte ich leise‹

16 mm: BAG; EMZ 4,12,13; KJF; KMZ 2,3,12,18,19; LBS 1,4,7−14; LFD 7

»Tut sterben weh, Opa?« Diese Frage bewegt den zehnjährigen Michael, als er erfährt, daß sein Großvater sehr krank ist und bald sterben wird. Der Film erzählt, wie der Junge mit dem Gedanken an den Tod vertraut gemacht wird und daß das Sterben zum Leben gehört wie das Geborenwerden.

»Der Film ist in eine Reihe von Gesprächs-Sequenzen gegliedert, die sich alle dem Gesamtthema des Films zuordnen. Am Schluß hat der kindliche Zuschauer eine plastische Vorstellung vom Tod und vom Sterben, dargestellt und entwickelt an den Gesprächen des zehnjährigen Jungen und des Großvaters. Dabei gebraucht der Film eine deutliche, aber auch eine differenziert-verständliche und gleichzeitig behutsame Sprache, um diesen schwierigen Sachverhalt Kindern ab etwa zehn Jahren zu vermitteln. Der Film setzt sehr stark auf die Identifikation des kindlichen Zuschauers mit dem zehnjährigen Jungen.« *(H. Strobel, in: medienpraktisch 2/81)*

Auch ein Film zur Rubrik *Buchverfilmungen*

Der Sommer des Falken

BRD 1988 – Regie: Arend Agthe – Drehbuch: Arend Agthe, Monika Seck-Agthe – Darsteller: Andrea Lösch, Janos Crecelius, Rolf Zacher u. a. – 104 Min. – Farbe – empfohlen ab 10 Jahren
16 mm: atlas
35 mm: atlas
An der Gamskogelwand treffen sich vier Menschen aus ver-

›Der Sommer des Falken‹

schiedenen Welten: Marie, ein zwölfjähriges Mädchen, das in den Alpen aufgewachsen ist und einen Falken zum Freund hat; Rick, ein 13jähriger Junge aus Berlin, der dort die Ferien verbringt, um auf Wunsch seines ehrgeizigen Vaters das Drachenfliegen zu erlernen; Herbert Sasse, ein Taubenzüchter aus Bottrop auf der Suche nach seiner verschollenen Lieblingsbrieftaube Martha; und schließlich noch der undurchsichtige Marek Czerny, ein skrupelloser Gangster, der besessen ist von der Idee, das Geschäft seines Lebens zu machen. 10.000 Dollar hat ihm ein Ölscheich pro Falken-Ei versprochen. Es ist ein illegales und gefährliches Geschäft, in das die Kinder verwickelt werden. Sie geraten in Gefahr, aber sie entdecken auch ein zartes Gefühl füreinander. Ein Film voller Dramatik – und Romantik.

Arend Agthe knüpft mit dem *Sommer des Falken* an ein traditionelles Genre an, den Heimatfilm, hat es mit einer Krimihandlung angereichert und mit moderner High-Tech versehen, die zum Leben heutiger Kinder gehört: »Wenn es überhaupt eine Botschaft gibt in meinem Film, dann die, daß das klassisch intakte Bild von Heimat, bezogen auf eine kleine Berggemeinschaft, heute überhaupt nicht mehr denkbar ist. So viele Strömungen und so viele Überschneidungen durch Menschen, Personen und Einflüsse zerstören das klassische Gefühl von Heimat …«

Auch ein Film zur Rubrik *Kinderkrimis*

Die Stadtpiraten

BRD 1985 – Regie und Drehbuch: Rolf Silber – Darsteller: Ron Williams, Julia Martinek, Philip Spohn u. a. – 60 Min. – Farbe – empfohlen ab 6 Jahren
16 mm: atlas
›Top secret« – streng geheim – soll der Transport eines silber-

›Die Stadtpiraten‹

nen Koffers bleiben. Doch der US-Spezialagent versagt: Durch einen komischen Zufall kommt der geheimnisvolle Koffer in den Besitz der Stadtpiraten, einer Kinderbande: Monster, Oberpirat und Anführer, Schnulli, Heavy-Metal-Freak, Chips, der Computerfan, Püppi, Piratenbraut, Breschnew, Fußballfan und Püppis Beschützer, sowie Bazille, Püppis frecher kleiner Bruder, versuchen das Geheimnis dieses Koffers zu lüften – mit Brecheisen und Köpfchen. Es beginnt eine turbulente Verfolgungsjagd, bei der die aus einschlägigen Agentenfilmen à la *007* bekannten Tricks und Bluffs persifliert werden.

Der steinerne Fluß

BRD 1982 – Regie und Drehbuch: Thorsten Näter – Darsteller: Cora Näter, Mark Näter, Peter Roggisch u. a. – 96 Min. – Farbe – empfohlen ab 10 Jahren
16 mm: Nickelodeon
35 mm: Nickelodeon
Eine Schulklasse besichtigt die Großbaustelle einer neuen Stadtautobahn-Trasse in Berlin. Der Wald ist bereits gerodet, die Baumaschinen fressen sich durch das aufgewühlte Erdreich. Ein Ingenieur erklärt den mehr oder weniger gelangweilten Schülern der fünften Klasse das Projekt. Die Geschwister Anna und Mario setzen sich ab, streifen durch den angrenzenden dichten Wald und entdecken ein verwildertes Bahngelände, auf dem ein herrenloser Schimmel herumtrabt. Halb ängstlich, halb neugierig folgen ihm die Kinder und treffen auf einen Mann, der in diesem vergessenen Winkel lebt: Rudi Altmann, ein ehemals erfolgreicher Zauberkünstler. Langsam fassen die Kinder Vertrauen zu ihm, besuchen ihn häufiger. Eines Tages erfahren die Kinder, daß Rudi sein Haus räumen muß – wegen der neuen Autobahn. Anna beruhigt ihn. Sie wird es schon verhindern können, denn ihr Vater ist ja schließlich einer der verantwortlichen Architekten der Baustelle. Doch sie muß die schmerzliche Erfahrung machen, daß ihr Vater nicht helfen kann. Es bleibt die Hoffnung, daß noch nicht das letzte Wort gesprochen ist. Die Kinder geben nicht auf.

›Der steinerne Fluß‹

Der Film sensibilisiert Kinder für ihre Umwelt und den Schutz der Natur, zeigt andererseits auch realistisch die Grenzen der Einflußnahme. Thorsten Näter, der sein Anliegen nicht schulmeisterlich, sondern unterhaltsam und spannend vermittelt: »Der Film will keine fertigen Lösungen anbieten, die es gar nicht gibt, er will – auf eine kindgerechte Ebene transformiert – einen kleinen Ausschnitt des beharrlichen Widerstandes zeigen, der langsam eine immer breitere Basis bekommt und sich mitunter sehr phantasievoller Formen bedient, die auch für Kinder adäquat sein können.«

Stern ohne Himmel

BRD 1980 – Regie: Ottokar Runze – Drehbuch: Leoni Ossowski, nach ihrem gleichnamigen Roman – Darsteller: Manfred Gliewe, Randolf Kronberg, Martin Fuchs u. a. – 86 Min. – Farbe – empfohlen ab 10 Jahren

›Stern ohne Himmel‹

16 mm: atlas; BAG; LBS 7
35 mm: Unidoc
Deutschland im Jahre 1945, irgendwo in einer mitteldeutschen Kleinstadt in den letzten Kriegstagen. Vier Jungen und ein Mädchen streifen durch die zerbombten Viertel der Stadt und entdecken einen Keller voller Lebensmittel – das Paradies auf Erden. Aber sie sind nicht allein: Abiram, ein jüdischer Junge, genauso alt wie sie, hat sich dort vor seinen Verfolgern versteckt. Die Kinder wissen nicht, was sie tun sollen: ihre Pflicht, nämlich den Jungen melden, und damit die »Speisekammer« verlieren? Oder schweigen und sich dadurch schuldig machen? Langsam setzt sich die Überzeugung durch, den Jungen zu retten. Doch einer wird zum Verräter, während die anderen mit ihrem neuen Freund Abiram flüchten können.
»Ottokar Runze behandelt die Geschichte um den jüdischen Jungen Abiram konsequent aus der Sicht der Halbwüchsigen, die großen Ereignisse des Krieges und des nationalsozialisti-

schen Regimes mit seinen Greueltaten werden nicht vorgeführt – sie spiegeln sich im Verhalten der Kinder wider.«

(M. Hobsch, in: Kinder- und Jugendfilm Korrespondenz Nr. 7/3'81)

Auch ein Film zur Rubrik *Filme zur Zeitgeschichte* und zur
Rubrik *Buchverfilmungen*

Tschetan, der Indianerjunge

BRD 1972 – Regie und Drehbuch: Hark Bohm – Darsteller:
Dschingis Bowakow, Marquard Bohm u. a. – 94 Min. – Farbe
– empfohlen ab 10 Jahren
16 mm: atlas; BAG; EMZ 2,12; Filmothek NW; KMZ 2,10;
LBS 1,4,6,7,14; LFD 7
35 mm: Filmverlag

›Tschetan, der Indianerjunge‹

Montana, im Westen der USA, um 1880. Die ursprünglich hier lebenden Indianer sind wie überall in den Vereinigten Staaten fast ausgerottet. Hark Bohm erzählt die Geschichte zweier Außenseiter. Der Schäfer Alaska führt seine Schafe in den Bergen Montanas an einen Platz zum Überwintern. Mit einem Rancher kommt es zum Streit um diesen Platz. Bei ihm lernt er den Indianerjungen Tschetan kennen, einen vermeintlichen Viehdieb, der gehängt werden soll. Alaska befreit ihn und nimmt ihn mit in die Berge. Nun beginnt ein zähes Ringen der beiden um persönliche Freiheit und Selbstverständnis, das in gegenseitiger Anerkennung und Freundschaft mündet.

»Durch den Verzicht auf jede Effekthascherei und das zurückhaltende Spiel der beiden Hauptdarsteller wird der Film zu einem Beispiel guter Jugendunterhaltung, der gleichzeitig durch die neuerliche Diskriminierung der Indianer seinen Gegenwartsbezug erhält.«

(Aus der Begründung der Ev. Filmarbeit zur Empfehlung als »Film des Monats« Mai 1973)

Auch ein Film zur Rubrik *Indianerfilme*

Vorstadtkrokodile

BRD 1977 – Regie: Wolfgang Becker – Drehbuch: Max von der Grün, nach seinem gleichnamigen Kinderbuch – Darsteller: Wolfgang Sieling, Rita Ramchers u. a. – 90 Min. – Farbe – empfohlen ab 8 Jahren
16mm: BAG; EMZ 12; KJF; LBS 2, 4–14; LFD 6,7
Ein Krokodil ist das Erkennungszeichen der »Krokodilerbande«. Nur wer eine Mutprobe besteht, kann Mitglied werden. Hannes wünscht sich nichts sehnlicher und riskiert dafür Kopf und Kragen. Doch Kurt, ein Junge im Rollstuhl, oft verspottet von den anderen, verhindert die Katastrophe. Seine Aufmerksamkeit und Geistesgegenwart retten Hannes das Leben.
Dank dieser Tat ist nun auch Kurt bei den Krokodilern. Gemeinsam kommen sie einer Diebesbande auf die Spur, doch bis zu deren Entdeckung kommt es noch zu einigen dramatischen Konflikten auch innerhalb der Clique.

›Vorstadtkrokodile‹

Ein Anliegen dieser Krimigeschichte ist auch der Abbau von Vorurteilen gegenüber Behinderten. Mit der Entscheidung, den im Rollstuhl sitzenden Kurt in ihre Gruppe aufzunehmen, lernen die Kinder ihn näher kennen, schätzen seine kriminalistischen Fähigkeiten und vergessen schließlich seine Behinderung.

»Ein Rollstuhlfahrer ist ein Ärgernis, man hat zwar für seine traurige Lage Verständnis, besser aber ist, er bleibt in seinen vier Wänden«, sagt der politisch und sozial engagierte Schriftsteller und Autor Max von der Grün. Selbst Vater eines behinderten Kindes, weiß er, wovon er spricht. Aus eigener Betroffenheit, eigenen Erfahrungen hat er die *Vorstadtkrokodile* gemacht, denn »Geschichten aus der heilen Welt interessieren mich nicht«.

Auch ein Film zur Rubrik *Kinderkrimis* und zur Rubrik *Buchverfilmungen*

Was heißt'n hier Liebe?

BRD 1978 – Regie und Drehbuch: Claus Strigel, Bertram Verhaag, Walter Harrich, nach dem Theaterstück der »Roten Grütze« – Darsteller: Helma Fehrmann, Günter Brombacher, Holger Franke u. a. – 133 Min. – Farbe – freigegeben und empfohlen ab 12 Jahren
16 mm: atlas; Krauskopf; LFD 4
35 mm: Filmverlag
Mit großem Erfolg ist das Berliner Kinder- und Jugendtheater »Rote Grütze« mit diesem Stück auf Tournee durch bundesdeutsche Lande und Zelte gegangen, bevor – in München – ein Film daraus wurde. Erzählt wird die Geschichte von Paul und Paula und ihrer ersten Liebe, von den Schönheiten und Schwierigkeiten, miteinander zurechtzukommen, vom Zusammen- und Auseinandergehen, vom Happy-End und von Orgi, auch Orgasmus genannt, der nicht immer kommt, wann man will – ein witziges, unverkrampftes Stück um Lust und Liebe. Ein Film um Liebe und Sexualität für Leute während und nach der Pubertät.
»In *Was heißt'n hier Liebe?* wird niemandem auf die Füße getreten. Jedoch, und da haben die moralischen Eiferer recht, tritt die ›Rote Grütze‹ auch selber nicht von einem Fuß auf den andern vor Verlegenheit. Und eben darum macht es ja auch Spaß und nicht Angst, ihr zuzugucken beim Umgang mit der Angst vor der ersten großen Liebe.« *(Der Spiegel, 46/1978)*

Wir pfeifen auf den Gurkenkönig

BRD 1975 – Regie und Drehbuch: Hark Bohm, nach dem gleichnamigen Roman von Christine Nöstlinger – Darsteller: Sonja Sutter, Karl-Michael Vogler, Thomas Blass u. a. – 90 Min. – Farbe – empfohlen ab 6 Jahren
16 mm: atlas; EMZ 12; LBS 6,7
Bei der Familie Hogelmann hat der Vater das Sagen. Er duldet keinen Widerspruch, weder von der Mutter noch vom Großvater – und erst recht nicht von den drei Kindern. Diese schon genug geplagte Familie wird noch zusätzlich heimgesucht von einem scheußlichen grünen Monster, dem »Gur-

kenkönig«, einem gestürzten Herrscher, der in Herrn Hogelmann einen Verbündeten findet, um seine Macht zurückzugewinnen. Doch da spielt die Familie nicht mehr mit. Sie widersetzt sich dem Gurkenkönig und dem Vater.

»Kinder verschiedener Altersstufen werden mit ihren typi-

›Was heißt'n hier Liebe?‹

schen Problemen und entsprechenden Lösungsmöglichkeiten vorgeführt. Daß es dabei nicht zu ernsthaft-belehrend zugeht, wird schon durch die Figur des Gurkenkönigs garantiert. Es kann etwas gelernt werden, und die Zuschauer können Spaß dabei haben.« *(filmdienst 20 801)*

Auch ein Film zur Rubrik *Buchverfilmungen*

Der Zappler

BRD 1982 – Regie: Wolfram Deutschmann – Drehbuch: Wolfram Deutschmann, Reinhild Paul, frei nach Motiven der gleichnamigen Erzählung von Ernst Klee – Darsteller: Karsten Kunitz, Monica Bleibtreu, Paul Breitner als Gast u. a. – 70 Min. – Farbe – empfohlen ab 8 Jahren
16 mm: atlas; LBS 1,4,6,7,8,13,14; LFD 1
35 mm: Nickelodeon

›Der Zappler‹

Der zwölfjährige Stefan ist spastisch gelähmt und an den Rollstuhl gefesselt. Nachdem er mit seiner Mutter in eine fremde Stadt gezogen ist, versucht er, sich mit den Kindern aus der Nachbarschaft anzufreunden. Doch die nehmen ihn nicht für voll, machen sich über ihn lustig und hänseln ihn. Stefan träumt davon, gesund zu werden, laufen zu können wie die anderen, setzt alle Hoffnungen auf eine Operation. Als er jedoch die Zweifelhaftigkeit einer solchen Operation erfährt, flieht er mit dem Mut der Verzweiflung aus dem Krankenhaus und begibt sich in eine gefährliche Situation. Erst jetzt begreifen die anderen Kinder etwas von Stefans Wünschen und Nöten. Ihre Hilfe ist ein erster Schritt in Richtung Freundschaft.

»Ich fand interessant, wie sich Behinderte selbst zurechtfinden und daß der Stefan viele Wünsche durchgesetzt hat. Und was mir sehr gefallen hat, war, daß der Film auch sehr viel Spannung hatte.«   *(Andreas, 12 Jahre)*

Buchverfilmungen

»Ich will gern sehen, was ich geschrieben habe«

Wir sprachen mit Astrid Lindgren, der großen alten Dame des Kinderbuchs und des Kinderfilms, die 1987 ihren 80. Geburtstag feierte, über ihre Mitarbeit und Einflußnahme bei den Verfilmungen ihrer Kinderbücher.

Wie ist die Auflagenentwicklung Ihrer Bücher? Ist der Absatz durch die Buchverfilmungen zurückgegangen?

»Nein, ich habe nicht den Eindruck, daß meine Bücher weniger gelesen werden. Wenn ein Kind allein mit seinem Buch ist, schafft es sich eigene Bilder. Und wenn die Bücher verfilmt worden sind, ist die Figur im Buch plötzlich wirklich.«

Waren Sie von Anfang an damit einverstanden, daß Ihre Figuren wirklich, das heißt, daß Ihre Bücher verfilmt werden?

»Ja, ich bin damit einverstanden. Fast alle meine Bücher sind jetzt verfilmt worden. Das heißt aber nicht. daß ich, wenn ich ein Buch schreibe, an die Verfilmung denke. Das plane ich nicht. Aber es hat sich herausgestellt, daß Filme daraus werden. Ich will gern sehen, was ich geschrieben habe.«

Wie ist Ihre Mitwirkung bei den Verfilmungen? Nehmen Sie Einfluß auf das Drehbuch, auf den Regisseur, auf die Schauspieler?

»Was ich unbedingt will: Ich will die Dialoge selber machen. Ich glaube, daß ich weiß, wie Kinder sprechen. Die Drehbücher sind Umarbeitungen meiner Bücher. In den letzten 20 Jahren habe ich die Drehbücher selber geschrieben, das heißt aber nicht, daß die Regisseure ohne Einfluß sind.«

Greifen Sie bei den Dreharbeiten ein?

»Nein, ich bin nicht bei den Dreharbeiten dabei. Ich komme vielleicht mal mit einem Kuchen zu Besuch vorbei. Aber ich

Astrid Lindgren

finde, wenn ich das Drehbuch fertig geschrieben habe, muß
der Regisseur allein die Verantwortung übernehmen.«

*Wie eigenständig kann ein Regisseur sein, der ein Astrid-
Lindgren-Drehbuch verfilmt?*

»Meine Regisseure haben das Drehbuch. Und wenn sie etwas
verändern wollen, fragen sie. Wenn sie aber ihre eigene Dich-
tung machen wollen, können sie das ruhig tun. Aber nicht mit
meinen Büchern.«

Nehmen Sie auch Einfluß auf die Auswahl der Schauspieler?

51

»Ich kann mitsprechen, aber ich tue es nicht allzuviel. Allein bei Pippi und Michel gab es eine enorm große Auswahl von Kindern, die das gern sein wollten. Das heißt, ich kann mich damit nicht beschäftigen. Aber wenn der Regisseur Zweifel hätte bei der Endauswahl, könnte ich mitentscheiden.«

Waren immer die Figuren zu sehen, die Sie sich vorgestellt hatten?

»Es kann ein Kind aussehen wie Pippi, wie in unseren Köpfen. Und trotzdem können wir unglücklich mit ihr sein, wenn sie nicht agieren kann. Als Inger Nilsson kam, wußten wir alle: Das ist Pippi. Und trotzdem blieb die Frage, kann sie es auch spielen? – Sie konnte.«

Wann sehen Sie den Film zum ersten Mal?

»Am Schneidetisch.«

Und dann? Beeinflussen Sie den Schnitt, lassen Sie Szenen nachdrehen?

»In dieser Phase habe ich noch nie eingegriffen. Meistens sind die Filme fast so, wie ich sie mir gedacht habe. Ich finde vor allem, daß die Kinder herrlich gelungen sind. Wie zum Beispiel in *Ronja Räubertochter.* Sie sieht genauso aus, wie sie aussehen soll.«

Nur wenige Autoren sind in der Lage – und auch bereit –, sich so um ihre Buchverfilmungen zu kümmern wie Astrid Lindgren. Christine Nöstlinger zum Beispiel interessiert sich gar nicht dafür, Michael Ende wehrte sich sogar gegen die Verfilmung seines Buches *Die unendliche Geschichte,* weil er spürte, daß es eigentlich nicht zu verfilmen ist. Eine Ahnung, die sich bewahrheitet hat. Und Erich Kästner versuchte Anfang der 50er Jahre vergeblich, daß sein *Pünktchen und Anton* auch nach seinem Drehbuch verfilmt wird. So selbstverständlich die Mitarbeit von Astrid Lindgren scheint – sie ist doch eine Ausnahme. Schon aus rechtlichen Gründen haben die Autoren oft nicht die Möglichkeit, auf die Verfilmungen Einfluß zu nehmen. Daher kommt es manchmal zu Filmen, die weit von der Buchvorlage entfernt sind.

Mit Literaturverfilmungen für Kinder befassen sich auch medienpädagogische und wissenschaftliche Auseinandersetzungen und Analysen (zum Beispiel der Artikel von Wolfgang Schneider »Kinderliteratur als Filmerlebnis« in Kinder- und Jugendfilm Korrespondenz Nr. 24/4/85).

Kinder sind von solchen Überlegungen unberührt, für sie ist eine Buchverfilmung dann geglückt, wenn sie nach der Filmvorführung sagen können: »Es ist genauso, wie ich es mir beim Lesen vorgestellt habe.«

Alice im Wunderland

siehe Rubrik *Animationsfilme*

Auf dem Kometen (Na Komete)

ČSSR 1969/70 – Regie: Karel Zeman – Drehbuch: Jan Prochazka, Karel Zeman, nach dem gleichnamigen Roman von Jules Verne – Darsteller: Emil Horváth, Magda Vašáryová, František Filipovský u. a. – 76 Min. – Farbe – empfohlen ab 8 Jahren

16 mm: BAG; AV-Film

Der berühmte Science-fiction-Schriftsteller Jules Verne läßt seinen Zukunftsroman *Auf dem Kometen* im Jahre 1888 spielen: Eine Gruppe unterschiedlichster Menschen irgendwo in Afrika – Soldaten der Kolonialarmee, einheimische Geschäftemacher, Waffenschmuggler, Mädchenhändler, ein hübsches Mädchen und ein schöner Leutnant – findet sich plötzlich auf einem abgerissenen Stück des Erdballs wieder. Sie sind in höchster Gefahr, doch sie machen weiter wie bisher, verfolgen ihre egoistischen Ziele. Erst als die Kollision mit dem Mars droht, halten sie erschreckt inne, besinnen sich, spüren, daß Geld und Gut keine Bedeutung mehr haben. Sie sind ängstlich – und friedlich. Dieser Zustand hält jedoch nicht lange an. Sobald die Gefahr des Weltuntergangs vorüber ist, kehren sie zu ihren alten Verhaltensweisen zurück. Nur die beiden Liebenden bewahren ihre guten Gefühle für sich und die Welt, möchten bis ans Ende ihrer Tage in Glück und Frieden leben. Ein verständlicher, nachvollziehbarer Wunsch, aber leider doch eine Utopie.

Obwohl auch Jüngere ihren Spaß an den phantastischen, lustigen, turbulenten Szenen haben, vermittelt sich die Botschaft dieser Verfilmung von dem tschechischen Animationsfilmkünstler Karel Zeman erst etwas älteren Kindern. Es geht um die Absurdität des Kolonialismus genauso wie um die Unfähigkeit der Menschen, friedlich miteinander umzugehen.

Auch ein Film zur Rubrik *Science-fiction-Filme*

Aufstand der Tiere
siehe Rubrik *Animationsfilme*

Die Brüder Löwenherz (Bröderna Lejonhjärta)

Schweden 1977 – Regie: Olle Hellbom – Drehbuch: Astrid Lindgren nach ihrem gleichnamigen Roman – Darsteller: Staffan Göestam, Lars Söderdahl, Allan Edwall u. a. – 101 Min. – Farbe – empfohlen ab 8 Jahren
16 mm: atlas; BAG; LBS 13
Die Geschichte der Brüder Jonathan und Karl, den alle Krümel nennen, spielt Anfang des Jahrhunderts und beginnt in einem verkommenen Wohnviertel von Stockholm. Krümel ist todkrank, sein großer Bruder Jonathan versucht ihn zu trösten und erzählt ihm vom Leben nach dem Tod, das sich im sagenhaften Land Nagijala abspielt. Diese Phantasie nimmt Gestalt an. Die Brüder treffen sich im lieblichen Kirschblütental wieder, hier heißen sie die Brüder Löwenherz. Alle Menschen könnten glücklich sein, wenn nicht nebenan im Dornrosental der tyrannische Tengil mit seinen schwarzen Rittern und dem Drachen Katla die Menschen quälen würde. Die beherzten Brüder machen sich auf in das Feindesland und sind entschlossen, für die Erlösung des Dornrosentals zu kämpfen und damit auch für Frieden im Kirschblütental.
Diese Geschichte hat bei Kritikern viele Fragen ausgelöst, sie immer wieder zu Sinndeutungen inspiriert – die »Brüder Löwenherz« eine Parabel? Astrid Lindgren dazu: »Ich wollte kein religiöses Buch schreiben, in dem Jonathan die Rolle eines verkappten Gottes und Erlösers spielt. Noch wollte ich,

›Die Brüder Löwenherz‹

daß man in Tengil einen Hitler, Stalin oder anderen zeitgenös-
sischen Tyrannen sieht, und Katla ist keine andere Schreib-
weise für die Atombombe. Und vor allen Dingen habe ich nie
im Leben daran gedacht, ein Buch zu schreiben, das mit dem
Selbstmord von zwei kleinen Jungen endet. Ich kann gut verstehen, daß ein erwachsener Leser die Brüder Löwenherz
nach den obigen Mustern interpretieren könnte. Aber nie-
mals Kinder. ... Für sie ist es eine Geschichte über den Kampf
um Freiheit und über die Liebe zweier Brüder.«
Anläßlich einer Retrospektive ihrer Filme in München 1985
antwortete die große alte Dame des Kinderbuchs und Kinderfilms auf die entsprechende Frage, daß *Die Brüder Löwenherz* ihre Lieblingsverfilmung sei.

Auch ein Film zur Rubrik *Filme zwischen Phantasie und Wirklichkeit*

Das doppelte Lottchen

BRD 1950 – Regie: Josef von Baky – Drehbuch: Erich Kästner nach seinem gleichnamigen Kinderbuch – Darsteller: Isa
und Jutta Günther, Antje Weisgerber, Peter Mosbacher u. a.
– 105 Min. – s/w – empfohlen ab 6 Jahren
16 mm: atlas
35 mm: Atlas/Filmkontor
»In einem Ferienheim treffen sich zwei zehnjährige Mädchen, die einander zum Verwechseln ähnlich sehen. Das eine,
lebhaftere und braungelockte, heißt Luise Palfy und kommt
aus Wien. Das andere, stillere und bezopfte, heißt Lotte Kör-
ner und kommt aus München. Die erste Bestürzung, die sich
bei Luise bis zur Wut steigert, weicht allmählich einer zärtli-
chen Freundschaft, in deren Verlauf die beiden Kinder ent-

›Das doppelte Lottchen‹

decken, daß sie Zwillinge sein müssen! Von nun an suchen sie
unermüdlich und doch vergeblich, das Geheimnis ihres Lebens zu entschleiern. Warum haben sich die Eltern vor etwa
acht Jahren getrennt, warum hat man sie ›halbiert‹, warum
ließ man sie glauben, sie seien Halbwaisen? Luises Abenteuerlust, noch mehr aber die unbändige Sehnsucht beider Kinder nach der bisher vorenthaltenen Hälfte ihrer Welt führen
sie zu einem ebenso verwegenen wie naheliegenden Plan …«
– so steht es im Filmprogramm zum *Doppelten Lottchen,* Illu-
strierte Filmbühne 1009, einst für 20 Pfennige an der Kino-
kasse erhältlich.

Der weitere Verlauf der Geschichte ist bekannt, die Mädchen
tauschen ihre Rollen und führen ihre Eltern erst hinters Licht
und schließlich wieder zusammen. Ein liebenswerter Film,
der damals wie heute die Kinder bewegt, berührt und begeistert, der ihre Sehnsüchte und ihr Harmoniebedürfnis ernst

nimmt, ein vielleicht etwas altmodischer Film, aber kein veralteter.

»Es müssen eben doch die Dichter kommen, damit ein deutscher Film so ganz gerät. ›Das doppelte Lottchen‹ ist ein Film aus einem Guß geworden – aus einem Erich-Kästner-Guß, der das Drehbuch nach seinem gleichnamigen Kinderbuch selbst schrieb und als Kommentator auch im Film erscheint. Wer Kästners Kinderbücher schätzt, muß diesen Film liebhaben. Alles Vertraute findet er wieder: die alte und doch moderne Verquickung von Ironie und Romantik; Herz, Kinderherz, in liebenswürdige Nonchalance eingefaßt; Gefühl, wie entschuldigend in einer Verpackung von Frechheit dargeboten. Dies alles stiehlt sich, noch während wir darüber lachen, unversehens in unser Herz und sitzt dort fest für lange Zeit.«

(Sozialdemokrat, Berlin, 11.1.1951)

Das Dschungelbuch
siehe Rubrik *Animationsfilme*

Emil und die Detektive

Deutschland 1931 – Regie: Gerhard Lamprecht – Drehbuch: Billy Wilder, nach dem gleichnamigen Kinderbuch von Erich Kästner – Darsteller: Rolf Wenkhaus, Inge Landgut, Fritz Rasp, Käthe Haack u. a. – 74 Min. – s/w – empfohlen ab 6 Jahren
16 mm: atlas
35 mm: Atlas/Filmkontor
Emil Tischbein, ein aufgeweckter Junge aus Neustadt an der Dosse, fährt in den Ferien zu seiner Großmutter nach Berlin. 120 Mark hat ihm die Mutter für die Reise von ihrem mühsam Ersparten mitgegeben. Im Zug schenkt ein merkwürdiger Herr dem Jungen Bonbons. Emil ißt einen und weiß dann gar nichts mehr. Als er erwacht, sieht er den Herrn in der Menge verschwinden – und mit ihm Emils Geld. Eigentlich wäre es ein Fall für die Polizei, aber um die macht Emil lieber einen Bogen seit der Sache mit dem Denkmal in Neustadt … Emil ist ratlos, lernt aber bald einen gleichaltrigen, echten Berliner Jungen kennen, frech, helle und gewitzt. Der weiß Rat: Der Herr wird beobachtet, überwacht und schließlich durch

›Emil und die Detektive‹

die ganze Stadt verfolgt. Die Verfolger sind »Gustav mit der Hupe« und seine Kindergruppe und Emils Cousine »Pony Hütchen«. Mit ausgefuchsten detektivischen Tricks haben sie schließlich Erfolg.

Die Uraufführung fand am 2. Dezember 1931 in Berlin statt. Der Film wurde ein Riesenerfolg und lief auch noch nach 1933 in den Kinos, als Erich Kästners Bücher verbrannt wurden und er selbst Schreibverbot hatte. 1954 gab es in der Bundesrepublik ein Remake. Man versuchte, den großen Erfolg des Originals zu wiederholen – vergeblich. Als eine »lieblos hingeschlampte Sache« erschien die Berolina-Produktion im Urteil der Filmkritik. Auch die anderen Wiederverfilmungen, 1935 in England, 1956 in Japan, 1958 in Brasilien, 1964 in den USA, konnten die Qualität des Originals, inzwischen ein Klassiker, nicht erreichen.

Auch ein Film zur Rubrik *Kinderkrimis*

Die Erfindung des Verderbens (Vynález zkázy)

ČSSR 1957 – Regie: Karel Zeman – Drehbuch: Karel Zeman, Frantisek Hrubin, nach dem gleichnamigen Roman von Jules Verne – Darsteller: Lubor Tokos, Arnost Navrátil, Miloslav Holub u. a. – 81 Min. – Farbe – empfohlen ab 8 Jahren
16 mm: AV-Film; LBS 4; LFD 7
Professor Roch hat eine Formel gefunden, die die Welt für immer mit Energie versorgen – oder auch zerstören könnte. Eines Nachts wird er mitsamt seinem Assistenten Hart von Piraten entführt und zu Graf Artigas gebracht, der in seiner Stadt auf dem Meeresgrund von der Weltherrschaft träumt. Der Professor ist gutgläubig und glücklich, seine Theorien in der Praxis erproben und beweisen zu können. Er ahnt nicht, daß Artigas seine Erfindung nicht zum Nutzen der Menschheit einsetzen will. Die Situation spitzt sich zu, als Hart die Flucht gelingt und die Weltöffentlichkeit informiert.
Auch hier entwarf Jules Verne, *der* Science-fiction-Autor des 19. Jahrhunderts, eine Zukunftsvision vom technischen Fortschritt und der Gefahr, die dieser in sich birgt. So fantastisch und nutzbringend menschlicher Forschergeist sein kann – bei Mißbrauch liegt die »Erfindung des Verderbens« nahe.

»Um die Stimmung der technischen Traum- und Fabelwelt aus Vernes Phantasien zu vergegenwärtigen, hat der tschechische Regisseur Karel Zeman hier alle bekannten Techniken des Spiel-, Zeichen- und Puppenfilms kombiniert und überdies die Dekorationen seines Films möglichst getreu den berühmten Originalillustrationen von Benett und Riou nachgestaltet. *Die Erfindung des Verderbens* ist die schönste aller Jules-Verne-Verfilmungen.« *(Süddeutsche Zeitung)*

Auch ein Film zur Rubrik *Science-fiction-Filme*

Fünf Freunde in der Tinte
siehe Rubrik *Kinderkrimis*

Das Geheimnis der Stählernen Stadt
(Tajemství Ocelového Města)

ČSSR 1957 – Regie: Ludvik Ráza – Drehbuch: Ondrej Vogeltanz, nach dem Roman »Die 500 Millionen der Begum« von Jules Verne – Darsteller: Jaromir Hanzlik, Martin Ružek, Josef Vinklář u. a. – 90 Min. – Farbe – empfohlen ab 10 Jahren
16 mm: AV-Film; BAG

Zwei Brüder teilen sich ein großes Erbe. Während der eine damit die Stadt Fortuna aufbaut, in der die Menschen in Frieden und Wohlstand leben können, errichtet der andere die Stählerne Stadt, die einem gewaltigen Waffenarsenal gleichkommt.

Der Vernichtungsschlag gegen Fortuna ist schon vorbereitet. Um hinter das Geheimnis der Stählernen Stadt zu kommen, machen sich drei Kundschafter aus Fortuna auf. Als sie die schreckliche Wahrheit erfahren, scheint schon jede Rettung zu spät. Ein atemberaubender, spannender Wettlauf mit der Zeit beginnt.

Jules Verne schrieb das Buch vor über 100 Jahren unter dem Eindruck des Deutsch-Französischen Krieges (1870/71), eine düstere Vorschau auf den Faschismus, die Entwicklung der Atombombe und auf das politische Kräftespiel in der Welt von heute – geschrieben im Jahre 1875.

Der Film setzt das Buch in eindringlichen, detailgetreuen Bildern um, der Mechanismus, aus dem die Handlungsweise des Bösen entsteht, wird erklärt, und die manchmal etwas komplizierte Geschichte durch den neunjährigen Victor, einen der drei Kundschafter, den Kindern nahegebracht; mit ihm können sich die jungen Zuschauer identifizieren.

Auch ein Film zur Rubrik *Science-fiction-Filme*

Gritta vom Rattenschloß

DDR 1985 – Regie: Jürgen Brauer – Drehbuch: Christa Kozik, nach Gisela und Bettina von Arnims Märchenroman »Das Leben der Hochgräfin Gritta von Rattenzuhausbeiuns« – Darsteller: Nadja Klier, Hermann Beyer, Fred Delmare u. a. – 83 Min. – Farbe – empfohlen ab 8 Jahren
16 mm: atlas; BAG
35 mm: Unidoc

›Gritta vom Rattenschloß‹

Das Mädchen Gritta lebt mit seinem Vater, einem liebens-
wert-versponnenen Erfinder, der nur seine Konstruktion
einer Thronrettungsmaschine, TRM 1848, im Kopf hat, und
dem treuen Diener Müffert in einem romantisch-vergammel-
ten Schloß. Obwohl es an allen Ecken und Enden mangelt:
Gritta lebt ein freies, unbeschwertes Leben. Die 13jährige
kann machen, was sie will, streift durch Wiesen und Wälder,
saust auf einem vom Vater gebauten Flugfahrrad durch die
Gegend, liest Bücher, die nicht für Kinder geschrieben sind,
spielt mit den vielen possierlichen Ratten im Schloß. Dieses
lustige Leben ändert sich schlagartig, als der Vater sich in die
Gräfin Nesselkrautia verliebt – von Gritta nur »Gräfin Zimt-
zicke« genannt – und sie zur Frau nimmt …
»In diese phantasievolle Geschichte hat Bettina von Arnim
gewiß ihre eigenen Wunschträume projiziert. Im gleichen
Jahr wie diesen Märchenroman, der auch eine Satire auf da-

malige Zustände darstellte, schrieb sie ja ihr Werk ›Dies Buch gehört dem König‹: Ausdruck ihrer Illusionen über Friedrich Wilhelm IV. als möglichen demokratischen Monarchen trotz seiner reaktionären Umgebung am Berliner Hofe. Aus der Romantikerin war damals bereits eine sozialkritische Schriftstellerin geworden. (...) Solche historischen Überlegungen läßt der Film freilich beiseite, will in erster Linie vergnüglich-ironisch unterhalten. Das hat der Regisseur erreicht, wobei dem jungen Publikum mit Gritta auch eine emanzipatorische weibliche Identifikationsfigur präsentiert wird.«   *(H. Kersten, in: Kinder- und Jugendfilm Korrespondenz, Nr. 23/3'85)*

Gullivers Reisen (Gullivers Travels)

USA 1939 – Regie und Drehbuch: Max und Dave Fleischer, nach dem Buch von Jonathan Swift – 76 Min. – Farbe – empfohlen ab 8 Jahren
16 mm: KMZ 2; Meteor
Die von Jonathan Swift im Jahre 1726 geschriebene politische und literarische Satire hat sich im Lauf der Jahrhunderte zu einem amüsanten Abenteuermärchen gewandelt und gehört heute zum Standardwerk der Jugendlektüre. Dieses gewandelte Werk war die Grundlage für den Zeichentrickfilm des Jahres 1939.
Die Geschichte spielt an den Gestaden Liliputs, wo Gulliver als Schiffbrüchiger strandet. Gulliver, sonst ein normal großer Mensch, fühlt sich als Riese in dem Land, in dem die Bewohner nicht größer als sein kleiner Finger sind. Höhepunkt der Geschichte – und des Zeichentrickfilms – ist die Fesselung des »Menschenberges« – weil die Bewohner Liliputs befürchten, durch den Eindringling alles zu verlieren – und seine Befreiung; Szenen von skurrilem, witzigem Einfallsreichtum.
»Wenn auch gelegentlich die Gefahr der Verkitschung, der jeder Zeichentrickfilm ausgesetzt ist, deutlich wird, in seiner Gesamtheit ist dieser Film gefällig und erheiternd, daß man Kinder ab acht gerne auf ihn hinweist.«   *(Ev. Filmbeobachter)*

Auch ein Film zur Rubrik *Animationsfilme*

Heidi

Schweiz 1952 – Regie: Luigi Comencini – Drehbuch: Richard Schweizer, nach dem Roman von Johanna Spyri – Darsteller: Elsbeth Sigmund, Heinrich Gretler, Isa Günther, Theo Lingen u. a. – 90 Min. – s/w – empfohlen ab 6 Jahren
16 mm: Paikert

Die nach wie vor überzeugendste *Heidi*-Verfilmung nach dem heißgeliebten Kinderbuch von Johanna Spyri schildert das anrührende Schicksal des Bergkindes. Heidi lebt mit dem Großvater, dem Alm-Öhi, frei und wild in den Bergen, naturverbunden wie ihr Freund, der Geißenpeter. Doch eines Tages erfährt dieses Leben eine abrupte Wende, denn Heidi soll einem gelähmten Mädchen in Frankfurt Gesellschaft lei-

Heidi

SEHNSUCHT NACH DER HEIMAT

sten. Es gelingt ihr zwar, dem Mädchen Klara neuen Lebens-
mut zu geben, doch Heidi wird in der Stadt krank – vor Heimweh. Sie darf heim und versöhnt nicht nur den Großvater und
den Geißenpeter mit sich, sondern auch den verbitterten
Alm-Öhi mit den Dorfbewohnern unten im Tal.

»Hier wird man angenehm überrascht. Schon befürchtet
man, eineinhalb Stunden einer tränenseligen Gefühligkeit

standhalten zu müssen, als das klare Gesichtchen der kleinen Heidi (Elsbeth Sigmund) auftaucht. Und dann rollt ein Film ab, der in seiner ganzen Handlung und Haltung so erfreulich ist, daß man den Schweizer Herstellern nur gratulieren kann. (...) Köstlich ist die steife Szenerie des alten Frankfurts um die Jahrhundertwende. Dem Liebhaber Schweizer Gebirgswelt werden dazu bildschöne Aufnahmen aus Graubünden geboten. Da Regie, Musik und Schnitt ihre Sache verstanden, bedeutet der Besuch des Films einem jeden ein schönes Erlebnis.« *(Zeitgenössische Filmkritik)*

Heidi und Peter

Schweiz 1955 – Regie: Franz Schnyder – Drehbuch: Richard Schweizer, nach dem Roman »Heidi kann brauchen, was es gelernt hat« von Johanna Spyri – Darsteller: Elsbeth Sigmund, Heinrich Gretler, Isa Günther u. a. – 95 Min. – Farbe – empfohlen ab 6 Jahren
16 mm: Paikert
Für Heidi ist die Welt wieder in Ordnung. Sie lebt in ihrer Bergwelt, mit dem Großvater, aufgenommen von der Dorfgemeinschaft, geht zur Schule und ist mit Geißenpeter ein Herz und eine Seele. Ganz anders geht es Klara in Frankfurt. Seit Heidi nicht mehr da ist, ist ihre Kraft wieder geschwunden, unablässig denkt sie an Heidi und die Berge und wünscht sich nichts sehnlicher als eine Reise dorthin. Im Sommer ist es soweit. Heidi freut sich ebenso wie Klara auf das Wiedersehen, im Gegensatz zum Geißenpeter, der seine Heidi mit niemandem teilen möchte. Es kommt zu Konflikten zwischen den Kindern, seine Eifersucht reißt den Geißenpeter zu einer unbedachten Tat hin – er stößt Klaras Rollstuhl den Abhang hinunter –, die sich jedoch als segensreich für Klara erweist: Sie lernt das Laufen.
Dieser Film ist eine echte Fortsetzung der ersten Schweizer *Heidi*-Verfilmung, der Stab sowie die Darsteller sind dieselben geblieben, nur der Regisseur hat gewechselt. Mit den beiden *Heidi*-Filmen, die inzwischen zu den Klassikern gezählt werden können, ist eine liebenswerte Verfilmung der zweibändigen Erzählung von Johanna Spyri gelungen.

Der Herr der Ringe (Lord of the rings)

USA 1977 – Regie: Paul Bakshi – Drehbuch: Chris Conkling
und Peter S. Beagle, nach dem gleichnamigen Roman von
J. R. R. Tolkien – 133 Min. – Farbe – empfohlen ab 10 Jahren
16 mm: UIP
35 mm: UIP

Der Regisseur Paul Bakshi hat sich das 1300 Seiten umfassende Fantasy-Werk des englischen Kultautors J. R. R. Tolkien vorgenommen. Für die filmische Darstellung hat der Trickfilmspezialist *(Fritz the Cat)* eine neuartige Technik entwickelt. Zunächst wurde die Geschichte mit Schauspielern und allem, was zum Realfilm gehört, gedreht, und danach sind die einzelnen Filmbilder von 200 Zeichnern überzeichnet worden – das Ergebnis ist ein zwölf Millionen Dollar teurer Zeichentrickfilm. Die philosophisch-phantastische Abenteuersage handelt von Frodo Beutlin, dem jungen Hobbit und Helden der Geschichte, Gandalf, dem Zauberer und Beschützer der Hobbits, Aragon, Jäger aus der Wildnis und Helfer der Hobbits, Legolas aus dem Geschlecht der Elben, dem Hobbit Bilbo Beutlin und Boromir, dem Krieger.
Die Bücher des 1973 verstorbenen Oxford-Professors J. R. R. Tolkien mit ihrer eigenartigen, mystisch-durchdach-

›Herr der Ringe‹

ten Phantasiewelt haben eine weltweite Fan-Gemeinde, werden aber auch von Kritikern wegen ihrer »Weltflucht« abgelehnt, ihnen ist alles zu konstruiert und mystisch-vernebelt. Wie das Buch, so löste auch die Verfilmung Kontroversen aus. »Die Kosten und der Aufwand standen im Verhältnis zur Breite des Werkes. (…) Ob das Ergebnis allerdings den Tolkienschen Intentionen entspricht, darüber haben sich die Kritiker die Köpfe heiß geredet, darüber werden auch die Zuschauer streiten.« *(R. Kakuska, in: Zeit-Magazin)*

Auch ein Film zur Rubrik *Animationsfilme* und zur Rubrik *Fantasyfilme*

Jakob hinter der blauen Tür
siehe Rubrik *Neue bundesdeutsche Filme*

›*Meisterdetektiv Kalle Blomqvist*‹

70

Kalle und seine Freunde

Kalle-Blomquist-Filme:

Meisterdetektiv Blomquist
(Mästerdetektiven Blomkvist)

Schweden 1947 – Regie: Rolf Husberg – Drehbuch: Astrid
Lindgren nach ihrem Kinderbuch – Darsteller: Olle Johans-
son, Sven Axel Carlsson, Ann-Marie Skoglund u. a. –
80 Min. – s/w – empfohlen ab 8 Jahren
16 mm: Schmidt; EMZ 12
Das ist der erste Film überhaupt, der nach einem Buch von
Astrid Lindgren gedreht wurde. Aber Kalles Abenteuer sind
heute noch genauso spannend wie damals. Dazu eine Filmkritik von Raffaela, zwölf Jahre: »Die Einleitung fand ich
sehr gut. Die Namen waren nicht geändert, dadurch war das
Ganze viel wirklicher. Die Landschaft war echt (sehr gut), leider war der Film nicht farbig, dadurch kamen Einzelheiten

nicht so heraus. Die Musik war teilweise unpassend, zum Beispiel, als die drei Kinder aus der Höhle entkamen, viel zu romantisch. Der Einblick in Kalles Traum war gut, aber auch gruselig. Der Inhalt war spannend und lustig zugleich. Im großen und ganzen war der Film sehr gut.«

Kalle Blomquist lebt gefährlich
(Mästerdetektiven och Rasmus)

Schweden 1953 – Regie: Rolf Husberg – Drehbuch: Astrid Lindgren nach ihrem Kinderbuch – Darsteller: Eskil Dalenius, Lars-Erik Lunberg u. a. – 88 Min. – s/w – empfohlen ab 8 Jahren
16 mm: Schmidt; EMZ 12
Kalle, der Junge mit dem detektivischen Spürsinn, der sich seit der Lösung seines ersten Falles »Meisterdetektiv« nennen darf, gerät in eine Entführungssache, die er mit seinen Freunden Anders und Eva-Lotta nach einer abenteuerlichen Verfolgung der Verdächtigen aufklären kann.
Zeitgenössische Filmkritik: »Reizender schwedischer Jugendfilm, spannend und sauber dargestellt. Zwei Buben und ein Mädchen entlarven Gangster, die einen Wissenschaftler entführen wollen. Trotz einiger Unwahrscheinlichkeiten ein hinreißendes Erlebnis.«   *(Ev. Filmbeobachter, 1954)*

Kalle Blomquist – Sein schwerster Fall
(Mästerdetektiven lever farlight)

Schweden 1957 – Regie: Olle Hellbom – Drehbuch: Astrid Lindgren nach ihrem Kinderbuch – Darsteller: Leif Nilsson, Sven Almgren, Birgitta Hörnblad u. a. – 84 Min. – s/w – empfohlen ab 8 Jahren
16 mm: LFD 4; Schmidt
Kalle, Eva-Lotta und Anders – schon aus den anderen Verfilmungen bekannt – gehören dem Geheimbund »Weiße Rose« an, ihr Treffpunkt ist eine alte Ruine. Dort spielen sich auch entscheidende Kämpfe gegen die Mitglieder der »Roten Rose« um den »Groß-Mummerich« ab. Das Leben in der schwedischen Kleinstadt Lillköpping ist fröhlich und unbe-

schwert, bis Eva-Lotta eines Tages eine schlimme Entdeckung macht ...

»Ein ›Kinderkrimi‹ mit allen gängigen Klischees: Die heile Welt während der Sommerferien, durch einen Mörder in zeitweise Aufregung versetzt, am Ende aber doch – durch Kalle und seine Freunde – in den harmonischen Ausgangszustand zurückkehrend, alles in 80 Minuten und unterbrochen durch Gesangseinlagen, Verfolgungsjagd und allerlei Lebensphilosophie. Die Differenz zu heutigen (Fernseh-)Kinderfilmen ist eklatant: epische Totalen, ruhige Kamerabewegungen, lange Einstellungen, in denen nicht immer gleich etwas Neues passiert. Eine Bildersprache, die seitdem für das Massenpublikum der Kinder verlorengegangen ist, ein Museumsstück, das alle Vorzüge und Schwächen seiner untergegangenen Art besitzt, und damit ein Beitrag zu der Frage, wie es war und nie mehr sein wird.«

(Medienarbeit in Kindergarten und Hort, 1978)

Auch Filme zur Rubrik *Kinderkrimis*

Karlsson auf dem Dach (Världens bästa Karlsson)

Schweden 1975 – Regie: Olle Hellbom – Drehbuch: Astrid Lindgren nach ihrem gleichnamigen Kinderbuch – Darsteller: Lars Söderdahl, Mats Wikström u. a. – 101 Min. – Farbe – empfohlen ab 6 Jahren
16 mm: BAG; KMZ 2; Meteor
35 mm: Jugendfilm
Der kleine Lillebror ist einsam, und er wünscht sich sehnlichst einen Hund. Eines Tages entdeckt er einen komischen Kauz auf dem Dach, mit einem Propeller auf dem Rücken. Der stellt sich als Herr Karlsson vor, der nicht nur fliegen kann, sondern auch der Welt bester Fleischkloßesser ist. Über Langeweile kann sich Lillebror fortan nicht mehr beklagen.
Filmkritik von Agnes, zwölf Jahre: »Ich finde den Inhalt echt super, weil dieser Karlsson ein sehr pfiffiger Kerl ist. Er macht witzige Bemerkungen, aber was mich an ihm stört, ist, daß er so gefräßig ist. Der Film ist sehr gut gemacht, weil alle Leute zu der Rolle passen, die sie spielen. Gefallen hat mir eigentlich alles.«

›Karlsson auf dem Dach‹

Die Kinder aus Nr. 67
siehe Rubrik *Neue bundesdeutsche Kinderfilme*

Kinder-von-Bullerbü-Filme:

Die Kinder von Bullerbü (Bara roligt i Bullerbyn)

Schweden 1960/61 – Regie: Olle Hellbom – Drehbuch: Astrid
Lindgren nach ihrem gleichnamigen Kinderbuch – Darsteller: Kaj Anderson, Jan Erik Husbom, Elisabeth Nordkvist
u. a. – 61 Min. – Farbe – empfohlen ab 6 Jahren
16 mm: atlas; Filmothek NW

Wir Kinder aus Bullerbü (Alla vi barn i Bullerbyn)

Schweden 1986 – Regie: Lasse Hallström – Drehbuch: Astrid
Lindgren – Darsteller: Linda Bergström, Anna Sahlin, Ellen
Demerus, Crispin Dickson Wendenius u. a. – 90 Min. – Farbe
– empfohlen ab 6 Jahren
35 mm: Jugendfilm

›Die Kinder von Bullerbü‹

›Die Kinder von Bullerbü‹

Neues von uns Kindern aus Bullerbü
(Mer om oss barn i Bullerbyn)

Schweden 1987 – Regie: Lasse Hallström – Drehbuch: Astrid
Lindgren – Darsteller: Linda Bergström u. a. – 89 Min. –
Farbe – empfohlen ab 6 Jahren
35 mm: Jugendfilm

Drei Filme über die kleinen und großen, immer aber unbe-
schwerten Erlebnisse von Lisa, Britta, Inga, Bosse, Lasse
und Ole in Bullerbü, einem schwedischen Dorf wie aus einem
schönen Bilderbuch.
1947 ist die erste Ausgabe der *Kinder von Bullerbü* erschie-
nen, in der Astrid Lindgren ihre eigene Kindheit beschreibt.
In den Jahren 1960/61 entstand die erste Verfilmung von Olle

Hellbom, Astrid Lindgrens »Hausregisseur«. 1986 beschäftigte sich die 1907 geborene Autorin noch einmal mit den Kindern aus Bullerbü und schrieb die Drehbücher für Lasse Hallströms Verfilmungen *Wir Kinder aus Bullerbü* und *Mehr von uns Kindern aus Bullerbü.*

Schon die Titel machen deutlich, daß die Sichtweisen unterschiedlich sind: Olle Hellbom erzählt über die Kinder von Bullerbü, während Lasse Hallström erzählen läßt, und zwar von der kleinen Lisa; der Figur, mit der sich Astrid Lindgren nach eigenem Bekunden am meisten identifiziert.

Lasse Hallström *(Mein Leben als Hund)* hat die heile Welt von Bullerbü mit wunderschönen, nostalgischen Bildern im Stil der Zeit inszeniert – ein traumhaftes, unbeschwertes Kinderleben, weder von Menschen noch von Natur bedroht. Glücklich derjenige, der auf so eine Kindheit zurückblicken kann wie Astrid Lindgren.

Die kleine Hexe

siehe Rubrik *Animationsfilme*

Die Konferenz der Tiere

BRD 1969 – Regie und Drehbuch: Curt Linda, nach dem gleichnamigen Buch von Erich Kästner – 93 Min. – Farbe – empfohlen ab 8 Jahren
16 mm: atlas; EMZ 12; LFD 2
35 mm: Filmwelt
Unter dem Eindruck des Zweiten Weltkriegs schrieb Erich Kästner 1949 seine Fabel *Die Konferenz der Tiere* als einen Appell für den Frieden in der Welt: Die Erfahrungen haben gelehrt, daß von den Menschen kein Frieden zu erwarten ist, also werden die Tiere aktiv, konferieren wochenlang, was gegen die Unvernunft und Uneinsichtigkeit der machtbesessenen, kampflüsternen »erwachsenen« Menschen zu tun sei. Kinder aus den verschiedenen Erdteilen nehmen als Ehrengäste an der Konferenz der Tiere teil. Da der Tiere Friedensappell ungehört verhallt, müssen sie die Erwachsenen zur Vernunft zwingen und nehmen allen Eltern die Kinder weg – so lange, bis die Staatsoberhäupter der Länder einen Vertrag

unterschreiben, der nicht nur die Abschaffung des Militärs und aller Waffen befiehlt, sondern auch, daß die Lehrer zu den Bestbezahlten des Landes gehören, weil die Erziehung der Kinder zu wahren Menschen die wichtigste und schwerste Aufgabe ist.

»Der Film verdient vor allem aus zwei Gründen Beachtung und Anerkennung: Einerseits handelt es sich hier um den ersten westdeutschen programmfüllenden Zeichentrickfilm in Farbe, der voll animiert ist, und andererseits haben sich seine Hersteller intensiv und erfolgreich bemüht, den von Disney geprägten Stil zu überwinden und eine eigenständige Ausdrucksform zu finden ...«   *(Ev. Filmbeobachter 1970)*

Abgesehen vom Formalen: Erich Kästners »in ihrem blinden Pazifismus rührende Geschichte« (Süddeutsche Zeitung vom 24.6.78) hat nichts von ihrer Aktualität und Bedeutung verloren; in einer Zeit, in der die Worte Frieden, Abrüstung, Sicherheit schon zum Wortschatz der Kinder gehören, ist sie aktueller denn je.

Auch ein Film zur Rubrik *Animationsfilme*

Konrad aus der Konservenbüchse
siehe Rubrik *Neue bundesdeutsche Kinderfilme*

Krabat
siehe Rubrik *Animationsfilme*

Der Krieg der Knöpfe (La guerre des boutons)

Frankreich 1961 – Regie: Yves Robert – Drehbuch: Yves Robert und François Boyer, nach dem gleichnamigen Buch von Louis Pergaud – Darsteller: Pierre Traband, Jean Richard, Michel Galabru und 100 Kinder und deren Eltern – 85 Min. – s/w – empfohlen ab 8 Jahren
16 mm: atlas; BAG; Krauskopf
35 mm: Impuls
Seit Generationen herrscht »Krieg« zwischen den Jungen von Longeverne und Velrant, und keiner weiß eigentlich, warum das so ist. Werden »Gefangene« gemacht, ist es üb-

›Die Konferenz der Tiere‹

›Der Krieg der Knöpfe‹

lich, ihnen die Knöpfe abzuschneiden und die Hosenträger, was nicht nur schmachvoll ist, sondern auch Strafmaßnahmen daheim nach sich zieht. Also beschließen die Jungen, nackt in den Kampf zu ziehen, doch sie haben die Rechnung ohne die Brennesseln gemacht. Da ist es schon besser, sich eine Knopfreserve anzulegen, um nach einer Niederlage den Verlust ersetzen zu können. Die kriegerischen Auseinandersetzungen nehmen mit der Einweisung der beiden Anführer ins Internat ein jähes Ende – bis zum nächsten Sommer, wenn ein neuer »Krieg der Knöpfe« ausbricht.

In seinem Vorwort des 1912 erschienenen Buches schrieb der

Autor Louis Pergaud: »Ich wollte ein Stück wildes, leidenschaftliches Leben wieder heraufbeschwören, wie wir kleinen Kerle es geführt haben, offen und heroisch, frei von allem heuchlerischen Zwang durch Familie und Schule.« Aber vom heuchlerischen Zwang ist der *Krieg der Knöpfe* seit seinem Erscheinen in unserem Land begleitet. Anfangs wurde der Film freigegeben ab 6 Jahren, nach Protesten auf 16 heraufgesetzt (was inzwischen wieder revidiert wurde), und im Februar 1988 verbannte das bayerische Kultusministerium auf Anraten des sittenstrengen »Maria-Goretti-Kreises« die Lektüre des Buches von Bayerns Schulen.

Kriegerkinder (Krigernes børn)

Dänemark 1979 – Regie und Drehbuch: Ernst Johansen, nach dem Roman »Der Kriegerjunge Nelo« von Hans Ovesen – Darsteller: Susanne Storm, Ove Sprogø, Otto Brandenburg u. a. – 90 Min. – Farbe – freigegeben und empfohlen ab 12 Jahren
16 mm: atlas; KJF; LBS 4,7,13
Alfo, Keralo, Nelo und Ilni leben in einem kriegerischen Stamm, ein Leben, das den Kindern nicht gefällt. Sie verabscheuen die Gewalt, mit der hier alle Probleme gelöst werden, und beschließen, auf eine friedliche Insel zu fliehen. Nelo bleibt zurück, glaubt nicht, daß es woanders besser ist. Die anderen Kriegerkinder glauben daran, versuchen, sich dem Inselleben anzupassen. Doch was sie auch tun, sie können das Mißtrauen der Inselbewohner nicht abbauen, bleiben Außenseiter. Als eines Tages Nelo den Kindern auf der Insel die Botschaft bringt, daß die Krieger einen Angriff planen, sehen die Kinder darin eine Chance, ihre Friedfertigkeit zu beweisen, indem sie die Inselbewohner warnen. Da müssen sie jedoch erkennen, daß sich hinter der friedlichen Fassade der Inselbewohner Brutalität, Aggression und Machtgier verbergen.
»Viele der Zuschauer weinten, als das Licht anging, weinten aus Trauer um den toten Alfo und die Niederlage der Kinder; und doch ist der Schluß nicht resignativ, sondern geprägt durch die Einsicht der Kinder, daß es nichts nützt, eine bes-

sere Welt zu suchen. Sie muß geschaffen werden durch den Einsatz, die Parteinahme jedes einzelnen. So verkörpern die Filmkinder den Fortschritt, den Schritt hin zur Veränderung ihrer Lage und damit zur Veränderung der Gesellschaft.«
(S. Stange, in: Kinder- und Jugendfilm Korrespondenz 4/1980/Dokumentation des 6. Internationalen Kinderfilmfestivals Frankfurt)

Michel-von-Lönneberga-Filme:

Michel in der Suppenschüssel (Emil i Lönneberga)

Schweden 1971 – Regie: Olle Hellbom – Drehbuch: Astrid Lindgren nach ihrem Kinderbuch – Darsteller: Jan Ohlsson, Lena Wisborg, Allan Edwall, Emy Storm u. a. – 95 Min. – Farbe – empfohlen ab 6 Jahren
16 mm: atlas

›Michel in der Suppenschüssel‹

›Michel bringt die Welt in Ordnung‹

Michel muß mehr Männchen machen
(Nya hyss av Emil i Lönneberga)

Schweden 1972 – Regie: Olle Hellbom – Drehbuch: Astrid
Lindgren – Darsteller: s. o. – 94 Min. – Farbe – empfohlen ab
6 Jahren
16 mm: atlas

Michel bringt die Welt in Ordnung
(Emil och Griseknoen)

Schweden 1973 – Regie: Olle Hellbom – Drehbuch: Astrid Lindgren – Darsteller: s. o. – 96 Min. – Farbe – empfohlen ab 6 Jahren
16 mm: atlas; LFD 4
Der kleine Michel sorgt für manche Aufregung in Lönneberga. Der gewitzte Blondschopf ist berühmt und berüchtigt für seine Streiche und Einfälle – seine Eltern und die anderen Bewohner des Bauernhofes finden seine Ideen oft weit weniger lustig als er. Und seine kleine Schwester Ida ärgert sich auch oft über Michel, doch insgeheim bewundert sie immer wieder den großen Bruder.
Astrid Lindgren sagt über ihren Michel, der in Schweden Emil heißt: »Er war mir so nahe wie ein eigenes Kind. Als ich damals das letzte Kapitel des dritten Michel-Buches geschrieben hatte, fiel mir der Abschied von ihm so schwer, daß ich weinen mußte. All die Abenteuer, die wir gemeinsam bestanden haben! Eigentlich ist der Michel bis heute meine Lieblingsfigur.«

Mio, mein Mio (Mio min Mio)

Schweden/Sowjetunion/Norwegen 1987 – Regie: Vladimir Grammatikov – Drehbuch: William Aldridge, nach dem Buch »Mio, mein Mio« von Astrid Lindgren – Darsteller: Nicholas Pickard, Christian Bale, Christopher Lee u. a. – 104 Min. – Farbe – empfohlen ab 10 Jahren
35 mm: Jugendfilm
Vorlage für diese erste skandinavisch-sowjetische Koproduktion ist das weniger bekannte Buch *Mio, mein Mio* von Astrid Lindgren, das über 30 Jahre unverfilmt blieb. Erzählt wird die Geschichte des neunjährigen Bosse, der bei lieblosen Pflegeeltern in Stockholm aufwächst und sich nach seinem Vater sehnt. Eines Tages erhält er einen Zauberapfel mit der geheimnisvollen Botschaft »An den König im Land der Ferne«. Und damit beginnen die phantastischen Abenteuer. Bosse befreit einen Geist aus der Flasche, der ihn mitnimmt

›Mio, mein Mio‹

in das Land jenseits des Weltalls. Dort wird der Junge vom Herrscher liebevoll begrüßt mit den Worten »Mio, mein Mio« – und Bosse erkennt in ihm seinen Vater. Doch das Glück ist bedroht: Auf Mio wartet die schwere Aufgabe, den grausamen Ritter Kato im »Land Außerhalb« zu besiegen, ein Kampf auf Leben und Tod, den er zusammen mit seinem neuen Freund Jum-Jum besteht.

Die phantastische Geschichte enthält eine Vielfalt märchenhafter Gleichnisse und spannender Abenteuer. Obwohl der Film die Intensität und psychologische Dimension des Buches nicht erreicht, ist er ein interessantes und sehenswertes Beispiel einer internationalen Astrid-Lindgren-Verfilmung, bei der die Autorin entgegen ihren bisherigen Gepflogenheiten nicht das Drehbuch geschrieben hat. Dazu der sowjetische Regisseur Vladimir Grammatikov: »Dennoch – die Filmhandlung durften wir nicht improvisieren. Das Szenarium hat William Aldridge geschrieben, und er hat die schwedische,

85

englische und russische Ausgabe des Buches miteinander verglichen, um Abweichungen auszuschließen. So haben wir an der Geschichte nichts geändert, aber wir haben die Handlung nach unseren Vorstellungen visualisiert – und das war nicht einfach, wenn man die Geschichte nicht ändern wollte.«

Momo

BRD/Italien 1986 – Regie: Johannes Schaaf – Drehbuch: Johannes Schaaf, Rosemarie Fendel, Michael Ende, Marcello Coscia, nach dem gleichnamigen Roman von Michael Ende – Darsteller: Radost Bokel, Mario Adorf, Armin Mueller-Stahl, John Huston u. a. – 100 Min. – Farbe – empfohlen ab 8 Jahren
35 mm: Tobis

›Momo‹

1973 erschien *Momo oder die seltsame Geschichte von den Zeitdieben und von dem Kind, das den Menschen die gestohlene Zeit zurückbrachte.*

Der Märchenroman von Michael Ende erhielt den Deutschen Jugendbuchpreis, wurde ein Bestseller. 13 Jahre nach seinem Erscheinen kam die Filmversion nach langen Verhandlungen mit dem Autor ins Kino. So lang der Titel des Buches – so kompliziert der Inhalt.

Das Mädchen Momo lebt in einer zeitlos glücklichen Welt, voller Freundlichkeit und Muße, bis die Zeitdiebe einbrechen und den Menschen vorrechnen, daß Zeit »wertvoller« angelegt werden kann. Nun beginnt die Hektik – Momos Freunde sind wie verwandelt. Das Mädchen macht sich auf, die alte Zeit zurückzuholen.

Trotz des Aufwands von 20 Millionen DM kann die Verfilmung des Buches nicht überzeugen. Und auch bei der Kritik kam der Film nicht gut an. Die Beurteilungen reichten von »Patchwork-Philosophie, grob zusammengestoppelt, durchwirkt mit Selbstgestricktem, alles aus zweiter Hand ...« *(Die Zeit)* bis zu »völlig unkindgemäß, kein neuer Charakter. Momo entwickelt sich nicht, sondern ist sogleich eine schemenhafte, fiktive Traumfigur, ein hübsches, artiges Wunderkind« *(Kinder- und Jugendfilm Korrespondenz).*

Moritz in der Litfaßsäule
siehe Rubrik *Filme zwischen Phantasie und Wirklichkeit*

Oliver Twist (Oliver Twist)

Großbritannien 1948 – Regie: David Lean – Drehbuch: David Lean und Stanley Haynes, nach dem Roman von Charles Dickens – Darsteller: Robert Newton, Alec Guinness u. a. – 95 Min. – s/w – empfohlen ab 12 Jahren
16 mm: atlas; AV-Film;
BAG; LBS 7,8; LFD 2,7
Viele kleine und große Leser auf der ganzen Welt gewann Charles Dickens mit seinem Buch *Oliver Twist,* das er 26jährig im Jahre 1838 schrieb. Er erzählt die Geschichte eines Jungen, der seit seiner Geburt weiß, was Armut ist, und der nach

›Oliver Twist‹

entbehrungsreichen Jahren im Armenhaus schließlich in London einen Beschützer findet.

Unter 1500 Bewerbern wurde der Hauptdarsteller ausgesucht und entsprach ganz Dickens' Beschreibung von einem »blassen, mageren Kind, aber mit einem mutigen und kühnen Herzen in der Brust«. Der Film *Oliver Twist* von David Lean aus dem Jahre 1948 zählt zu einer der gelungensten Literaturverfilmungen – ein Film aus einem England der sozialen Mißstände, Ungerechtigkeiten und krassen Gegensätze, voller Dramatik. Großes Lob erhielt auch Alec Guinness in seiner Rolle als Bandenanführer Fargin.

Auch ein Film zur Rubrik *Filme zur Zeitgeschichte*

88

Pippi-Langstrumpf-Filme:

Pippi Langstrumpf

BRD/Schweden 1969 – Regie: Olle Hellbom – Drehbuch: Astrid Lindgren nach ihrem gleichnamigen Kinderbuch – Darsteller: Inger Nilsson, Pär Sundberg, Maria Persson, Margot Trooger, Hans Clarin u. a. – 99 Min. – Farbe – empfohlen ab 6 Jahren
16 mm: atlas; BAG; LFD 2
35 mm: Jugendfilm

›Pippi Langstrumpf‹

Pippi mit ihren Freunden

Pippi geht von Bord

BRD/Schweden 1969 – Regie: Olle Hellbom – Drehbuch:
Astrid Lindgren – Darsteller: s. o. – 85 Min. – Farbe – empfohlen ab 6 Jahren
16 mm: atlas; BAG

Pippi in Taka-Tuka-Land

BRD/Schweden 1969 – Regie: Olle Hellbom – Drehbuch:
Astrid Lindgren – Darsteller: s. o. – 92 Min. – Farbe – empfohlen ab 6 Jahren
z. Zt. ohne Verleih

Pippi außer Rand und Band

BRD/Schweden 1970 – Regie: Olle Hellbom – Drehbuch:
Astrid Lindgren – Darsteller: s. o. – 90 Min. – Farbe – empfohlen ab 6 Jahren
z. Zt. ohne Verleih
Als 1949 Astrid Lindgrens *Pippi Langstrumpf* auf dem deutschen Buchmarkt erschien, reagierten Kritiker und Pädagogen skeptisch bis ablehnend auf dieses Gegenbild zum »Nest-
häkchen«. Ein Mädchen, das ohne Eltern lebt und sich trotzdem nicht als Waisenkind fühlt, das frech und ungezwungen
seinen Tag gestaltet, offenbar nicht zur Schule geht und keine
Angst vor Autoritäten hat, schien damals nicht das rechte Vorbild für Kinder zu sein. Und in ihrer Heimat wurde Pippi Anfang der 80er Jahre vom Kinderfilmrat auf den Index gesetzt,
weil »der Rotschopf wegen seines individualistischen Aufbe-
gehrens nicht den schwedischen Vorstellungen von einer soli-
darischen Gesellschaft entspricht«.
Doch dieses Gerangel der Pädagogen kann Pippis Populari-
tät nichts anhaben. Pippi Langstrumpf, das Mädchen, das
sich über alle Konventionen hinwegsetzt, wird heute genauso
geliebt von den Kindern wie seinerzeit.
»Pippilotta Rollgardinia Viktualia Pfefferminz Efraimstoch-
ter Langstrumpf« erlebt die verrücktesten Abenteuer, und
nie ist sie allein. Da sind ihr gepunktetes Pferd, ein kleiner
Affe, den sie respektvoll mit »Herr Nilsson« anredet, und
ihre Freunde Tommy und Annika. Einen Vater gibt es auch,
doch der ist monatelang auf See, zum Beispiel nach Taka-
Tuka-Land unterwegs. Aber Pippi hat auch Widersacher, so
das Fräulein Prüsselius, Leiterin des Jugendamtes, die für
eine »ordentliche« Erziehung des wilden Kindes sorgen
möchte. Dieses Bemühen scheitert aber immer wieder –

Pippi bleibt, wie sie ist und wie sie von den Kindern der Welt geliebt wird: phantasievoll und lustig, mutig und stark – und macht ihnen damit selbst Mut, im Alltag zurechtzukommen.

Pippi Langstrumpf's neueste Streiche
(The new adventure of Pippi Longstocking)

USA 1988 – Regie und Drehbuch: Ken Annakin – Darsteller: Tami Erin, Eileen Brennan, Cory Crow, David Seaman jr. u. a. – 101 Min. – Farbe – empfohlen ab 6 Jahren
35 mm: Columbia

Aus der »Villa Kunterbunt« ist die »Villa Villekulla« geworden, aus Pippi Langstrumpf eine »Pippi Longstocking« – Amerika hat Pippi entdeckt. In Hollywood wurden *Pippi Langstrumpf's neueste Streiche* inszeniert, bunt, lustig, aufwendig, mit vielen neuen Songs, die ins Ohr gehen – eine Mi-

›Pippi Langstrumpfs neueste Streiche‹

schung aus Musical und Action. Geblieben sind: die Freunde Tommy und Annika – zwei Kinder aus gutbürgerlichem Hause –, der Affe »Mister Nilsson« und das gepunktete Pferd, der seefahrende Vater und das altjüngferliche Fräulein, das Pippi in ein Heim stecken möchte, um ihr Erziehung und Schulbildung angedeihen zu lassen – was ihr im Film auch fast gelingt. Doch Pippi hält es nicht lange aus, weder in der adretten Schulkleidung noch auf der Schulbank, erst recht nicht im großen Schlafsaal. Sie geht zurück zu ihren Freunden, zu den Tieren und zu den Menschen, die sie gern haben.

Die amerikanischen Produzenten haben sich mit dieser Verfilmung, die ohne Astrid Lindgrens Mitwirkung, aber mit ihrem Einverständnis erfolgte, ziemlich an die Buchvorlage gehalten. Einiges ist hinzugefügt worden, wie die Visualisierung von Gefühlen oder die skurrile Reise mit dem Hubschrauber. Mit ihrem natürlichen Spiel überzeugt die zwölfjährige Tami Erin als »Pippi Longstocking« von Szene zu Szene mehr. Kein leichtes Spiel, denn die Schwedin Inger Nilsson als Pippi hat das Bild dieser Figur über Jahrzehnte geprägt, im Film, auf Buchumschlägen und Kassetten. Doch Tami Erin, die aus weltweit 8000 Bewerberinnen ausgesucht wurde, setzt gegen dieses Bild ihr eigenes und spielt sich in die Herzen von groß und klein.

Pünktchen und Anton

BRD/Österreich 1953 – Regie: Thomas Engel – Drehbuch: Maria von der Osten-Sacken und Thomas Engel, nach dem gleichnamigen Kinderbuch von Erich Kästner – Darsteller: Sabine Eggerth, Peter Feldt, Paul Klinger, Hertha Feiler, Heidemarie Hatheyer u. a. – 90 Min. – s/w – empfohlen ab 6 Jahren
16 mm: atlas
35 mm: atlas
Pünktchen und Anton ist die rührende Geschichte einer Kinderfreundschaft. Pünktchen, neun Jahre alt, ein materiell zwar verwöhntes, aber von den Eltern vernachlässigtes Mädchen aus reichem Hause, lernt Anton, zwölf Jahre alt, ken-

›Pünktchen und Anton‹

nen, der mit seiner Mutter zwar in Armut lebt, aber reich ist
an mütterlicher Zuwendung und Liebe. Pünktchen ist entschlossen, ihrem Freund zu helfen. Dafür geht sie sogar
nachts, verkleidet als armes Mädchen, auf die Straße und verkauft Zündhölzer – zum Entsetzen ihrer Eltern, die nichts
von Anton wissen und auch nichts von dem Einbrecher, der
sich an ihre Haushälterin ranmacht, um die Villa auszurau-
ben. Nach etlichen Mißverständnissen, Verwicklungen und
Ungerechtigkeiten nimmt alles ein gutes Ende.
Erich Kästners Drehbuch wurde von mehreren Regisseuren
als zu »kindertümeld« abgelehnt. Kinderfilme waren damals nicht gefragt, sondern es mußte ein »Familienfilm« – ein
Film für die ganze Familie – sein. Thomas Engel schrieb das
Drehbuch mit, das in einigen Punkten von der Handlung des
Buches abweicht. Erich Kästner hat dem Regisseur diesen
Film sehr übelgenommen.

94

Ronja Räubertochter (Ronja rövardotter)

Schweden/Norwegen 1984 – Regie: Tage Danielsson – Drehbuch: Astrid Lindgren, nach ihrem gleichnamigen Roman – Darsteller: Hanna Zetterberg, Dan Håfström, Allan Edwall u. a. – 126 Min. – Farbe – empfohlen ab 8 Jahren
16 mm: BAG; EMZ 1–13; KMZ 2,5,7,12,22; LBS 1–14; LFD 1–9; Matthias
35 mm: Jugendfilm
In einer Gewitternacht wird auf der Mattisburg ein Kind geboren, der Räuberhauptmann ist außer sich vor Freude über

›Ronja Räubertochter‹

das Töchterchen, das sie Ronja nennen. Das Mädchen wächst bei Mattis und Lovis frei und unbekümmert heran, Räuber sind für Ronja das Normalste auf der Welt. Angst hat sie nicht – »her mit den Gefahren« ruft sie, und so lernt sie nicht nur Graugnome, Wilddruden und Rumpelwichte kennen, sondern auch Birk, den Sohn von Borka, dem verfeindeten Räuberhauptmann. Schon bald merkt Ronja, daß Birk kein Feind ist, sie werden Freunde und verbringen den ganzen Sommer in den sagenumwobenen, urwüchsigen Wäldern zusammen – heimlich. Die Freundschaft der beiden Kinder muß manche schwere Probe bestehen. Mit ihrer unnachgiebigen Stärke zwingen die beiden schließlich ihre Eltern zur Einsicht.

War schon das Buch von Astrid Lindgren Lesestoff für die ganze Familie, so ist der Film, der die Räubergeschichte getreu der Vorlage, mit Phantasie und Poesie, aber auch effektvoll und mit prächtigen Bildern auf die Leinwand bringt, erst recht ein Erlebnis für alle.

»Auch der erwachsene Zuschauer entzieht sich mit zunehmender Dauer des Films immer weniger der mit Witz und Charme erzählten Geschichte von der kleinen Räuberstochter, ihrer unbedingten Parteinahme für die Sache der Kinder, ihrer Nachsicht mit den Schwächen der Erwachsenen.«

(Neue Zürcher Zeitung)

»Ein Beitrag, der Astrid Lindgrens Kinderbuch vom Erwekken der Menschlichkeit in Räuberherzen voller Spiellust, doch prall mit Witz, in Szene setzt.« *(FAZ)*

»… viel Geld für einen schwedischen Film, aber *Ronja Räubertochter* sieht nach zehnmal so viel aus. Eine Mischung aus den Märchen der Brüder Grimm, Robin Hood und Romeo-und-Julia-Romanze.« *Variety*

Wie der rundum gelungene Film entstand, hat Regisseur Tage Danielsson dokumentiert – in seinem interessant und gut gestalteten Buch zum Film. *(Oetinger Verlag Hamburg)*

Der rote Strumpf
siehe Rubrik *Neue bundesdeutsche Kinderfilme*

Die Schatzinsel
siehe Rubrik *Abenteuerfilme*

Der schwarze Hengst und Der schwarze Hengst kehrt zurück
siehe Rubrik *Tier- und Naturfilme*

Servus Opa, sagte ich leise
siehe Rubrik *Neue bundesdeutsche Kinderfilme*

Stern ohne Himmel
siehe Rubrik *Neue bundesdeutsche Kinderfilme*

Die unendliche Geschichte

BRD 1984 – Regie: Wolfgang Petersen – Drehbuch: Wolfgang Petersen, Herman Weigel – Darsteller: Barret Oliver, Noah Hathaway, Tami Stronach, Tilo Prückner u. a. – 99 Min. – Farbe – empfohlen ab 10 Jahren
16 mm: atlas
35 mm: Neue Constantin

Anders als das Buch, das von einer Vielzahl von sagen-, märchen- und mythenhaften Gestalten bevölkert ist, die sich durch eine Vielzahl von Handlungssträngen im Land Phantasien, wo das Nichts und das Nirgendwo zu Hause sind, han-

›Die unendliche Geschichte‹

geln – eine Geschichte, die sich verzweigt und verästelt und mit der Phantasie der Leser rechnet –, ist der Film. Hier wurde ein kleiner Teil der dickbändigen Geschichte mit großem Aufwand an Technik und Trick, Studiobauten und Fabelwesen – noch heute bei der Bavaria-Film-Tour in München-Geiselgasteig zu besichtigen – in spektakuläre Bilder umgesetzt. 60 Millionen Mark hat der Film gekostet, doch der angestrebte Welterfolg blieb aus. Schon deshalb, weil dieses Buch, wie von Michael Ende selbst befürchtet, eigentlich unverfilmbar ist. Der fortlaufende Wechsel zwischen der unendlichen Geschichte und dem lesenden Jungen sorgt beim Zuschauer für ein atemloses Ein- und Aussteigen, ein Special-Effect jagt den anderen.

Der Film ist zwar ab sechs Jahren von der FSK freigegeben, aber Kinder dieses Alters sind überfordert, sowohl inhaltlich als auch formal.

Michael Ende, der sich gegen diese Verfilmung gewehrt hat, fand das Ergebnis »peinlich, jämmerlich, grauenvoll«. Aus dem Märchen-Kultbuch ist kein Kultfilm geworden.

Auch ein Film zur Rubrik *Fantasyfilme*

Vorstadtkrokodile
siehe Rubrik *Neue bundesdeutsche Kinderfilme*

Wir pfeifen auf den Gurkenkönig
siehe Rubrik *Neue bundesdeutsche Kinderfilme*

20000 Meilen unter dem Meer (20000 Leagues under the Sea)

USA 1954 – Regie: Richard Fleischer – Drehbuch: Earl Felton, nach dem Roman von Jules Verne – Darsteller: Kirk Douglas, James Mason, Peter Lorre u. a. – 113 Min. – Farbe – empfohlen ab 10 Jahren
16 mm: AV-Film
Diese Walt-Disney-Produktion wurde mit zwei Oscars für Ausstattung und Spezialeffekte ausgezeichnet. Noch heute, im Zeitalter aufwendiger Fantasyfilme, kann der Klassiker auch bei den verwöhntesten Technik-Kids bestehen. Wie der

Titel sagt, spielt sich das Geschehen meilentief unter dem Meer ab. Drei Schiffbrüchige, ein ebenso genialer wie weltfremder Professor, sein kluger Assistent und ein rauhbeiniger Seemann, werden von Kapitän Nemo auf der »Nautilus«, einem mit kosmischer Kraft getriebenen Unterseeboot, gefangengehalten. Der Professor ist von den neuen Entdeckungen fasziniert, durchschaut nicht deren Gefährlichkeit.

Wie schon in seinem Roman *Die Erfindung des Verderbens* nimmt Jules Verne Entwicklungen vorweg, die 100 Jahre später Wirklichkeit geworden sind, beweist ein prophetisches Gespür für Nutzen und Elend jeder technischen Entwicklung.

»Disneys Architekten haben hier wirklich großartig gearbeitet und damit allen, die jung bzw. jung geblieben sind, zwei Stunden schauprächtiger Phantastik beschert, die man nicht so schnell vergißt. Heute macht gerade die ›altmodische Aufmachung‹ den Reiz aus.«   *(Ev. Filmbeobachter 18/190a)*

Auch ein Film zur Rubrik *Science-fiction-Filme*

Märchenfilme

Eine Gratwanderung zwischen Kitsch und Kunst

Die frühesten, heute noch erhaltenen Märchenfilme, *Rübezahls Hochzeit* (Paul Wegener, 1916) und *Dornröschen* (Paul Leni, 1917), waren keine ausgesprochenen Kinderfilme. Doch kurz danach beschäftigten sich Pädagogen mit dem Märchenfilm, entwickelten Kriterien dafür: »Das gefilmte Märchen ... ergänzt die Vorstellungswelt und regt die Phantasietätigkeit lebhaft an, es packt die Jugend durch die vor ihren Augen sich abwickelnde Handlung.« (Paul Matzdorf in der Zeitschrift »Der Bildwart«, 1925) Das war noch zur Stummfilmzeit. Mit der Einführung des Tonfilms wandelte sich auch der Märchenfilm, so zum Beispiel die Schauspielerfilme aus der Märchenfilmproduktion von Alf Zengerling, die durch die von der Technik bewirkte Veränderung beim Betrachter immer mehr von ihrer Märchenstimmung verloren. Der einst naive Zauber wirkte jetzt unbeholfen und kitschig.

Und der Kitsch war fortan Begleiter des Märchenfilms. Höhepunkt dieser Entwicklung: die Märchenverfilmungen der 50er Jahre in der Bundesrepublik. Die populärsten Stoffe waren *Rotkäppchen, Schneewittchen* und *Frau Holle,* die bis zu viermal verfilmt wurden. Sie prägten jahrzehntelang das Bild vom Märchenfilm bei Kindern, Eltern, Pädagogen, Kino- und Filmemachern. Ein Bild, das im Zuge gesellschaftlicher Veränderungen ins Abseits geriet und das von der antiautoritären Bewegung als realitätsfern und verkitscht angeprangert und verbannt wurde. Das hatte zur Folge, daß Märchen insgesamt diskriminiert wurden.

Ganz anders verlief die Entwicklung in unserem Nachbarland DDR. Dort gehört seit der Gründung der DEFA 1949 das Märchen als kulturelles Erbe zum Bestandteil der Kinderfilmstoffe, neben der kritischen Auseinandersetzung mit der faschistischen Vergangenheit und der Bearbeitung von Gegenwartsthemen. Der erste Kinderfilm war ein Märchenfilm:

Das kalte Herz von Paul Verhoeven, 1950, und 1953 entstand unter der Regie von Wolfgang Staudte, der damals bei der DEFA arbeitete, *Die Geschichte vom kleinen Muck* nach dem Märchen von Wilhelm Hauff – ein Film, der auch heute noch durch seine perfekte Tricktechnik verblüfft.

Derzeit erfährt das Märchen bei uns ein Comeback. Das ZDF startete 1984 eine aufwendige internationale Koproduktionsserie, die im Studio Bratislava/ČSSR hergestellt wird. Erstes Ergebnis, das auch im Kino zu sehen ist: *Frau Holle*. Geplant sind insgesamt 16 Filme, wobei auch auf unbekanntere Märchenstoffe wie *Der treue Johannes* oder *Der Salzprinz* zurückgegriffen wird.

Die finanzstarke amerikanische Filmgruppe Cannon hingegen geht auf Nummer Sicher, verläßt sich nur auf Bekanntes, das sich weltweit vermarkten läßt, das heißt: ein Geschäft verspricht. In ehemaligen Lagerhäusern in Jaffa bei Tel Aviv wurden mehrfach verwendbare Märchenkulissen aufgebaut: Schloß, Zauberwald, Küche, Festsaal, Verlies, Außenaufnahmen entstehen in Italien und in der Schweiz, abgedreht im Schnellverfahren sind bereits *Rumpelstilzchen, Dornröschen, Hänsel und Gretel, Schneewittchen, Rotkäppchen, Der Froschkönig*. Und alles, wie die Macher meinen, ganz nach dem Geschmack von Kindern: »problemlos, lustig, leicht, harmlos, schön und technisch perfekt«.

Auf diese Weise landet der Märchenfilm dort, wo er schon einmal war: in der kindertümelnden Kitschecke der falschen Gefühle.

Daß Märchenfilm auch Kunst sein kann, zeigen die in diesem Buch vorgestellten Beispiele; liebevoll, originell und sorgfältig gestaltete Filme, die die Botschaften der Märchen, ihre Gleichnisse und Weisheiten kindgerecht vermitteln, Botschaften, die von Kindern verstanden werden, wie es zum Beispiel der zehnjährige Ulrich nach dem Film *Die Geschichte vom kleinen Muck* ausdrückt: »Der Film war lustig, schön, spannend und mit einem tieferen Sinn.«

**Die Abenteuer des Prinzen Achmed,
Das bucklige Pferdchen,
Cinderella**
siehe Rubrik *Animationsfilme*

Der Dieb von Bagdad (The Thief of Bagdad)

Großbritannien/USA 1940 – Regie: Ludwig Berger, Michael
Powell, Tim Whelan – Drehbuch: Lajos Biro, Miles Malleson,
nach dem Märchen aus »Tausendundeiner Nacht« – Darsteller: Sabu, Conrad Veidt u. a. – 108 Min. – Farbe – empfohlen
ab 8 Jahren
16 mm: atlas; Filmothek NW; LBS 7; LFD 2
35 mm: Jugendfilm
Die Geschichte aus *Tausendundeiner Nacht* ist ein Klassiker,
dieser Film ist es ebenfalls. Erzählt wird von einem kleinen
Dieb, dem am Ende das Glück an der Seite einer schönen

›*Der Dieb von Bagdad*‹

Prinzessin winkt. Aber bis es soweit ist, muß der Junge manch aufregendes und gefährliches Abenteuer bestehen.

»Der berühmte Abenteuerfilm aus ›Tausendundeiner Nacht‹ überrascht noch heute mit seinen verblüffenden Tricks und Spezialeffekten. Unter den verschiedenen Verfilmungen des Stoffes zeichnet sich diese besonders durch ihre Visualität und Musikalität aus. (…) Überdies wurde die hervorragende Farbfotografie mit einem Oscar prämiert.«

(Zoom Filmberater, Zürich)

Drei Nüsse für Aschenbrödel
(Tři oříšky pro Popelku)

ČSSR/DDR 1973 – Regie und Drehbuch: Václav Vorlíček, nach dem Märchen von Božena Němcová – Darsteller: Libuše Šafránková, Pavel Trávníček, Rolf Hoppe u. a. – 87 Min. – Farbe – empfohlen ab 6 Jahren
16 mm: atlas; AV-Film; BAG; KJF; KMZ 2,10
Auch in der Tschechoslowakei kennt man das Märchen vom Aschenbrödel, doch es wird anders erzählt. Das ungerecht behandelte, leidgeprüfte Mädchen ergibt sich hier nicht stumm seinem Schicksal, sondern nimmt den Kampf auf – mit List, Witz und drei Zaubernüssen.

»Ich finde den Inhalt viel besser als beim richtigen Aschenbrödel, spannender und nicht so übertrieben. Auch gefällt mir, daß das Aschenbrödel nicht so brav ist wie im richtigen Märchen, sondern auch gut mit der Armbrust umgeht, also so ziemlich alles kann wie ein Junge. Mir ist aufgefallen, daß alle auf dem Hof Aschenbrödel liebhaben und daß sie ihr Bestes wollen und daß die Stiefmutter und ihre Tochter ganz unbeliebt sind. Mir hat besonders die erste Szene im Wald gefallen, wo das Aschenbrödel den Prinzen geärgert hat. Die Kostüme waren auch gut ausgedacht. Es gab viele lustige Stellen, besonders, wo der König geschimpft hat, daß der Prinz sich ohne seine Erlaubnis verliebte. Alles in allem: Es war super, schlecht fand ich eigentlich gar nichts.« *(Anna, 13 Jahre)*

Božena Němcová, aus deren Feder diese Aschenbrödel-Version stammt, ist in ihrer Heimat genauso bekannt wie bei uns die Gebrüder Grimm.

›Drei Nüsse für Aschenbrödel‹

Entenzauber (Szegény dzsoni és Árnika)

Ungarn 1983 – Regie: András Sólyom – Drehbuch: Ervin Lázár – Darsteller: Tamás Puskás, Zsuzsa Nyertes u. a. – 79 Min. – Farbe – empfohlen ab 8 Jahren

z. Zt. noch kein Verleih – Vertrieb über: *Hungarofilm,* Báthori utca 10, Budapest 1054, Ungarn

Der ungarische Märchenfilm erzählt mit außergewöhnlichen Stilmitteln die Geschichte der schönen Prinzessin Arnika und des armen Burschen Johnny. Sie lieben sich, doch bis sich ihre Liebe erfüllt, haben sie mehrere Proben zu bestehen. Die Hexe Hundertgesicht hat die beiden verzaubert – mal ist Johnny eine Ente, mal ist es Arnika, nie sind sie beide Mensch. Es gibt nur eine Rettung für sie: Sie müssen ins Wunderland gelangen, zu König Ajachtan Kutarbani; eine gefahrvolle, aber auch amüsante Wanderung beginnt, mit merkwürdigen, durchaus »neuzeitlichen« Begegnungen.

›Entenzauber‹

(Bei Redaktionsschluß hatte dieser Film noch keinen deutschen Verleih – leider. Wir hoffen, daß sich das bald ändert, denn *Entenzauber* ist ein zauberhafter Film und eine Bereicherung fürs Kinderkino.)

Frau Holle

BRD/ČSSR/Österreich 1984 – Regie: Juraj Jakubisko – Drehbuch: Lubomir Feldek, Juraj Jakubisko, nach Motiven des Märchens der Gebrüder Grimm – Darsteller: Giulietta Masina, Petra Vančiková, Milada Ondrašiková u. a. – 94 Min. – Farbe – empfohlen ab 8 Jahren
35 mm: Jugendfilm
»Superman hat den Gestiefelten Kater vertrieben«, meinte die italienische Schauspielerin Giulietta Masina, die die Frau

106

Holle in diesem Film spielt. Das mag einmal zugetroffen haben, aber die Märchenfilmer holen mächtig auf. Der in malerischer Landschaft, mit hohem Aufwand und großer Sorgfalt gestaltete Film kann es leicht mit jedem Superman-Film aufnehmen, was die »Action« betrifft. Die effektvolle Ausschmückung brachte *Frau Holle* auch Kritik ein, und manche Kinder im Kino konnten Frau Holle gar nicht wiedererkennen. Die elfjährige Franziska drückt es so aus: »Mir hat der Film sehr gut gefallen. Ich finde bloß, der Name müßte anders sein, weil er eigentlich überhaupt nichts mit dem Märchen der Gebrüder Grimm zu tun hat. Zum Beispiel, daß der Jakob zuerst bei Frau Holle wohnt und dann erst auf die Erde kommt oder daß er auszieht und sich dann auf einem Hügel eine Mühle baut. Aber derjenige, der den Film gemacht hat, hat auch etwas vergessen, und zwar, daß die Tochter des Richters mit Gold belohnt wird.«

Und Laura, 13, meint: »Ich finde, es ist ein ganz schöner Film, der aus dem Märchen keinen Kitsch werden läßt.«

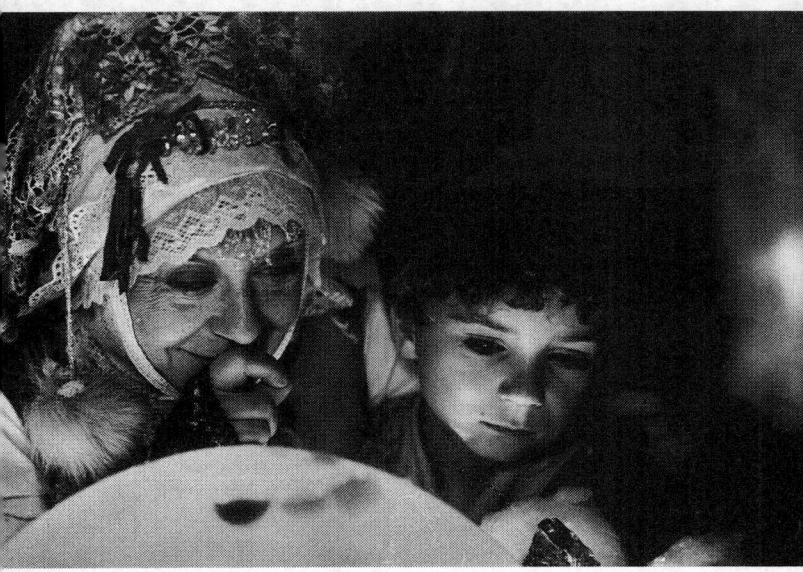

›Frau Holle‹ mit Giulietta Masina

Die Geschichte vom kleinen Muck

DDR 1953 – Regie: Wolfgang Staudte – Drehbuch: Peter Po-
dehl, Wolfgang Staudte, nach dem Märchen von Wilhelm
Hauff – Darsteller: Thomas Schmidt, Johannes Maus, Silja
Lésny u. a. – 100 Min. – Farbe – empfohlen ab 6 Jahren
16 mm: atlas; BAG; Imbild; LBS 7,10,12; LFD 1,2,4,7,9;
Unidoc
35 mm: Unidoc
Die historische DEFA-Produktion von Wolfgang Staudte erzählt eine wundersame Geschichte: Der alte Muck, wegen
seines körperlichen Gebrechens oft verspottet, versammelt
eines Tages die Kinder um sich und berichtet ihnen vom
Leben des kleinen Muck, der auf der Suche nach dem Glück
die Welt und viele Menschen kennenlernt: den Oberleibläu-
fer des Sultans, die junge Amanza, die alte Ahavzi und andere
skurrile Gestalten. In der orientalischen Märchenwelt geht es

›Die Geschichte vom kleinen Muck‹

geheimnisvoll, dramatisch und nicht immer mit rechten Dingen zu. Die für einen deutschen Film der damaligen Zeit aufsehenerregenden, perfekten Filmtricks – zum Beispiel der Wettlauf mit den Zauberpantoffeln oder das verblüffende Spiel auf einer Fontäne – setzen das Publikum noch heute in Erstaunen.

»Der Film hat mir sehr gut gefallen, war lustig, schön, spannend und hatte einen tieferen Sinn. (…) Man konnte lernen, daß man Menschen wegen ihres Aussehens nicht verhöhnen sollte. Spannend war z. B. auch die Szene, wo der kleine Muck glaubte, den Kaufmann des Glücks gefunden zu haben. Die Kostüme waren gut ausgesucht, und der Film klang richtig echt, obwohl es ein Märchenfilm war.«

(Ulrich, 10 Jahre)

Gevatter Tod

DDR 1980 – Regie: Wolfgang Hübner – Drehbuch: Wera und Claus Küchenmeister, nach dem Märchen der Gebrüder Grimm – Darsteller: Dieter Franke, Jan Spitzer, Janina Hartwig u. a. – 71 Min. – Farbe – empfohlen ab 10 Jahren

Der Tod ist eine Figur, die in vielen Märchen Gestalt annimmt, oft furchteinflößend und gruselig. Doch dieser Gevatter Tod ist ein weiser, gütiger, strenger, aber gerechter Mann, der sich niemanden vor der Zeit holt, dem aber auch niemand ausweichen kann. Damit mag sich der junge Medicus Jörg – im Mittelalter und in der Zeit der Pest zu medizinischem und gesellschaftlichem Ansehen gekommen – nicht abfinden. Er kennt den Gevatter gut, der ihm Freund und Beschützer ist, und doch will Jörg sich ihm nicht unterordnen, trotzt ihm und überlistet ihn sogar zweimal. Nach der folgenschweren Entscheidung am Fluß der Lebenslichter muß aber auch Jörg schmerzlich erkennen: Nichts ist so unausweichlich und endgültig wie der Tod.

»Die Geschichte des Märchens war nicht irgendwie verändert, und man hat alles wiedererkannt. Außerdem waren die verschiedenen Personen genauso dargestellt, wie ich sie mir, als ich das Märchen gelesen habe, auch vorgestellt hatte. Ich fand den Film ganz toll.« Das meint die 13jährige Marianne, die den Film beim Filmfest München 1987 gesehen hat, der

›Gevatter Tod‹

bis jetzt noch keinen bundesdeutschen Filmverleih hat, leider, der aber von Unidoc (Adresse siehe Verleiherverzeichnis) besorgt werden kann.

Das kalte Herz

DDR 1950 – Regie: Paul Verhoeven – Drehbuch: Paul Verhoeven, Wolf von Gordon, nach dem Märchen von Wilhelm Hauff – Darsteller: Lutz Moik, Hanna Rücker, Erwin Geschonneck u. a. – 105 Min. – Farbe – empfohlen ab 8 Jahren
16 mm: Unidoc; 35 mm: Unidoc

Peter Munk, ein armer Köhlerbursche, ruft das gute Glasmännlein herbei, um an Reichtum und die geliebte Lisbeth zu kommen: »Schatzhauser im grünen Tannenwald – Bist schon viel hundert Jahre alt – Dein ist all Land, wo Tannen stehn – Läßt dich nur Sonntagskindern sehn.« Obwohl das Glasmännlein es für unvernünftig hält, erfüllt es dem jungen Peter zwei Wünsche. Doch bald muß der erfahren, daß das Glasmännlein mit seiner Skepsis recht hatte. Peter setzt alles auf eine Karte, ruft nun den bösen Holländer-Michel, der fürs Wünscheerfüllen Peters Herz als Pfand fordert. Mit einem Herz aus Stein kann der junge Köhler kein Gefühl mehr für seine Mitmenschen empfinden, schreckt nicht einmal vor dem Töten seiner Liebe zurück. Das Glasmännlein hat noch einmal Mitleid mit dem jungen Köhler.

Dieser Film – der erste Farbfilm, der nach 1945 in den DEFA-Studios Potsdam-Babelsberg hergestellt und auch wegen seiner Tricktechnik zu einem Filmklassiker wurde – basiert auf einem 200 Jahre alten Märchen von Wilhelm Hauff, das vor dem Hintergrund der sozialen Ungerechtigkeiten im Schwarzwald entstanden ist. Vorlage für die Figur des Holländer-Michel zum Beispiel war der Gaggenauer Anton Rindenschwender, der es in der zweiten Hälfte des 18. Jahrhunderts vom einfachen Holzfällerjungen und Flößer zum Millionär gebracht hatte. Wilhelm Hauff schrieb das Märchen für groß und klein, Paul Verhoeven wandte sich mit der Verfilmung mehr an ein jüngeres Publikum. »In der ethischen Grundhaltung klar und eindeutig. Vor allem kann er Kindern vieles geben.« *(film-dienst Nr. 46 v. 7.12.51)*

111

Der Katzenprinz (Koči̇̌či̇̌ Princ)

ČSSR/DDR 1978 – Regie: Ota Koval – Drehbuch: Ota Hofman und Ota Koval, nach Märchenmotiven – Darsteller:
Pavel Hachle, Žaneta Fuchsová u. a. – 84 Min. – Farbe – empfohlen ab 6 Jahren
16 mm: BAG

Was ist Phantasie, was ist Wirklichkeit? Die Geschwister
Radek und Teresa wissen es auch nicht immer genau. Sind
Rotkäppchen und all die anderen Märchenfiguren plötzlich
lebendig geworden, ist der Schloßherr Albert wirklich so
böse zu Katzen und Kindern? Viele offene Fragen, die auch
am Schluß des Films nicht gänzlich beantwortet sind. Ein
Film, der die Phantasie beflügelt.

»Der Anfang ist gut gemacht. Der Schloßbesitzer war zu un-

›Der Katzenprinz‹

heimlich, und die einzelnen Zimmer hatten so komische Namen, und das Schloß war wie verwunschen. Der Film ist ein bißchen gruselig und doch lustig. Ich wäre nicht so mutig und würde mitten in der Nacht in einem Schloß meine Katzen suchen. Ich glaube, daß der Junge ein Prinz ist. Im Märchenland war es sehr aufregend. Das Ende ist gut ausgegangen. Und das ist das wichtigste.« *(Manuela, 11 Jahre)*

Der kleine Däumling (Tom Thumb)

USA/Großbritannien 1958 – Regie: George Pal – Drehbuch: Ladislas Fredor, nach Motiven des Märchens der Gebrüder Grimm – Darsteller: Russ Tamblyn, Peter Sellers u. a. – 94 Min. – Farbe – empfohlen ab 8 Jahren
16 mm: UIP
Der kleine Däumling – ein Märchenfilm à la Hollywood, das

heißt: mit perfekten Tricks, rasantem Tempo, albernen Gesangseinlagen, Übertreibungen und Abweichungen vom Ori-
ginalmärchen. Der 30 Jahre alte Film – was man der Kopie allerdings leider ansieht, sie ist vom vielen Abspielen »gezeichnet« – kommt beim jungen Publikum von heute noch immer
gut an: »Ich fand den Film sehr phantasievoll. Es gab viele
spannende Momente, zum Beispiel, als Däumling im Moor
war, als seine Eltern angeklagt wurden. Ich fand auch sehr
gut, daß Däumling mit den Tieren sprechen konnte, daß seine
Spielzeuge immer da waren, wenn er Kummer hatte, und
auch, wenn er Hilfe brauchte. Daß sich die Eltern so sehnlichst ein Kind gewünscht, ob klein, groß, häßlich, hübsch,
daß Waltraud und Rudi sich am Ende verheiratet haben, fand
ich genauso gut, wie daß sich Däumling nicht vor den anderen verstecken mußte, weil er so klein war; daß Däumling einfach und auch nicht vollkommen ist, das finde ich auch toll.«

(Delphine, 10 Jahre)

Größere Kinder allerdings urteilen über den Film erhaben:
»Letzter Kitsch.«

(Laura, 13)

Auch ein Film zur Rubrik *Animationsfilme*

‚Der König und der Vogel und Krabat
siehe Rubrik *Animationsfilme*

Der neunte Sohn des Hirten
(Bojssja, wrag, Dewjatowo syna)

UdSSR 1984 – Regie: Viktor Pusurmanow und Viktor Tschu-
gonow – Drehbuch: Oljga Bondarenko – Darsteller: Kajrat
Nurkadilow, Gjuljshan Asperowa u. a. – 71 Min. – Farbe –
empfohlen ab 8 Jahren
z. Zt. noch kein Verleih; Vertrieb: Sowexportfilm (Waldstr.
86, 5300 Bonn-Bad Godesberg, Tel. 02 28/31 30 82)
»Werdet zu Stein«, mit diesem Zauberwort straft der mäch-
tige Tasbol jeden seiner Untertanen, der sich ihm widersetzt.
So ergeht es auch jenem Hirten, der dem Herrscher verweigert, ihm seine acht Söhne als Krieger zu geben. Als diese aus-
ziehen, den Vater zu retten, geraten sie ebenfalls in den Bann

›Der neunte Sohn des Hirten‹

von Tasbol. Die Erlösung aller vom Zauber des Bösen kann nur der jüngste, der neunte Sohn des Hirten bringen.

Die Märchenverfilmung aus Kasachstan beeindruckt durch geheimnisvolle, sowohl rauhe als auch üppige, fremd anmutende Landschaften, interessante Gesichter und eine fesselnde Erzählweise.

»Es ist eine Fülle alter Motive, die hier ausgebreitet wird, und die Geschichte selbst bietet reichlich Gelegenheit für filmische Tricks, die technisch überzeugend und dramaturgisch sinnvoll eingesetzt werden. (…) Der Film erzählt Wichtiges über den Umgang mit Macht und bringt uns zudem auf unterhaltsame Weise ein Stückchen kasachischer Kultur näher.«

(Progress-Pressebulletin)

Pessi und Illusia (Pessi ja Illusia)

Finnland 1983 – Regie: Heikki Partanen – Drehbuch: Erkki Mäkinen, Riita Rautoma, Jorma Kairimo, Heikki Partanen, nach einem Märchen von Yrjo Kokko – Darsteller: Jorma Uotinen, Annu Marttila u. a. – 77 Min. – Farbe – empfohlen ab 10 Jahren

16 mm: atlas; 35 mm: atlas

115

›Pessi und Illusia‹

»Der Film spielt auf drei verschiedenen Ebenen: Märchen, Krieg und Natur. Ich war interessiert daran, wie Menschen in sehr schweren Zeiten etwas tun können, was im direkten Gegensatz zu den sie umgebenden Lebensbedingungen steht …«, sagt der Regisseur Heikki Partanen, und der Buchautor Yrjo Kokko, auf dessen Werk der Film basiert: »Ein Märchen während des Krieges zu schreiben bedeutete für mich eine Art Selbstverteidigung gegenüber Wahnsinn und Schwäche der Menschheit.«

Anspruchsvolle Gedanken zu einem ambitionierten Film: Die Märchenhandlung um den Troll Pessi und die Fee Illusia, Kind des Lichts und des Regenbogens, ist eingebettet in eine reale Rahmenhandlung: Ein Vater, der in den Krieg muß, erzählt seiner Tochter dieses Märchen.

»… Es wird versucht, phantastische Elemente mit realistischer Alltagsbeschreibung zu verknüpfen. Märchen also nicht als Flucht aus der Wirklichkeit, sondern als Möglichkeit, sie zu verändern.« *(O. Tolmein, Deutsches Allgemeines Sonntagsblatt v. 18.3.84)*

Der Film erhielt beim Kinderfilmfest 1984 den Preis der Unicef-Jury, weil er »mit Phantasie und künstlerischer Ästhetik für Kinder das Recht auf Frieden fordert«.

Die Schneekönigin (Lumikuningatar)

Finnland 1986 – Regie und Drehbuch: Päivi Hartzell, nach dem gleichnamigen Märchen von Hans Christian Andersen – Darsteller: Satu Silvo, Outi Vainionkulma u. a. – 88 Min. – Farbe – empfohlen ab 8 Jahren
16 mm: atlas
35 mm: atlas
Der Film ist eine moderne Interpretation des klassischen Andersen-Märchens, mit künstlerisch und künstlich arrangierten Bild- und Farbkompositionen, die unterschiedliche Reaktionen auslösen – von euphorischer Begeisterung bis kühler Distanz.
Erzählt wird vom Mut und der Kraft der Liebe, vom Kräftemessen zwischen Dunkelheit und Licht, von der Schneekönigin, die den grünen Edelstein und damit die Weltmacht gewinnen will. Dem unerschrockenen Mädchen Gerda gelingt es schließlich, den Jungen Kai aus dem eisigen Griff der machtgierigen Schneekönigin zu befreien.

Schneeweißchen und Rosenrot

DDR 1979 – Regie: Siegfried Hartmann – Drehbuch: Margot Beichler, nach dem gleichnamigen Märchen der Gebrüder Grimm – Darsteller: Julie Juristová, Katrin Martin, Hans-Peter Minetti u. a. – 74 Min. – Farbe – empfohlen ab 6 Jahren
16 mm: AV-Film; Unidoc
35 mm: Jugendfilm
»… Schneeweißchen feierte Hochzeit mit dem Prinzen und Rosenrot mit seinem Bruder« – so heißt es bei den Gebrüdern Grimm. Wer aber war dieser Bruder des Prinzen, war er schön oder häßlich, älter oder jünger als der Prinz? Und wel-

›Wer reißt denn gleich vorm Teufel aus?‹

che Rolle hat er eigentlich bei der Verwandlung seines Bru-
ders in einen Bären gespielt? Um darauf eine Antwort zu
geben, ließen die DEFA-Filmautoren den zweiten Prinzen

von Anfang an dabei sein. Sie erweiterten das Grimmsche Märchen um einige Motive, ohne jedoch die Grundstruktur zu verändern. So wurde aus dem bösen Zwerg der Märchenfassung beispielsweise ein habgieriger Berggeist, der für Not und Armut der Menschen dieser Gegend verantwortlich ist. Schneeweißchen und Rosenrot, die beiden Schwestern, aber sind so lieblich und anmutig anzuschauen, wie man sich's beim Lesen dieses poetischen Märchens vorstellt.

Wer reißt denn gleich vorm Teufel aus?

DDR 1978 – Regie: Egon Schlegel – Drehbuch: Manfred Freitag, Jochen Nestler, nach Motiven des Märchens der Gebrüder Grimm – Darsteller: Hans-Joachim Franck, Rolf Ludwig, Dieter Franke u. a. – 84 Min. – Farbe – empfohlen ab 6 Jahren
16 mm: Unidoc
35 mm: Unidoc
Es war einmal ein junger Bursche, der hieß Jakob. Arm war er, aber größer noch als seine Armut war seine Ängstlichkeit. Vor einer Maus floh er mit schlotterndem Entsetzen, und ein kleiner Hund ließ ihn über Berge und durch Täler hetzen. Und dieser ängstliche, aber gute Kerl muß bis zur Hölle vordringen, um dem König drei goldene Haare vom Haupte des Teufels zu bringen. Nur unter dieser Bedingung kann er die Hand seiner geliebten Prinzessin bekommen. Jakob gelingt das Unwahrscheinliche, nur eins gelingt ihm nicht: die Angst vor kleinen Mäusen zu besiegen. Ein Held mit kleinen Fehlern, und das macht ihn so menschlich.
»Egon Schlegel drehte einen bunten Märchenfilm, der mit Action, Spaß und Grusel auch ›Bonanza‹- und ›Onkel vom Mars‹-verwöhnte Kinder zufriedenstellen kann. (...) Man kann Märchen auf sehr verschiedene Arten erzählen, und diese ist gewiß eine der sympathischsten.«

(B. Seeßlen-Hurler, in: medien + erziehung, 2/78)

Animationsfilme

Ein altes Genre – und viele neue Möglichkeiten

Der Begriff »Animationsfilm« umfaßt viele Techniken: Zeichentrick, Puppentrick, Scherenschnitt, Collagen, Legetrick, Silhouetten und von den Filmkünstlern oft speziell entwickelte Trickmischungen. Doch häufig wird Animation mit Zeichentrick gleichgesetzt, und Zeichentrick mit Walt Disney, mit Mickey Mouse und Donald Duck. Die verfilmten Comic-Figuren sind aber nur eine Facette dieses reichen Genres. Ebenso bekannt und beliebt sind Filme mit *Asterix, Charlie Brown, Snoopy, Susi und Strolch, Felix, Lucky Luke, Tom und Jerry, Tim und Struppi, Peter Pan, Aristocats,* die *Muppets* und die *Maulwurfs.* Und nicht zuletzt die Figuren von Janosch. Diese Filme sind immer wieder in den Kindervorstellungen der kommerziellen und nichtkommerziellen Kinos und Spielstellen zu sehen. Die populären Figuren flitzen auch durchs Fernsehprogramm. Aus Platzgründen haben wir uns hier auf eine Auswahl aus dem vielfältigen und umfangreichen Filmangebot beschränken müssen. Das Spektrum der vorgestellten Filme reicht vom ersten langen Animationsfilm der Filmgeschichte überhaupt, dem 1923 bis 1926 in Berlin entstandenen Silhouettenfilm von Lotte Reiniger *Die Abenteuer des Prinzen Achmed,* über die Animationsfilme des tschechischen Altmeisters Karel Zeman, zum Beispiel *Das Märchen von Hans und Marie,* bis hin zum dänischen ambitionierten Umweltfilm *Samson & Sally* von Jannik Hastrup. Und natürlich sind auch die Klassiker aus den Walt-Disney-Studios vertreten: *Alice im Wunderland, Cinderella* und *Das Dschungelbuch,* dem wiederentdeckten Weihnachtsfilm 1987.

Die Abenteuer des Prinzen Achmed

Deutschland 1923–26 – Regie, Drehbuch und Design: Lotte Reiniger, nach Motiven des Märchens aus »Tausendundeiner Nacht« – Mitarbeit: Carl Koch, Walther Ruttmann, Bertold Bartosch, Alexander Kardan – 65 Min. – s/w, koloriert – empfohlen ab 8 Jahren
16 mm: atlas

»Seit Jahrhunderten hatte der Prinz Achmed mit seinem Zauberpferd als Märchenfigur in den *Geschichten aus Tausendundeiner Nacht* ein behagliches Dasein geführt und war beliebt, glücklich und zufrieden. Aus diesem Frieden wurde er eines Tages aufgeschreckt, als eine Filmgesellschaft auf die Idee kam, seine Abenteuer zu einem Trickfilm zu verwenden. (…) Es sollte ein Silhouettenfilm werden, weil der Hersteller, der von dieser Idee besessen war, nämlich ich, nichts anderes konnte als Silhouettenfilme machen. Das waren Filme, deren Darsteller bewegliche Schattenfiguren waren, die auf einer von unten beleuchteten Glasplatte spielten und von oben her Bild für Bild aufgenommen wurden.« *(Lotte Reiniger über »ihren« Prinzen Achmed, in: Die Abenteuer des Prinzen Achmed, 32 Bilder aus dem Silhouetten-Film von Lotte Reiniger mit einer Erzählung des Inhalts, Wasmuth-Verlag, Tübingen)*

Drei Jahre lang – von 1923 bis 1926 in Berlin – hat die Scherenschnittkünstlerin Lotte Reiniger an diesem Film gearbeitet, der als der erste abendfüllende Trickfilm in die Filmgeschichte eingegangen ist. Die Premiere im »Zuckergußpalast« am Kurfürstendamm in Berlin beschreibt der »Filmkurier« am 3.5.1926: »… Man ist im Film an Silhouetten nicht gewöhnt. Also wird man anfangs ein bißchen ermüdet. Allmählich aber wird man gefesselt und immer mehr begeistert, entzückt und entrückt. Man liebt, leidet, kämpft mit dem Helden; Märchen, die nur noch im Ohr gehaftet haben, blühen wieder auf.«

Die phantastischen Abenteuer des Prinzen Achmed, der schönen Prinzessin Paribanu, der Königstochter Dinarsade und der fesselnde Kampf zwischen der Hexe und dem afrikanischen Zauberer faszinieren heute noch genauso.

Auch ein Film zur Rubrik *Märchenfilme*

Alice im Wunderland (Alice in Wonderland)

USA 1951 – Regie: Clyde Geronimi, Hamilton Luske, Wilfried Jackson – Drehbuch: Winston Hibler, nach den Romanen »Alice im Wunderland« und »Alice im Spiegelreich« von Lewis Carroll – 72 Min. – Farbe – empfohlen ab 6 Jahren
16 mm: TCF; Filmothek NW
35 mm: TCF
Alice hat es wirklich gegeben: Sie war die kleine Tochter des Dekans eines Oxforder Colleges, in dem der Mathematikprofessor Charles L. Dogson zur viktorianischen Zeit lehrte. Dieses Mädchen inspirierte ihn zu seinen Phantasiegeschichten, deren erste 1865 unter dem Titel *Alice im Wunderland* erschien. Der Verfasser nannte sich fortan Lewis Carroll. Inzwischen sind seine Bücher in 39 Sprachen übersetzt, die Kinder der Welt lesen Carrolls Traumdichtungen, seine Fabeln und Nonsensmärchen.
Walt Disney hat sich von Anfang an mit diesen hintergründigen Erzählungen beschäftigt, hatte schon in den 20er Jahren mit einer Kurzfilmserie unter dem Titel *Alice im Cartoonland* Erfolg, später entstand in den Disney-Studios dann der lange Zeichentrickfilm, der 1951 ins Kino kam und seither zum Standard-Repertoire des Kinderkinos gehört.

Auch ein Film zur Rubrik *Buchverfilmungen*

Aufstand der Tiere (Animal Farm)

Großbritannien 1951 bis 54 – Regie: John Halas, Joy Batchelor – Drehbuch: L. Wolff, B. Mace, Ph. Stapp, J. Halas, J. Batchelor, nach der Fabel »Animal Farm« von George Orwell – 74 Min. – Farbe – empfohlen ab 10 Jahren
16 mm: atlas; BAG; LBS 1–14; LFD 1–9; Matthias
Der Engländer George Orwell, Autor des Zukunftsromans *1984,* hat auch die Parabel *Animal Farm* von der Revolution der Tiere geschrieben. Die unterdrückten Tiere eines Bauernhofes jagen ihren tyrannischen Gutsherrn davon, um ihr Leben künftig selbst zu bestimmen, und müssen die Erfahrung machen, daß es nicht ohne Leitung geht. Die Schweine werden als Führer gewählt, doch die erweisen sich als macht-

gierig, spielen sich als die neuen Herren auf, genauso tyrannisch wie einst der Mensch.

Der auf Orwells Fabel basierende Zeichentrickfilm ist einer der meisteingesetzten Filme an Schulen, weil sich an ihm offensichtlich so gut Parallelen zu politischen Systemen aufzeigen lassen. Man kann den Film auf jeden Fall verstehen als ein Plädoyer gegen jegliche Art von Diktatur.

Auch ein Film zur Rubrik *Buchverfilmungen*

Das bucklige Pferdchen (Konjug gorbunok)

UdSSR 1975 – Regie: Iwan Iwanow-Wano – Drehbuch: I. Iwanow-Wano und A. Wolkow, nach einem Märchen von Pjotr Jerschow – 75 Min. – Farbe – empfohlen ab 6 Jahren
16 mm: atlas; BAG
Altmeister Iwanow-Wano hat in die Trickkiste gegriffen und

›Das bucklige Pferdchen‹

aus dem Märchen vom buckligen Pferdchen, das sich in einen schönen Jüngling verwandelt und die Zarentochter bekommt (geschrieben 1834 von dem 19jährigen Pjotr Jerschow), mit farbigen Pinselstrichen einen phantastischen Film gemacht. »Die Figuren sind sehr schön gezeichnet. Die lange Mähne von den Pferden gefällt mir besonders gut. Die Feuervögel sind goldgelb, strahlend und sehr ausdrucksvoll, sehr schön. Iwan ist zwar ein Pechvogel und ein Dummkopf, aber er hat gute Einfälle. Die Lieder sind auch gut gemacht, die Musik paßt immer zu den Geschehnissen. Ich finde es gut, daß der Stallmeister immer etwas Böses möchte, daß er aber immer reinfällt. Wer anderen eine Grube gräbt, fällt selbst hinein. Dieser Film war ein Beweis dafür, daß Freundschaft und Liebe keine Grenzen kennen. Im ganzen Film fühlte ich mich irgendwie mit dabei, so lebendig war der Film. Als ob ich ganz nah da gewesen wäre, es war ganz phantastisch.«

(Karla, 11 Jahre)

Auch ein Film zur Rubrik *Märchenfilme*

Cinderella (Cinderella)

USA 1950 – Regie: Clyde Geronimi, Hamilton Luske, Wilfried Jackson – Drehbuch: Winston Hibler u. a., nach dem Märchen von Charles Perrault – 74 Min. – Farbe – empfohlen ab 6 Jahren
35 mm: UIP
1903 entstand der erste Aschenbrödel-Film, ein Stummfilm des französischen Film-Avantgardisten Georges Mellies. Bis heute wurde dieses Märchen in der ganzen Welt immer wieder verfilmt, wobei die Walt-Disney-Version *Cinderella* sicher eine der bekanntesten Verfilmungen ist. Walt Disney und sein Team (im übrigen das gleiche wie bei *Alice im Wunderland*) haben sich an die Vorlage des Franzosen Charles Perrault gehalten, die 1697 unter dem Titel *Märchen des Gänsemütterchens* erschien, und sie mit vielen phantasie- und liebevollen Details ausgeschmückt, mit fünf heldenhaften Mäuschen zum Beispiel, die für überraschende Gags in diesem Märchenklassiker sorgen.

Auch ein Film zur Rubrik *Märchenfilme*

Das Dschungelbuch (The Jungle Book)

USA 1967 – Regie: Wolfgang Reithermann – Drehbuch: L. Clemons, R. Wright, K. Anderson, V. Gary, nach Motiven aus den »Mowgli-Stories« von Rudyard Kipling – 78 Min. – Farbe – empfohlen ab 6 Jahren
35 mm: TCF

Dies ist der letzte von Walt Disney inspirierte und überwachte Film aus den berühmten Studios. Ein Jahr vor der Premiere starb der Meister des Zeichentricks. Die Handlung basiert auf den Büchern von R. Kipling, des 1865 in Bombay geborenen Schriftstellers.

Mowgli, ein kleiner indischer Junge, wächst unter den Wölfen im Dschungel auf und fühlt sich als einer von ihnen. Doch mit

›Das Dschungelbuch‹

›Dumbo, der fliegende Elefant‹

der Rückkehr des gefährlichen Tigers Shir Khan ist sein ver-
spieltes Dschungelleben vorbei. Dem Panther Bagheera –
Mowglis Vormund – fällt die nicht leichte Aufgabe zu, ihn zu
den Menschen zu bringen. Mowgli entwischt ihm auf diesem
Weg immer wieder, lernt die anderen Tiere des Dschungels
kennen – Baloo, den Bären, King Louis, den Affenkönig,
Kaa, die Pythonschlange, Colonel Hathi mit seiner Elefan-
tentruppe und die Geier Buzzie, Ziggy, Flaps und Dizzy –
und deren unterschiedliche Charaktere. Doch als Klein-
Mowgli zum ersten Mal ein Menschenkind erblickt, und zwar
ein allerliebstes Mädchen, folgt er magisch angezogen dessen
Lied und Spur. Bagheera ist froh, daß Mowgli an seinem Be-
stimmungsort angelangt ist. Nur Baloo, ein Bruder Leicht-
fuß, der gern tanzt, singt und scherzt, seufzt traurig: »Schade,
daß er fort ist, er wäre doch ein prima Bär geworden.«

Musical, Komödie, Abenteuer- und Zeichentrickfilm – *Das Dschungelbuch,* an dem 250 Personen dreieinhalb Jahre gearbeitet, allein 70 Zeichner über 322 000 Zeichnungen angefertigt haben, ist alles zusammen.

Auch ein Film zur Rubrik *Buchverfilmungen*

Dumbo, der fliegende Elefant (Dumbo)

USA 1941 – Regie: Ben Sharpsteen – Drehbuch: Joe Grant, Dick Huemer, nach einem Buch von Helen Anderson und Harold Pearl – 64 Min. – Farbe – empfohlen ab 6 Jahren
16 mm: AV-Film; TCF
35 mm: TCF
Der kleine Dumbo, ein Zirkuselefant, ist unglücklich über seine großen Ohren. Ständig wird er deshalb gehänselt, erntet Hohn und Spott für etwas, wofür er gar nichts kann. Doch dank treuer Freunde kommt Dumbo auf die Idee, seine Ohren als Segel zu benutzen, und als einziger fliegender Elefant kann er aus seinem Schönheitsfehler Kapital schlagen. Er segelt durch die Welt, hinein ins glückliche Elefantenleben – und das seit bald 50 Jahren. Und damit gehört *Dumbo* zu den Evergreens der Walt-Disney-Zeichentrickfilme.

›Dumbo‹, gezeichnet

Dunderklumpen (Dunderklumpen)

Schweden 1973 – Regie und Drehbuch: Per Ählin, nach einer Geschichte von Beppe Wolgers – Darsteller: Beppe Wolgers, Jens Wolgers – 97 Min. – Farbe – empfohlen ab 6 Jahren
16 mm: AV-Film

Einem kleinen Jungen wird das Spielzeug gestohlen, und zwar von einem Kerl, halb Gnom, halb Troll, von dem man auf Anhieb nicht so recht weiß, ob er ein diebischer Schelm oder ein schelmischer Dieb ist. Der erweckt das Spielzeug zum Leben. Aber es wird noch mehr gestohlen – eine Schatzkiste, der Menschen und Fabelwesen hinterherjagen, reale Gestalten und Trickfiguren. Die Überraschung für alle ist groß, als schließlich die Truhe geöffnet wird.
Ein Film mit Figuren, die der nordischen Sagenwelt entstammen und bei uns nicht auf Anhieb auf die gleiche Begeisterung stoßen wie bei skandinavischen Kindern, weil hier die Figuren unbekannt sind.

Der dunkle Kristall
siehe Rubrik *Fantasyfilme*

Die fliegende Windmühle

DDR 1981 – Regie und Drehbuch: Günter Rätz, nach dem gleichnamigen Kinderbuch von Günther Feustel – 87 Min. – Farbe – empfohlen ab 6 Jahren
16 mm: Unidoc
35 mm: Unidoc

Olli, eine kesse Göre, traut sich nicht nach Hause mit ihrem Zeugnis. Mit Hund Pinkus und Pferd Alexander streift sie durch die Landschaft, entdeckt eine geheimnisvolle Windmühle, in der ein Professor kuriose Erfindungen macht. Das ist etwas für die neugierige Olli! Und erst recht die überraschende Fahrt in den Weltraum, die Begegnung mit den froschähnlichen Lebewesen, die von einem Windvulkan bedroht sind. Und vieles Aufregende mehr ...
An diesem programmfüllenden Puppentrickfilm wurde mit kleinem Team drei Jahre im DEFA-Trickfilmstudio Dresden

›Die fliegende Windmühle‹

gearbeitet. In dem seit 1955 bestehenden Studio (Günter Rätz gehört zur Gründergeneration) entstehen ca. 65 Animationsfilme (Puppentrick, Silhouetten und Zeichentrick) jährlich.

Die große Käseverschwörung (Velka syrova soutez)

ČSSR/BRD 1987 – Regie und Drehbuch: Václav Bedrich, nach dem Buch von Jan van Leeuwen – 52 Min. – Farbe – empfohlen ab 5 Jahren
16 mm: atlas
35 mm: atlas
Drei Mäuse, die in einem Kino hausen, bekommen immer größere Lust, es den Leinwandhelden nachzumachen. Um ihre Nahrung – bisher die übliche süße Kinokost – aufzubessern, planen sie einen Raubüberfall auf eine Käsehandlung. Da soll noch einer sagen, daß Kino keine Wirkung zeigt …
»Die jüngsten Zuschauer haben ihre Freude an den witzigen Figuren und der aufregend-komischen Handlung, die etwas älteren lachen über die Persiflage auf gängige Krimi-Muster und die kaltschnäuzigen Sprüche, die sich als pure Aufschnei-

129

›Die große Käseverschwörung‹

dereien entpuppen. Und die Erwachsenen haben ihren Spaß
am Trickfilm-Bogart. (...) Ein Film, der sich wegen seiner
Laufzeit von 52 Minuten auch den Zuschauern unter 6 Jahren
empfiehlt.« *(A. Schwarzer, in:*
Kinder- und Jugendfilm Korrespondenz, Nr. 32/4'87)

Gullivers Reisen und **Herr der Ringe**
siehe Rubrik *Buchverfilmungen*

Der kleine Däumling
siehe Rubrik *Märchenfilme*

Die kleine Hexe (Malá čarodějnice)

ČSSR/BRD 1983 – Regie: Zdeněk Smetana – Drehbuch:
Kamil Pixa, Zdeněk Smetana, nach dem gleichnamigen Buch
von Otfried Preußler – 91 Min. – Farbe – empfohlen ab 6 Jahren
16 mm: BAG; EMZ 12; LBS 1,6
Nur eine böse Hexe ist eine gute Hexe, das weiß doch jedes

›Die kleine Hexe‹

Kind. Aber das weiß nicht die »kleine Hexe«, erst 127 Jahre alt und somit im besten Hexenschulalter. Doch in die Schule geht sie nicht, fliegt lieber auf ihrem Besen durch die Lüfte und zaubert schöne Sachen für Mensch und Tier herbei. Das wiederum mißfällt den alten bösen Hexen, ebenso ihre Vorwitzigkeit in der Walpurgisnacht. Der kleinen Hexe steht eine schwere Prüfung bevor, die sie mit Hilfe des Raben Abraxas, der sie streng, aber liebevoll umsorgt, besteht.

Nachdem Otfried Preußlers *Kleine Hexe* bereits sehr erfolgreich als Buch (inzwischen in 13 Ländern in über einer Million Exemplaren), Schallplatte und Kassette war, setzt die Verfilmung – eine Mischung aus Zeichen- und Legetrick – aus den berühmten Prager Trnka-Studios neue Akzente.

Auch ein Film zur Rubrik *Buchverfilmungen*

Der König und der Vogel (Le roi et l'oiseau)

Frankreich 1979 – Regie: Paul Grimault – Drehbuch: Jacques Prévert und Paul Grimault, nach dem Märchen »Die Hirtin und der Schornsteinfeger« von Hans Christian Andersen – 84 Min. – Farbe – empfohlen ab 8 Jahren
16 mm: atlas; Filmothek NW; LBS 7
35 mm: Senator
1947 beginnen der Zeichner Grimault und der Schriftsteller Prévert mit der Arbeit an diesem Märchen- und Zeichentrickfilm. 1952 läuft der Film gegen den Willen der Gestalter in einer Kurzversion bei den Filmfestspielen in Venedig und wird prämiert. 1967 gelingt es Grimault, die Urheberrechte zurückzuerwerben, und 1979 ist das Lebenswerk des inzwischen 76jährigen Grimault vollendet, die »große Filmträumerei eines Märchenerzählers«.

»Verspielt und versponnen, mit parodistischem Witz und gefühlsseliger Lyrik, mit zartem Einfallsreichtum ..., mit abenteuerlicher Phantastik in Architekturen und Perspektiven, erzählt Grimault das Märchen von der schönen Schäferin, dem tyrannischen König und dem fröhlichen Schornsteinfeger ...« *(Der Spiegel, 12/81)*
Auch ein Film zur Rubrik *Märchenfilme*

›Der König und der Vogel‹

Die Konferenz der Tiere

siehe Rubrik *Buchverfilmungen*

Krabat

ČSSR/BRD 1977 – Regie und Drehbuch: Karel Zeman, nach
dem gleichnamigen Buch von Otfried Preußler – 75 Min. –
Farbe – empfohlen ab 8 Jahren
16 mm: atlas; AV-Film; BAG; Filmothek NW

Otfried Preußler, erfolgreicher Jugendbuchautor, hat nach einem wendischen Märchen, das im 16. Jahrhundert in der Lausitz spielt und die unheimliche Geschichte des armen Jungen Krabat erzählt, das Buch geschrieben. Und Karel Zeman, Altmeister des tschechischen Animationsfilms, hat einen atmosphärisch dichten, geheimnisvollen Film daraus gemacht. Vor einem gemalten Hintergrund agieren seine gezeichneten Figuren. Der Bettelknabe Krabat wird in einen Raben verwandelt, wie schon elf Jungen vor ihm. In der Mühle am »Schwarzen Wasser« müssen sie nicht nur das Müllerhandwerk, sondern auch die »Schwarze Kunst« erlernen, unter der Anleitung eines bösen Hexenmeisters. Krabat ist in höchster Gefahr und kann nur durch die Liebe eines Mädchens gerettet werden. Die Liebe ist stärker als alle Zaubermacht – der böse Meister und seine Schwarze Schule brechen zusammen, und ein neues, glückliches Leben kann beginnen.

Auch ein Film zur Rubrik *Buchverfilmungen* und zur Rubrik *Märchenfilme*

›Das Märchen von Hans und Marie‹

134

›Das Märchen von Hans und Marie‹

Das letzte Einhorn
siehe Rubrik *Fantasyfilme*

Das Märchen von Hans und Marie
(Pohadka o Honzikovi a Marence)

ČSSR 1980 – Regie und Drehbuch: Karel Zeman – 66 Min. –
Farbe – empfohlen ab 6 Jahren
16 mm: BAG

An der Wiege von Hans standen drei Paten: die Weisheit, die
Bosheit und der Schelm. In Gestalt von drei kleinen Zwergen, die sich in jede gewünschte Gestalt verwandeln können,
begleiten sie Hans auf allen seinen Wegen. Eines Nachts wird
er von Amors Pfeil getroffen und verliebt sich in die schönste
Elfe. Doch ihrer Liebe steht im Wege, daß Hans ein Mensch
ist und sie ein Feengeschöpf. Nun entwickelt die Bosheit
einen teuflischen Plan, den Hans nicht durchschaut, weil er

135

blind ist vor Liebe. Nur noch ein Wunder kann Hans und Marie zusammenführen.

»Der Vorsatz für diesen Film hätte heißen können: Der Phantasie sind keine Grenzen gesetzt. Die Einleitung des Films versetzt jeden sofort in eine Traumstimmung.«

(Manuel, 14 Jahre, in: Berlinale Tip 6/81)

Pelle Ohneschwanz (Pelle Svanslös)

Schweden 1981 – Regie: Stig Lasseby, Jan Gissberg – Drehbuch: Leif Krantz – 81 Min. – Farbe – empfohlen ab 6 Jahren
16 mm: atlas
35 mm: atlas
Der kleine Kater Pelle ist schon zu bedauern – ohne Schwänzchen ist er auf die Welt gekommen, vom Land hat er in die Stadt umziehen müssen. Er hat es nicht leicht, sich gegen die Stadtkatzen zu behaupten, wird verspottet und verhöhnt, durch üble Tricks hereingelegt. Aber Pelle verliert nicht den Mut. Beim Katzensportfest kommt er groß heraus und kann

›Pelle Ohneschwanz‹

136

›Samson & Sally‹

mit seinen Leistungen sogar das Herz der angebeteten Molly gewinnen. Ein Sieg auf der ganzen Linie also.

»Man hat es sich seit langem angewöhnt, Zeichentrickfilme an der Elle der Walt-Disney-Schöpfungen zu messen. Was hier aus Schweden vorgezeigt wird, darf selbst aus diesem Blickwinkel als kurzweilige und stilistisch eigenständige Leistung gewertet werden.«
(H. Müller,
Filmecho/Filmwoche v. 9.10.82)

Samson & Sally (Samson & Sally)

Dänemark 1983/84 – Regie: Jannik Hastrup – Drehbuch: Jannik Hastrup und Li Vilstrup, nach Bent Hallers »Kaskelotternes sang« – 63 Min. – Farbe – empfohlen ab 8 Jahren
16 mm: atlas
35 mm: atlas
Samson und Sally heißen zwei junge Wale. Samson ist weiß wie der legendäre Moby Dick, etwas verschreckt und von sei-

nem großen Vorbild sehr beeindruckt. Er freundet sich mit
Sally an, deren Mutter von Walfängern getötet wurde. Dieser
Zeichentrickfilm zeigt die ereignisreiche und gefährliche
Reise der beiden Wale durch die ebenso phantastische wie
von den Menschen gefährdete Welt der Meere.

»Ich finde gut, daß gezeigt wird, daß das Meer nicht nur ein
friedlicher Ort ist, in dem Fische schwimmen und sich vertragen, sondern daß es auch von uns Menschen langsam zerstört
wird. Allerdings, die Mutter von Samson hätte nicht sterben
sollen, das fand ich zu traurig. Ich meine, man hätte näher erklären müssen, wie das Öl ins Meer kommt und was es für die
Meerestiere bedeutet.«   *(Tanya, 13 Jahre)*

Walhalla (Valhalla)

Dänemark 1986 – Regie: Peter Madsen – Drehbuch: Peter
Madsen und Henning Kure – 80 Min. – Farbe – empfohlen ab
10 Jahren
35 mm: Filmwelt

›Walhalla‹

Walhalla – das »Fantasia« des Nordens – erzählt die abenteuerliche Reise durch das Land der Götter, der Menschen und
der Monster. Wir lernen Thor und Loki kennen, die Götter-
gattin Sif, das Knuddelmonster Quark und die Psyche und
den Alltag der Götter, die den Menschen gar nicht so unver-
wandt sind.
Der Film ist »tricktechnisch hervorragend gemacht und in
der Erzählung fast ohne Durchhänger, weil man darauf verzichtet hat, die Geschichte mit Musikeinlagen zu strecken. Interessant ist, daß diese Produktion ihre technische Brillanz
nicht etwa Hollywood verdankt, sondern auf europäischem
Festland entstand.« *(W. J. Fuchs, in: Kinder- und Jugendfilm*
Korrespondenz 32/4'87)

Die Produktionsfirma Swan Films war ursprünglich nur für
diesen Film gegründet worden, produziert aber inzwischen
ganze Fernsehserien mit der *Walhalla*-Figur »Quark«.

Watership Down (Unten am Fluß)

Großbritannien 1976 – Regie und Drehbuch: Martin Rosen,
nach dem gleichnamigen Buch von Richard Adams – 92 Min.
– Farbe – empfohlen ab 10 Jahren
16 mm: atlas; Krauskopf
35 mm: Filmverlag
»Unsere Kaninchen können zwar reden, aber sie sind keine
üblichen Cartoon-Figuren, sie essen und trinken nicht wie
Menschen, sondern sie fressen Gras und hoppeln auf allen
vieren durch die Gegend, wie es richtige Kaninchen eben
tun.«
So beschreibt der Filmemacher Martin Rosen seine gezeichneten Hauptdarsteller. Doch was die Kaninchen auf der
Suche nach einem Plätzchen zum friedlichen Leben erfahren
müssen und was sie fühlen, sind menschliche Empfindungen
und Erfahrungen: Schmerz und Freude, Alleinsein und Solidarität, Machtgier und Hilfsbereitschaft, Freundschaft und
Feindschaft, Leben und Tod. Ein sehr schöner, aber auch ein
sehr trauriger Film.

Der wildeste Westen (West and Soda)

Italien 1967 – Regie: Bruno Bozzetto – Drehbuch: Bruno
Bozzetto und Attilio Giovannini – 90 Min. – Farbe – empfohlen ab 8 Jahren
z. Zt. ohne Verleih
Die Italiener, Meister der Westernparodie, machen in diesem
Genre auch vor dem Zeichentrick nicht halt. Bruno Bozzetto
hat mit Ironie, Witz und Schärfe alle gängigen Westernkli-
schees mit dem Zeichenstift karikiert und in Bewegung gesetzt: den reichen Rancher, die schöne Clementine, den Cowboy Johnny. Natürlich ist der Reiche auf die Vermehrung seines Besitzes bedacht, trachtet der schönen Clementine nach
dem ertragreichen Land und dem Cowboy nach der Gold-
mine. Und natürlich hat er die Rechnung ohne den tapferen,
mutigen Johnny gemacht …

Yellow Submarine (Yellow Submarine)

Großbritannien 1967/68 – Regie: George Dunning – Design: Heinz Edelmann – Musik: The Beatles – Darsteller: John Lennon, Paul McCartney, George Harrison, Ringo Starr – 85 Min. – Farbe – empfohlen ab 8 Jahren
16 mm: atlas; Filmothek NW
35 mm: UIP
John, Paul, George und Ringo erreicht ein Hilferuf von »Sergeant Peppers' Lonely Hearts Club Band« aus Pepperland: Die »Blaumiesen« (Blue Meanies) sind im Begriff, das blühende Land, ein Paradies der Liebe, des Friedens und der Musik, zu vernichten. Die vier aus Liverpool machen sich im gelben Unterseeboot auf nach Pepperland, durchqueren das Meer der Zeit, das Meer der Löcher, das Meer der Monster, lernen den »Nowhere-Man« kennen und besiegen schließlich die Unterdrücker. Und das befreite, lebendige, wieder bunt

›Yellow Submarine‹

141

gewordene Pepperland singt im Chor: »All you need ist love.«

Heinz Edelmann, deutscher Top-Illustrator, der sich selbst – ganz englisches Understatement – als »Gebrauchsgraphiker, Groschenkünstler und Menschen ohne besondere Eigenschaften« bezeichnet, gelang mit diesem aberwitzigen Bild- und Wortabenteuer der Beatles eine Bereicherung der Gattung Animationsfilm. Mit einer Vielzahl surrealistischer Figuren, farbenprächtiger Collagen, den vier Liverpooler »Pilzköpfen« (gezeichnet und am Schluß auch »live«) und 13 Beatles-Hits war der Film vor mehr als 20 Jahren ein Meilenstein in der Popkultur. *Yellow Submarine* vermittelt ein Gefühl jener Zeit – die weltweite Aufbruchsstimmung einer ganzen Generation – und ist damit ein Zeitdokument der »Love-and-Peace-Bewegung«. Der Film fasziniert heute wie damals, setzt Gefühle frei: Wehmut (bei den Erwachsenen) und Spaß (bei Kindern und Jugendlichen).

Abenteuerfilme

›Robin Hood‹, gezeichnet von Ingo (9 Jahre)

Der eiserne Ritter von Falworth
(The Black Shield of Falworth)

USA 1954 – Regie: Rudolph Maté – Drehbuch: Oscar Brod-
ney – Darsteller: Tony Curtis, Janet Leigh u. a. – 100 Min. –
Farbe – empfohlen ab 8 Jahren
16 mm: UIP
35 mm: UIP
Der eiserne Ritter – ein kerniges Ritterstück aus der englischen Historie, in Cinemascope und Technicolor, gedreht
1954, made in USA: eine Hofintrige, in der ein junger Adliger
die Ehre seines Hauses und den Thron Heinrichs IV. rettet,
indem er Zweikämpfe, Turniere, Prüfungen übersteht und
besteht. Ein eiserner Held des Mittelalters!
»Angenehm fällt auf, wie in den vielen tätlichen Auseinandersetzungen mehr Jiu-Jitsu-Gewandtheit gezeigt wird als rohe
Muskelkraft. Auch die Charakterzeichnung ist weniger kraß
als in ähnlichen Filmen.« *(Ev. Filmbeobachter)*

143

Das Eismeer ruft

DDR 1984 – Regie: Jörg Foth – Drehbuch: Petra Lataster-Czisch, frei nach dem gleichnamigen Kinderbuch von Alex Wedding – Darsteller: Oliver Karsitz, Alexander Rohde, Heide Kipp u. a. – 84 Min. – Farbe – empfohlen ab 8 Jahren
16 mm: Unidoc
35 mm: Unidoc

»Ich kann mir die alte Zeit, die Menschen, die Stadt, die Landschaft sehr gut vorstellen. Obwohl die Handlung einfach ist, war der Film spannend, weil die Situationen, in die die Kinder gerieten, immer sehr aufregend und wirklichkeitsnah waren. Die Kindergruppe war echt – so geht's unter Kindern zu. Lustig war, daß die Kleinen sich zuviel vorgenommen haben, weshalb ihr Plan mißlingen mußte.«

(Judith, 13 Jahre)

›Das Eismeer ruft‹

»Der Film hat mir sehr gut gefallen, weil die vier Kinder so zusammenhalten. Er war auch lustig, z. B. was der Ferdi gesagt hat. Die Filmmusik fand ich recht gut, doch manchmal paßte sie nicht so ganz. Der Film zeigte gut, wie das Leben zu dieser Zeit war. Mir gefiel auch, wie die Schwarzweißbilder sozusagen als Gedachtes auf der Landkarte gezeigt wurden.«
(Matthias, 11 Jahre)
Das sind zwei Kritiken von Kindern über den Debütfilm des DEFA-Regisseurs Jörg Foth. Eine Kindergruppe aus Prag macht sich auf den Weg, um der Besatzung eines im Eismeer verschollenen Forschungsschiffs zu Hilfe zu eilen. Die »Tscheljuskin« hat es wirklich gegeben, und zwar 1934, die Dokumentaraufnahmen im Film belegen das. Das andere, die abenteuerliche Expedition, die schon nach wenigen Kilometern endet, ist ausgedacht – eine gelungene Kombination.

Auch ein Film zur Rubrik *Buchverfilmungen*

Das Fest des Rübezahl (Krakonoš a Lyžníci)

ČSSR 1980 – Regie: Věra Plívová-Šimková – Drehbuch: Jana Knitlová – Darsteller: Karel Heřmánek, Milan Padalík, Jan Kreidl – 74 Min. – Farbe – empfohlen ab 8 Jahren
16 mm: BAG
Die tschechische Regisseurin Věra Plívová-Šimková nimmt eine führende Rolle in der Kinder- und Jugendfilmproduktion ihres Landes ein. Schauplatz ihres neunten Films ist das Riesengebirge, wo sie lebt und wo sie auch ihre Filme dreht. Die Geschichte spielt im vorigen Jahrhundert, in einer Zeit, in der die Dorfbewohner noch keine Skier kannten. Die Jungen Matthias und Jan treffen eines Tages »Rübezahl«, der mit seinen Zauberbrettern an den Füßen durch die verschneite Berglandschaft zu fliegen scheint. Schnell muß er auch sein, denn für die Zöllner ist er nichts weiter als ein Schmuggler. Aber die Kinder lassen sich nicht so schnell ihre Legenden zerstören.
Im Film verbindet sich auf originelle Weise die Sage vom respektgebietenden Herrscher der Berge mit den Anfängen des Skisports, liebevoll bis ins kleinste Detail ausgestattet, turbulent, witzig und spannend.

›Das Fest des Rübezahl‹

Freitag und Robinson (Man Friday)

Großbritannien 1975 – Regie und Drehbuch: Jack Gold, frei nach Motiven des Romans »Robinson Crusoe« von Daniel Defoe – Darsteller: Peter O'Toole, Richard Roundtree u. a. – 114 Min. – Farbe – empfohlen ab 12 Jahren
16 mm: BAG; EMZ 10; KJF; LBS 4–7,9,12,14; LFD 7
35 mm: FiFiGe/AG Kino

›Freitag und Robinson‹

Die Geschichte ist bekannt: Den schiffbrüchigen Robinson verschlägt es auf eine Insel. Dort freundet er sich mit dem einheimischen Freitag an, einem »Wilden«, den er zivilisieren möchte. Doch Vorsicht: Hier wird die Rückseite dieses bekannten Bildes gezeigt. Nicht der Schwarze hat von dem Weißen zu lernen, sondern umgekehrt. Da aber Robinson nicht begreift, daß – und was – er von Freitag lernen könnte, wird er zum Verlierer.

»Die Kulturphilosophie, die in diesem ebenso amüsanten wie lehrreichen und satirischen Film vom Zauberlehrling, der seinen Lehrer hereinlegt, steckt, ist natürlich im Grunde recht bitter: Sehet her, so lautet das Fazit, wie es um die weißen Weltbeglücker mit ihrer Selbstgerechtigkeit bestellt ist: Alles eine eitle Fassade, und wenn es drauf ankommt, dann bleibt dem Abgesandten aus dem Abendland nur die große Rat- und Hilflosigkeit.« *(Ev. Filmbeobachter 22/79)*

Die Goonies (The Goonies)

USA 1985 – Regie: Richard Donner – Drehbuch: Chris Columbus, nach einer Geschichte von Steven Spielberg – Darsteller: Sean Astin, Josh Brolin, Jeff Cohen u. a. – 111 Min. – Farbe – freigegeben und empfohlen ab 12 Jahren
16 mm: atlas
35 mm: Warner
Sie nennen sich die »Goonies«: der asthmatische Mikey, sein großer Bruder Rand, der dicke Chunk, Data, der James-Bond-Fan, Mouth, der ewig Plappernde, die wunderschöne Andy und Stef, die Brillenschlange. Als ihr Zuhause und ihre Abenteuerplätze von den Planierraupen bedroht sind, wollen sie den Schatz des einäugigen Piraten Willy aus dem 16. Jahrhundert finden, um damit das Land kaufen zu können und so vor der Zerstörung zu bewahren. Das Abenteuer beginnt am Eingang zu den geheimnisvollen Höhlen, wo die hinterlistigen Fratellis hausen.
Die Idee zu diesem Film entstammt der reichen Phantasie von Steven Spielberg, der als Hollywood-Produzent seine Träume vom Kino der Superlative verwirklicht – oft mit großem Aufwand, effektvoll und erfolgreich.

›Die Goonies‹

»Wie man sich denken kann, endet die Geschichte happy, die Kindheit wird ausgelebt und dadurch aufbewahrt, das Aufbewahrte wird im Erwachsenen weiterleben. Kinder werden diesen Film lieben. Aber vielleicht lassen sich auch Ältere eine Ausrede einfallen, warum sie unbedingt die Kleinen begleiten müssen.«   *(St. Locke, in: epd FILM 12/85)*

Die Herren Buben (Páni kluci)

ČSSR 1976 – Regie: Věra Plívová-Šimková – Drehbuch: Vit Olmer, frei nach Motiven aus »Tom Sawyers Abenteuer« von Mark Twain – Darsteller: Michael Dymek, Magda Reifová, Petr Vorišek u. a. – 92 Min. – Farbe – empfohlen ab 8 Jahren
16 mm: BAG; Imbild; KMZ 3,10,18,19; LBS 14; LFD 1,2,4,6
Věra Plívová-Šimková hat sich von *Tom Sawyers Abenteuer*

inspirieren lassen und ihre Filmhandlung in die mährische Kleinstadt Levin zur Zeit der k.u.k. Monarchie gelegt. Die Herren Buben – das sind der Waisenjunge Thomas und der Schulschwänzer Hubert – haben schon so manchen Streich ausgeheckt. Als sie es gar zu toll treiben, sehen sie nur noch einen Ausweg: ausreißen. Und jetzt überstürzen sich die Ereignisse. Sie wollen den sagenhaften Schatz der Burg Pochstein finden und finden tatsächlich Schätze, allerdings kommen die aus einer anderen Quelle. Inzwischen werden die Kleidungsstücke der Jungen vom Fluß angespült, Trauer verbreitet sich über den vermeintlichen Tod der Kinder. Doch die Buben sind putzmunter, machen sich auf Verbrecherjagd und schließlich auf den Heimweg. Die Wiedersehensfreude läßt alle »Schandtaten« der Ausreißer vergessen.

»Mit seiner Frische und seiner abenteuerlichen Jungenromantik, seiner spannenden Erzählung, der ausgezeichneten Milieuschilderung und nicht zuletzt mit seinen ironischen Seitenhieben gegen Schule und Erwachsenenwelt wird der Film nicht nur Kindern und Jugendlichen gefallen ...«

(Aus dem Verleihkatalog)

Die kleine Bande (La petite bande)

Frankreich 1983 – Regie: Michel Deville – Drehbuch: Gilles Perrault – Darsteller Yveline Ailhaud, Michel Amphoux u. a. – 91 Min. – Farbe – empfohlen ab 8 Jahren
35 mm: Flop-Film
Michel Deville, 1931 geboren, bei uns bekannt geworden mit Filmen wie *Das wilde Schaf* und *Gefahr in Verzug,* hat sich zum ersten Mal dem Kinderfilm zugewandt, einer in den letzten Jahren in Frankreich vernachlässigten Gattung. Auf den ersten Blick unbeschwert und verspielt, erzählt er von der Abenteuer- und Unternehmungslust der kleinen Bande. Das sind sieben Kinder im Alter von sechs bis zehn Jahren. Sie wollen mal was anderes erleben, machen sich auf von England nach Frankreich, überqueren als blinde Passagiere den Kanal, schlagen sich durch, frech, erfinderisch, neugierig und respektlos – und sehr zum Verdruß der Erwachsenen, die keinen Sinn und kein Verständnis für die kindliche Expedition

›Die kleine Bande‹

haben. Deren Verfolgungen kann die kleine Bande immer wieder entkommen, doch dann geraten die Kinder in ein phantastisches Abenteuer, verlassen den Boden der Realität ...

»Der Regisseur verzichtet ganz auf Sprache, Wort und Dialoge. Statt dessen verläßt er sich ganz auf die Plausibilität der Grammatik und Syntax der Bilder, die eindrucksvoll von Musik und Geräuschen unterstützt wird. (...) Die Sprachlosigkeit ebenso wie die groteske Abenteuerlichkeit und Komik sind die bewundernswerten Stärken dieses Films. Mit schönen Bildern, versteckten Anspielungen, heillosen Verwechslungen und Slapstick-Nummern, mit Szenen zum Gruseln und Szenen zum Lachen steht *Die kleine Bande* in ihren besten Stellen in der Nachfolge der unvergeßlichen Filmkomödien von Tati.«

(H. Kommer, in: Kinder- und Jugendfilm Korrespondenz, Nr. 20/4'84)

Die Reise im Ballon (Le voyage en ballon)

Frankreich 1960 – Regie und Drehbuch: Albert Lamorisse – Darsteller: André Gille, Pascal Lamorisse u. a. – 80 Min. – Farbe – empfohlen ab 6 Jahren
16 mm: BAG; EMZ 12; Imbild; KMZ 3,10; LBS 1,4,7,9,10,13,14; LFD 1,2,4,6–9

Ein alter Physikprofessor erfüllt sich seinen Jugendtraum: in aller Gemächlichkeit mit einem selbstkonstruierten Luftfahrzeug die Welt von oben zu betrachten. Aber er hat nicht mit der Neugier und Abenteuerlust seines Enkels gerechnet. Der will mit und steht in der Durchsetzung dieses Ziels seinem Großvater an Erfindungsgabe nicht nach, so daß dem alten Herrn gar nichts anderes übrigbleibt, als den Kleinen auf seine Reise im Ballon mitzunehmen. Sie schweben und gleiten über wogende Kornfelder, weite Wälder, rauchende Schlote – über die Dächer von Paris, bis hin zum rauschenden Atlantik.

In diesem Filmklassiker wird ein ewiger Menschheitstraum wahr – auch für die ganz kleinen und großen Zuschauer im Kino. Die Welt von oben beobachten, darüberschweben, davonfliegen ...

›Die Reise im Ballon‹

Reise in die Urwelt (Cesta do praveku)

ČSSR 1955 – Regie und Drehbuch: Karel Zeman – Darsteller: Vladimir Bejval, Petr Herrmann u. a. – 86 Min. – Farbe – empfohlen ab 8 Jahren
16 mm: BAG; EMZ 4; Imbild; KMZ 3; LBS 2,3,4,6,7,10,13; LFD 2,6,7,8
Vier Jungen denken sich für die Sommerferien etwas ganz Besonderes aus: eine Expedition in die Vergangenheit, eine Fahrt auf dem Strom der Zeit: zurück in die verschiedenen Epochen der Erde. Angeregt durch ihr Wissen und ihre Phantasie stoßen sie auf Spuren von Steinzeitmenschen, entdekken wunderbare Urlandschaften mit exotischer Pflanzen- und Tierwelt, mit Sauriern und Riesenechsen. Alle Entdeckungen, Erlebnisse und Abenteuer tragen die jungen Forscher gewissenhaft in ihr Schulheft ein.

153

Der erste abendfüllende Film von Karel Zeman enthält bereits alle Elemente, die den Regisseur berühmt gemacht haben – eine ideale Kombination aus Real- und Trickfilmaufnahmen, inzwischen schon ein bißchen alt, aber keineswegs veraltet.

Robin Hood junior (Robin Hood Junior)

Großbritannien 1977 – Regie: Matt McCarthy und John Black – Drehbuch: William Madthurst, nach einer Geschichte von Matt McCarthy – 61 Min. – Farbe – empfohlen ab 8 Jahren
16 mm: atlas
Der englische Volksheld Robin Hood stand Pate für diesen Kinderfilm, der zeigt, daß auch Kinder in der Lage sein können, sich gegen übermächtige Gegner zur Wehr zu setzen und sich zu behaupten. Mit Witz und Einfallsreichtum, Lust und Schlauheit tricksen die Kinder den raffgierigen Bruder des Grafen aus. Sie praktizieren eine Art gewaltlosen Widerstand, stellen Fallen, stiften Unruhe, lassen die geballte Kraft des Angreifers ins Leere laufen.

Robin Hood – König der Vagabunden
(The Adventures of Robin Hood)

USA 1938 – Regie: Michael Curtiz, William Keighly – Drehbuch: Norman R. Raine, Seton I. Miller – Darsteller: Errol Flynn, Olivia de Havilland u. a. – 102 Min. – Farbe – empfohlen ab 8 Jahren
16 mm: atlas
35 mm: UIP
50 Jahre alt ist dieser Film, aber die Zeit hat ihm nichts anhaben können, hat ihm nichts von seinem Glanz, von seiner Faszination genommen. Wie schon Generationen zuvor, bangen auch heute noch die Kinder um das Leben »ihres« Königs Richard Löwenherz, das von seinem machtgierigen Bruder John bedroht ist. Er hat die Abwesenheit von Richard genutzt, um das Volk zu unterwerfen und auszubeuten. Mit Hilfe des unerschrockenen Robin Hood gelingt es, das Joch

›Robin Hood – König der Vagabunden‹

der Unterdrückung abzuwerfen und der Gerechtigkeit zum Sieg zu verhelfen.

»Nicht nur für Kinder dürfte diese Ausgrabung aus dem Hollywood der 30er Jahre eine vergnügliche Unterhaltung bieten: Der Film gehört zu den glanzvollsten, spannendsten und humorvollsten Mantel- und Degenfilmen, die Hollywood hervorgebracht hat.«   *(Süddeutsche Zeitung)*

Die Schatzinsel (Treasure Island)

USA 1950 – Regie: Byron Haskin – Drehbuch: Laurence E. Watkin, nach dem gleichnamigen Abenteuerroman von Robert L. Stevenson – Darsteller: Bobby Driscoll, Robert Newton u. a. – 96 Min. – Farbe – freigegeben und empfohlen ab 12 Jahren
16 mm: AV-Film; EMZ 2; TCF

Das klassische Jugendbuch von Robert L. Stevenson – die Geschichte des kleinen Jim Hawkins und des einbeinigen Piraten John Silver – wurde mehrmals in aller Welt verfilmt. Diese Walt-Disney-Produktion aus dem Jahre 1950 konnte sich über die Jahre behaupten und ist heute ein Klassiker.
Der Schiffsjunge Jim erbt eine Seekarte, auf der eine Südseeinsel mit einem verborgenen Schatz verzeichnet ist. Eine Mannschaft wird angeheuert, die Kurs auf die Insel nimmt, doch Jim macht auf dem Schiff die Entdeckung, daß er von Piraten umgeben ist. Ein verwegenes Abenteuer beginnt – voller Tücken, Gefahren und Überraschungen.

Auch ein Film zur Rubrik *Buchverfilmungen*

Sindbads 7. Reise (The Seventh Voyage of Sindbad)

USA 1958 – Regie: Nathan Juran – Drehbuch: Kenneth Kolb, nach einer Story von Ray Harryhausen – Darsteller: Kerwin Matthews, Kathryn Grant, Richard Eyer u. a. – 89 Min. – Farbe – freigegeben und empfohlen ab 12 Jahren
16 mm: atlas
Sindbad, Prinz von Bagdad und größter Seefahrer aller Zeiten und Meere, hat die Segel gesetzt, um die Prinzessin von Persien als Braut heimzuführen. Bei der Insel der Kolosse wirft er Anker, um Nahrung und frisches Wasser aufzunehmen – und entdeckt gewaltige Fußspuren und ein Felsmassiv, aus dessen Schlund ein erdbebengleiches Donnern kommt …
»*Sindbads 7. Reise* gilt als der gelungenste Film des Trickspezialisten Ray Harryhausen, der perfekt wie kaum ein anderer im ›Stop-Motion-Verfahren‹ Ungeheuern, Sauriern und Zyklopen zum Leinwandleben verhilft. Die Idee zu diesem Film nach Motiven aus ›Tausendundeiner Nacht‹ entstand nach einer seiner Skizzen, die ein säbelschwingendes Skelett zeigte. Der Kampf mit dem Knochenmann hat längst einen festen Platz in der Geschichte des phantastischen Films, aber auch die übrigen Monster und Fabelwesen, gegen die Sindbad sich durchsetzen muß, gehören 30 Jahre nach ihrem Entstehen zu den perfektesten und schönsten Kinoträumen.«

(Film Journal)

Kinderkrimis

Emil und Kalle – zwei Detektive auf einsamer Fährte

Was in Großbritannien zu einem eigenen Genre entwickelt wurde, steckt bei uns in den Kinderschuhen: der Kinderkrimi. Bei der englischen Children's Film Foundation war das die fast einzig vorstellbare Form des Kinderfilms. Wie auf internationalen Kinderfilmfestivals zu sehen ist, wird auch in anderen Ländern der Kinderkrimi durchaus gepflegt, findet aber bei uns kaum einen Verleih und somit keine Kinoaufführung.

Wohl nicht zuletzt wegen des Einflusses von Pädagogen in der Filmzensur konnten sich in unserem Land Abenteuergeschichten mit kriminalistischem Einschlag nicht behaupten, von Ausnahmen abgesehen. Krimis galten lange Zeit, wie auch in der Literatur, als etwas Minderwertiges, Kindern nicht Zuträgliches. *Emil und die Detektive* aus dem Jahre 1931 ist eine Ausnahme, war und blieb ein vielversprechender Anfang. Als Versuch, dieses vernachlässigte Genre wiederzubeleben, ist die deutsch-dänische Gemeinschaftsproduktion aus dem Jahre 1970, *Fünf Freunde in der Tinte* von Katrin Hedman nach dem Buch von Enid Blyton anzusehen. Der Film reicht aber nicht an die Stärke des *Emil* oder des schwedischen Meisterdetektivs *Kalle Blomquist* heran. Wolfgang Beckers Verfilmung nach Max von der Grüns *Vorstadtkrokodile* im Jahre 1977 war ein weiterer Versuch, dieses Genre wiederzubeleben.

In der DDR fand der Kinderkrimi überhaupt nicht statt. Erst 1984 gab es den ersten zu sehen: *Unternehmen Geigenkasten*. Eine neue Variante liefert Arend Agthe mit seinem Film *Der Sommer des Falken* (BRD 1988), eine Mischung aus Kriminal-, Abenteuer- und Heimatfilm.

Ein Hornvieh namens Amalie (Calamity the Cow)

Großbritannien 1967 – Regie: David Eastman – Darsteller:
John Moulder-Brown, Elizabeth Dear u. a. – 67 Min. – s/w –
empfohlen ab 6 Jahren
16 mm: BAG; EMZ 2,6,8,10; LFD 4; Matthias
Eine Kuh soll zum Schlachthof, doch die Kinder bitten den
Vater, ihr das Leben zu retten. Er läßt sich überreden, ihnen
die Kuh zu schenken. Als erstes bekommt die Kuh einen
Namen: Amalie. Die Kinder bereiten Amalie für eine Tieraus-
stellung vor, schniegeln und striegeln sie, schmücken sie. Als
in der Gegend Viehdiebe auftauchen, ist Amalie verschwunden. Bis das Tier endgültig in Sicherheit ist, passieren ein paar
Dinge, die nur mit dem kriminalistischen Spürsinn der Kinder aufgedeckt werden können.
»Die moralische Seite des Films liegt klar: Die Kinder handeln aus Tatkraft und Optimismus, Charaktereigenschaften,
die es auch Kindern ermöglichen, mit allen Problemen fertig
zu werden. Gut und Böse sind klar getrennt, von daher gibt

›Ein Hornvieh namens Amalie‹

158

es keinen Moment einen Entscheidungskonflikt, wie zu handeln ist.« *(BAG-Clubfilmothek 3/77)*
Wie alle Produktionen der englischen Children's Film Foundation folgt auch dieser Film einem eigens für diese Gattung entwickelten Schema. Sie haben genau die richtige Länge, das richtige Maß an Spannung und gehen von präzisen Erfahrungswerten aus, wenn es darum geht, die Entwicklung der Handlung frei zu halten von für Kinder uninteressanten Nebenhandlungen und unverständlichen Motivationen.

Emil und die Detektive
siehe Rubrik *Buchverfilmungen*

Fünf Freunde in der Tinte

BRD/Dänemark 1970 – Regie und Drehbuch: Katrin Hedman, nach einem Roman von Enid Blyton – Darsteller: Lone Thielke, Mads Rahbek, Niels Kibenich u. a. – 89 Min. – Farbe – empfohlen ab 6 Jahren
16 mm: Krauskopf
Fünf Freunde – zwei Mädchen, zwei Jungen und ein großer Hund – machen eine Radtour. Ein verwöhntes Bürschchen aus reichem Hause schließt sich ihnen an. Dem ist eine Verbrecherbande auf der Spur, will ihn kidnappen, und in einem günstigen Moment schnappt sie zu, erwischt aber den Falschen. Die übrigen Kinder nehmem beherzt die Verfolgung auf, finden das Versteck, geraten in eine Falle, können sich aber mit List und Tricks selbst befreien und sogar noch die Entführer der Polizei übergeben.
Der Film basiert auf einem der Serienbände der englischen Jugendbuchautorin Enid Blyton, deren Bücher weltweit und ab den 50er Jahren auch in der Bundesrepublik steigende Auflagezahlen erreichten. Mit seiner logisch aufgebauten Handlung – wobei die Geschichte trotz der konstruierten Gefährlichkeit nie ganz ernst wird –, vielen lustigen und munteren Szenen eignet sich dieser Kinderkrimi auch für jüngeres Publikum.

Auch ein Film zur Rubrik *Buchverfilmungen*

Kalle-Blomquist-Filme:

Meisterdetektiv Blomquist, Kalle Blomquist lebt gefährlich, Kalle Blomquist – sein schwerster Fall
siehe Rubrik *Buchverfilmungen*

Die Kinder von Mara-Mara (Bush Christmas)

Großbritannien 1947 – Regie und Drehbuch: Ralph Smart – Darsteller: Helen Grieve, Chips Rafferty, John Fernside u. a. – 62 Min. – s/w – empfohlen ab 8 Jahren
16 mm: BAG; EMZ 2,11,12; KMZ 2,5,10; LBS 4; Matthias; Meteor
Mara-Mara heißt das Tal in Australiens wildromantischer Landschaft, in dem sich eine spannende Krimigeschichte ereignet: Die fünf abenteuerlustigen, gutgläubigen Kinder von Mara-Mara machen nichtsahnend Bekanntschaft mit Pferdedieben und geraten durch sie in Gefahr. Nachdem es ihnen gelungen ist, die gerissenen Gauner immer wieder mit List und Tücke auszutricksen, spitzt sich die Lage immer mehr zu, die Kinder sind in höchster Gefahr. Im letzten Moment kommt Hilfe, denn die Polizei hatte die Diebe schon lange im Auge.
Der Film, die erste Produktion der Children's Film Foundation, »ist ein vollkommen gelungenes und vollkommen dargebotenes Kinderabenteuer und darüber hinaus ein kleiner Beitrag zu den großen Menschheitsthemen: Schuld und Sühne, Verantwortlichkeit und Brüderlichkeit. Wie sie schuldig werden und über sich siegen, versteht jedes Kind, wie sie mutig ihr Abenteuer auf sich nehmen und ihm entgegenreiten, begeistert wiederum jedes Kind.« *(Zeitgenössische Filmkritik)*

Sammy's Super-T-Shirt (Sammy's Super-T-Shirt)

Großbritannien 1977 – Regie: Jeremy Summers – Drehbuch: Frank Goodwin – Darsteller: Reggie Winch, Lawrie Mark, David Young u. a. – 58 Min. – Farbe – empfohlen ab 8 Jahren
16 mm: atlas
Sammy, zwölf Jahre alt, 88 Pfund schwer, trainiert unermüdlich für den Sieg im Super-Wettrennen, und immer in seinem Super-Tiger-T-Shirt. Und mit diesem Hemd, das eines Tages

zufällig im Forschungslabor landet, hat es seine wundersame Bewandtnis. In dem Hemd stecken unerhörte Kräfte, die faserforschenden Wissenschaftler sind begeistert – im Gegensatz zu Sammy, der sein Lieblings-T-Shirt wiederhaben möchte. Zusammen mit seinem Freund Marvin löst er eine wilde Verfolgungsjagd aus. Schließlich ist ihm der Erfolg beim Wettrennen sicher – auch ohne die magischen Kräfte des Super-T-Shirts.

Sammy's Super-T-Shirt ist »ein ganz in der Tradition des englischen Kinderkrimi-Kinos stehender Beitrag. (...) Bis auf den doch etwas moralischen Schluß ist Jeremy Summers ein Superman-Film für Kinder gelungen, der geschickt Spannung und Komik verbindet, ohne in spekulative Effekte abzurutschen. Ein Musterbeispiel dafür, wie man auch Kinder mit einem Filmstoff bedienen kann, der von der normalen Filmindustrie für Erwachsene konzipiert wird.«

(R.-R. Hamacher, in: Filmkorrespondenz 3/79)

Der Sommer des Falken

siehe Rubrik *Neue bundesdeutsche Kinderfilme*

Unternehmen Geigenkasten

DDR 1985 – Regie: Gunter Friedrich – Drehbuch: Anne Goßens – Darsteller: Alexander Heidenreich, Dirk Bartsch u. a. – 86 Min. – Farbe – empfohlen ab 6 Jahren
35 mm: Unidoc
Einmal Sherlock Holmes sein – davon träumt der zehnjährige Ole nicht nur, er tut es. Und ernennt seinen Freund Andreas zum Doctor Watson. Einen Fall finden die Jungen auch bald, ein verdächtiger Erwachsener mit angeklebtem Bart bringt sie auf eine heiße Spur. Parallel dazu ermittelt die Kriminalpolizei – zur Überraschung der Kinder.

»Man konnte sich vorstellen, daß diese Geschichte Kindern wirklich passiert. Jedenfalls würden die meisten Kinder sowas gerne erleben. Ich fand es auch ganz gut zu sehen, was in der DDR anders ist (Autos, VEB usw.).« Das sagte die elfjährige Marie beim KinderFilmFest Berlin 1986, wo der Film zum ersten Mal hier zu sehen war.

›Unternehmen Geigenkasten‹

Verflixte Rangen (De pokkers unger)

Dänemark 1947 – Regie: Astrid Henning und Bjarne Jensen – Drehbuch: Flemming Lynge, nach einer Komödie von Astrid Ott – Darsteller: Henry Nielsen, Preben Neergard, Tove Maas u. a. – 97 Min. – s/w – empfohlen ab 8 Jahren
16 mm: KMZ 10; Schmidt

Hausmeisterwechsel in einem Kopenhagener Wohnblock: der ungeliebte, verhaßte Hausmeister geht – der neue kommt. Die Kinder begegnen ihm mit Vorurteilen, reagieren mit Mißtrauen, als er ihnen seine Kellerwerkstatt zur Verfügung stellt. Doch mit der Zeit erwirbt sich der neue Hausmeister die Sympathie und das Vertrauen der Kinder. Nur Christian steht ihm nach wie vor und aus Prinzip feindselig gegenüber und sieht sich bestätigt, als der Hausmeister wegen Diebstahls verhaftet wird. Doch die anderen Kinder setzen alles daran, ihrem großen Freund zu helfen und die wahren Täter zu finden. Mit detektivischem Gespür und Scharfsinn und schließlich auch mit Christians Hilfe gelingt es ihnen, den wahren Dieb zu finden und den zu Unrecht Beschuldigten zu rehabilitieren.

Der Film ist mehr als ein Kinderkrimi. Es geht ebenso um den Abbau von Vorurteilen und um die Frage des guten Auskommens, des Miteinanderlebens ohne Verbotstafeln, die Erwachsene für Kinder aufstellen.

Der vergiftete See (The Battle of Billies Pond)

Großbritannien 1978 – Regie: Harley Cockliss – Drehbuch: Howard Thompson, Michael Abrams, Harley Cockliss – Darsteller: Ben Buckton, Andrew Ashby, Talfryn Thomas u. a. – 60 Min. – Farbe – empfohlen ab 8 Jahren
16 mm: atlas

Die Fische im Angelteich siechen dahin. Eine Katze, die davon frißt, stirbt fast, aber die Erwachsenen bleiben stumm. Ein Verhalten, mit dem sich die beiden Jungen Billie und Gobby nicht abfinden wollen. Sie begeben sich auf Spurensuche nach den Verursachern, verfolgen einen Lastkraftwagen mit dubioser Ladung und kommen schließlich einer Chemiefirma auf die Schliche. Mit allerlei technischen Hilfsmitteln versuchen die beiden Jungen, die Umweltvergifter auf frischer Tat zu ertappen, wobei sie sich auf die Verfolgung der am ehesten Greifbaren, nämlich der Fahrer der giftigen Ladung, konzentrieren.

Ein spannender Kinderkrimi – ganz in der englischen Kinderfilmtradition – zu einem aktuellen Thema, der mit seinem Anliegen allerdings an der Oberfläche hängenbleibt, dennoch eine weiterführende Diskussion nach den eigentlichen Verursachern der Umweltzerstörung auslösen kann.

Vorstadtkrokodile
siehe Rubrik *Neue bundesdeutsche Kinderfilme*

Indianerfilme

Indianerfilme contra Western

In dieser Rubrik sind nur zwei Produktionsländer vertreten: USA und DDR. Und diese beiden Nationen sind führend in diesem Genre für Kinder. Von den bundesdeutschen Karl-May-Verfilmungen der 50er und 60er Jahre wollten wir ebenso absehen wie von den Italo-Western mit Bud Spencer und Terence Hill, obwohl – und das machte und macht einen großen Teil ihres Erfolges aus – sie ab sechs oder zwölf Jahren freigegeben sind. Aber: Nicht jeder Film ab sechs oder zwölf ist ein Kinderfilm.

Daß sich die USA mit diesem Teil ihrer Geschichte auch filmisch auseinandersetzen, scheint klar, eine Geschichte, die unrühmlich verlaufen ist und in vielen US-Western heroisch verfälscht wurde – die Weißen als die Edelmütigen, die kühnen Abenteurer, die Roten als die Hinterlistigen, die kriegerischen Wilden.

Wir stellen Indianerfilme vor, die sich von dieser rassistischen Tendenz absetzen, die ein realistisches Bild der Geschichte und der Lebensbedingungen der Ureinwohner Amerikas zeichnen. Es sind Geschichten vom Kampf der Indianer um die Erhaltung ihres Lebensraums, die Verteidigung eines Landes, das nach ihrem Glauben keinem Menschen gehört, das niemand erobern und besitzen kann. Und es sind Geschichten vom Festhalten-Wollen an der jahrtausendealten Lebensweise, die im Einklang steht mit der Natur, der sich jeder zu fügen und unterzuordnen hat.

Die DDR hat Mitte der 60er Jahre in der karstigen Landschaft im Norden Jugoslawiens mit der Produktion eigener Indianerfilme begonnen. Einfach deshalb, weil der Western beim jungen Kinopublikum gefragt war. Auf diese Weise ließen sich zwei Dinge miteinander verbinden: Spannung und Abenteuer und das Bedürfnis, historische Aufklärung zu leisten.

Die Sympathien der meist auf Fakten beruhenden Geschichten lagen stets bei den Indianern – in der DDR ein Prinzip, in den USA wohltuende Ausnahme. Die DEFA-Indianerfilme hatten nicht nur Erfolg im eigenen Land, sie waren auch stets Exportartikel – auch für das westliche Ausland.

Blauvogel

DDR 1979 – Regie und Drehbuch: Ulrich Weiß, nach dem gleichnamigen Kinderbuch von Anna Jürgen – Darsteller: Robin Jaeger, Gabriel Oseciuc, Jutta Hoffmann u. a. – 96 Min. – Farbe – empfohlen ab 10 Jahren
16 mm: Unidoc
35 mm: Unidoc
Die Geschichte dieses Films spielt vor 200 Jahren in Nordamerika. George Ruster, der kleine Sohn einer englischen

›Blauvogel‹

›Blauvogel‹

Siedlerfamilie, wird von den Irokesen entführt, um den Platz eines verstorbenen Kindes in ihrem Stamm einzunehmen. Der Junge erhält den Indianernamen Blauvogel. Seiner neuen Umgebung steht er verständnislos gegenüber. Mehrfach versucht er zu fliehen – vergeblich. Doch langsam beginnt Blauvogel, die Indianer und deren Lebensweise zu verstehen, und entscheidet sich schließlich für das Leben in ihrer Mitte.

Manuel, 13 Jahre: »Besonders gut fand ich, wie der Kontrast zwischen dem Leben der Weißen und dem der Indianer dargestellt wurde und welche verschiedene Denkweise jeder einzelne hat, welche Probleme es zwischen Rot und Weiß gibt. Der Indianer läuft gegen eine Wand und hat keine Chance. Positiv ist auch, daß das alles von beiden Seiten beleuchtet wird und der Film nicht nur ein normaler Western ist.«

167

Der gebrochene Pfeil (Broken Arrow)

USA 1950 – Regie: Delmer Daves – Drehbuch: Michael Blankfort, nach dem Roman »Blutsbrüder« von Elliot Arnold – Darsteller: James Stewart, Jeff Chandler, Debra Paget u. a. – 93 Min. – Farbe – freigegeben und empfohlen ab 12 Jahren
16 mm: Filmothek NW: LBS 7; TCF
»Der erste große Western, der die Indianer rehabilitiert«, so wurde dieser amerikanische Film 1951 gestartet, denn bis dahin war die Sichtweise im amerikanischen Western sehr einfach: Die weißen Siedler waren die Guten, die roten Indianer diejenigen, die die Weißen aus blindem Haß am Seßhaftwerden hinderten. Im Film *Der gebrochene Pfeil* wird erzählt, wie ein Weißer versucht, zwischen den verfeindeten Parteien zu vermitteln: auf der einen Seite die land- und machtgierigen weißen Eroberer, auf der anderen Seite die Apachen, die Ureinwohner Nordamerikas, die ihr Land verzweifelt verteidigen. Da es auf beiden Seiten auch Besonnenheit und den Wunsch nach friedlichem Miteinander gibt, gelingt schließlich der Waffenstillstand.

Navajo (Navajo)

USA 1951 – Regie und Drehbuch: Norman Foster – 69 Min. – s/w – empfohlen ab 8 Jahren – 16 mm: BAG; EMZ 8; KMZ 2,20; LBS 4,5,8,9,10,13; LFD 2,3,7,8,9
Der amerikanische Dokumentarspielfilm zeigt das Leben eines kleinen Indianerjungen vom Stamme der Navajo in den Indianerreservaten und zugleich die zwar friedliche, aber problematische Nähe zur weißen Zivilisation. Die Navajos waren ehemals ein mächtiger Indianerstamm im mittleren Arizona. Heute leben sie vereinzelt und weit verstreut als Nomaden in ihrem Reservat oder als Arbeiter in den Städten. Im Film stellen die Indianer sich selbst dar. Alle Aufnahmen sind im Reservat oder in den angrenzenden Siedlungen gedreht.
»Diese Dokumentation ist nicht wissenschaftlich, sondern menschlich anteilnehmend mit der Absicht, den Weißen zu einem besseren Verständnis für das Problem der Indianer zu führen.« *(Medienzentrum aktuell II/1978)*

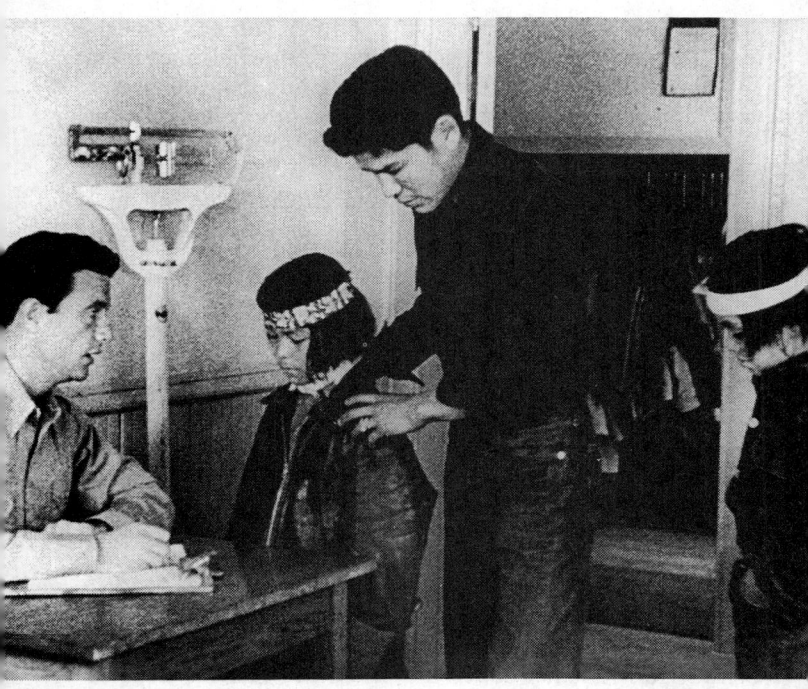

›Navajo‹

Die Söhne der Großen Bärin

DDR 1966 - Regie: Josef Mach – Drehbuch: Liselotte Weiskopf-Henrich – Darsteller: Gojko Mitić, Jiři Vrštala u. a. –
98 Min. – Farbe – empfohlen ab 10 Jahren
35 mm: Unidoc
Der erste Indianerfilm der DEFA beruht auf Tatsachen, die
sich vor dem Hintergrund der Kämpfe unter Sitting Bull und
Crazy Horse 1876/77 zugetragen haben. Fast alle Indianer-
stämme haben sich der Übermacht des weißen Mannes ge-
beugt, nur die Dakotas vom Stamme der Sioux wehren sich
gegen eine Zukunft im für sie bestimmten Reservat. Die
Söhne der Großen Bärin beschließen zu fliehen. Für die Aus-
sicht auf ihre Freiheit nehmen sie den harten, entbehrungsreichen Weg nach Kanada inkauf.

169

»Unser Film unterscheidet sich wesentlich von den schlechten Indianerfilmen westlicher Prägung, obwohl nach dem Krieg human gesonnene Kreise Filme schufen, die den Indianern Gerechtigkeit widerfahren ließen. Unser Film will dies in einer neuen und besonderen Weise tun, indem er nicht nur eine gerechte Betrachtung des Indianer-Problems bietet, sondern indem er vom Wesen und vom Erleben der Indianer selbst ausgeht.«   *(Liselotte Weiskopf-Henrich)*

Trapper am Missouri (The Big Sky/Der weite Himmel)

USA 1952 – Regie: Howard Hawks – Drehbuch: Dudley Nichols, nach einem Roman von A. B. Guthrie jun. – Darsteller: Kirk Douglas, Elizabeth Threatt, Dewey Martin u. a. – 95 Min. – s/w – empfohlen ab 10 Jahren
16 mm: AV-Film; KMZ 10; LBS 1,7,8,11,12,14; LFD 2,7
Auf einem Schiff, der »Mandan«, fährt eine Gruppe von unabhängigen Pelzhändlern den Missouri-Strom aufwärts, um mit den Schwarzfuß-Indianern Geschäfte zu machen. Zur Besatzung gehören die Freunde Jim und Boone und etliche Abenteurer. Sie durchfahren unbekanntes Gebiet, wissen nicht, ob Freundes- oder Feindesland sie umgibt. Für alle Fälle haben sie eine Häuptlingstochter vom Stamme der Schwarzfuß-Indianer dabei, die sie aus den Händen der Krähen-Indianer gerettet haben. Zwischen Jim und dem Mädchen entwickelt sich eine stille Freundschaft, und der junge Boone verliebt sich in das Indianermädchen.

Tschetan, der Indianerjunge
siehe Rubrik *Neue bundesdeutsche Kinderfilme*

Die weiße Feder (White Feather)

USA 1955 – Regie: Robert D. Webb – Drehbuch: Delmer Daves, Leo Townsend – Darsteller: Robert Wagner, Debra Paget u. a. – 90 Min. – Farbe – empfohlen ab 10 Jahren
16 mm: TCF
Ein weißer Landvermesser kommt im Jahre 1877 nach Wyoming und soll dort im Auftrag von Grundstücksspekulanten das Gebiet der Cheyenne-Indianer vermessen. Durch seinen

Mut und seine Unbestechlichkeit gewinnt er die Freundschaft der Indianer, doch auch er kann nicht verhindern, daß
zwei junge Cheyenne-Krieger – unabhängig vom Beschluß
des Häuptlings – die weiße Übermacht zum Kampf heraus-
fordern.
Die weiße Feder (wie *Der gebrochene Pfeil*) unterscheidet
sich in der Darstellung der Indianer wohltuend von den kli-
scheehaften Zeichnungen vieler amerikanischer Western.
Die Verständigungs- und Verständnisschwierigkeiten zwischen Rot und Weiß werden vor allem in friedlichen Szenen
ausgemalt.

›Die weiße Feder‹

171

Tier- und Naturfilme

Vom Natur- zum Umweltfilm

Tier- und Naturfilme waren früher ein Genre, an dem sich keine Diskussionen entzündeten, das keine Kontroversen verursachte, nach konventionellen Vorstellungen folglich ideale Kinderfilme.

Doch der Blick hat sich gewandelt – und geschärft. Die Natur wird inzwischen auch von Kindern nicht mehr als etwas Selbstverständliches, in reichem Maße Vorhandenes erlebt und empfunden, sondern als etwas Begrenztes, Kostbares, zu Schützendes. Mit Blick auf diese aktuellen Entwicklungen bekommen auch ältere Filme dieser Rubrik, wie zum Beispiel die beiden mit vielen Preisen ausgezeichneten Walt-Disney-Produktionen *Die Wüste lebt* und *Wunder der Prärie*, eine neue Qualität. Und auch Tierfilme, wie die nette Löwengeschichte *Frei geboren* und das süße, putzige Tierabenteuer *Miez und Mops,* sind dazu geeignet, Natur- und Umweltbewußtsein zu schaffen. Erster Schritt zum Umdenken – damit die Natur nicht eines Tages nur noch im Kino zu bewundern ist.

Der blinde Vogel (Slepaja ptiza)

UdSSR 1963 – Regie: Boris Dolin – Drehbuch: B. Dolin, A. Shaben – Darsteller: Alexej Gribow, Oleg Shakow, Wolodia Asejew u. a. – 67 Min. – Farbe – empfohlen ab 6 Jahren
16 mm: AV-Film; BAG

Der zwölfjährige Wasja hilft seinem Vater, Pelikane für eine Vogelwarte einzufangen und zu beringen. Eines Tages findet der Junge einen kleinen, blinden Vogel, den er mitnimmt und aufzieht. Als Wasja in der Zeitung von einem Arzt liest, der einen Blinden durch eine Operation sehend gemacht hat, entschließt sich der Junge, den blinden Pelikan zu ihm zu bringen. Obwohl es erst nicht so aussieht, stellt sich die Operation nachträglich als erfolgreich heraus. Wasja entläßt –

schweren Herzens zwar – seinen gefiederten Freund in die Freiheit.

»Hervorragende Landschafts- und Tieraufnahmen erheben den Film über einen einfachen Spielfilm hinaus zu einem anschaulichen und lehrreichen Dokumentarspielfilm. Sie lassen auch vergessen, daß dieser Film ... in Machart und Diktion (auch wohl wegen seines Alters) nicht ganz unseren Auffassungen von modernen Kinderfilmen entspricht. Trotz dieser kritischen Anmerkungen ein schön fotografierter, warmherziger Film.« *(B. Lindner, Beiblatt für Erzieher, FWU)*

Der einsame Wolf (Vuk samotnjak)

Jugoslawien 1972 – Regie: Obrad Gluscević – Drehbuch: Stjepan Perovic, Obrad Gluscević – Darsteller: Slavko Stimac, Zeljko Mataija und Kinder aus den Dörfern in Lika – 87 Min. – Farbe – empfohlen ab 10 Jahren
16 mm: atlas; KMZ 10; LBS 5, 6

›Der einsame Wolf‹

Kurz nach dem Zweiten Weltkrieg in den Wäldern an der jugoslawisch-österreichischen Grenze: die Legenden leben weiter – und auch ein deutscher Schäferhund, Überbleibsel des Krieges, versehen mit der Hundemarke »Militärhund Nr. 1944«.
Dieser Hund wird als Verkörperung des Bösen gesehen und von den Dorfbewohnern gejagt wie ein gefährlicher Wolf. Der zwölfjährige Ranko begegnet dem Hund in einer Notlage, befreit ihn aus einer Falle, die sein Vater aufgestellt hat, verliert ihn, trifft ihn wieder, bis eine Vertrautheit entsteht. Doch die Hatz auf den »Wolf« hält an. Nur unter Einsatz seines Lebens kann Ranko den armen Hund vor dem Tod retten. Nach dramatischen, angstvollen Tagen kommt es schließlich zur Versöhnung zwischen Dorfbewohnern und dem »einsamen Wolf«.
»Gluscević hat dem Film einen zwischen Märchenhaftigkeit und Realismus schwebenden Stil gegeben, der Gegenwärtigkeit und Zeitlosigkeit verbindet. Freundschaft zwischen Kind und Tier ist immer ein wirksames Thema, das hier sehr geschickt abgewandelt wurde.« *(film-dienst Nr. 20 128/1977)*

Frei geboren – Die Königin der Wildnis – 1. Teil (Born Free)

Großbritannien 1965 – Regie: James Hill – Drehbuch: Gerald L. C. Copley, nach dem Roman von Roy Adamson – Darsteller: Virginia McKenna, Bill Travers, Geoffrey Kee u. a. – 95 Min. – Farbe – empfohlen ab 6 Jahren
16 mm: atlas
35 mm: Columbia
Drei drollige Löwenkinder, von ihren Eltern verlassen, werden von einem Wildheger-Ehepaar aufgenommen und aufgezogen.
Aus den putzigen Kuscheltieren werden trotz der menschlichen Nähe und Fürsorge Tiere, deren Zuhause die Wildnis ist, und die Frage, ob aus einer »Königin der Wildnis« ein Haustier werden kann, wird gar nicht erst gestellt …

Frei geboren – Drei Strolche in der Wildnis – 2. Teil
(Living Free)

Großbritannien 1972 – Regie: Jack Couffer, nach dem
Roman von Roy Adamson – Darsteller: Nigel Davenport,
Susan Hampshire u. a. – 92 Min. – Farbe – empfohlen ab
6 Jahren
16 mm: atlas
Sieben Jahre später: Das Filmteam findet einen der drei
Löwen wieder – die Löwin Elsa. Sie hat ihren Platz in der
Steppe als Königin der Wildnis eingenommen, ohne zu vergessen, daß sie von Wildhütern aufgezogen wurde. Frei geboren und in Freiheit lebend, bringt sie selbst eines Tages Nach-
wuchs zur Welt, drei Strolche, die sich allein in der Wildnis zurechtfinden müssen.

Die goldene Robbe (The Golden Seal)

USA 1983 – Regie: Frank Zuniga – Drehbuch: John Groves,
nach einem Roman von James Vance Marshall – Darsteller:
Torquill Campbell, Steve Railsback, Penelope Milford u. a. –
95 Min. – Farbe – empfohlen ab 8 Jahren
16 mm: Meteor
35 mm: Filmwelt
Der Junge Eric, der im fernen Alaska auf einer kleinen Insel
wohnt, trifft die »goldene Robbe«, jenes Tier, von dem die Ur-
einwohner erzählen, daß es für immer bleiben wird, wenn die
Menschen in Frieden und Harmonie mit der Natur leben.
Zwischen dem einsamen Jungen und dem sagenumwobenen
Tier entwickelt sich eine tiefe Freundschaft, die jedoch von
der Habgier der Erwachsenen bedroht ist. Eric riskiert sein
Leben für die Robbe.
»In poetischen Bildern vermittelt der Film die Einsicht in die
Notwendigkeit ökologischen Denkens. Schließlich steht die
goldene Robbe, ein Zeichen des Friedens, als Sinnbild für
Eintracht zwischen Mensch und Natur. Die Botschaft der
alten Indianersage wird in die Jetztzeit übertragen und in grif-
figen, schönen Bildern nahegebracht. Mit spannungsvollen
Momenten hält die kindgerechte Erzählung das Interesse der
Betrachter wach.« *(J. Hillinger, FD 21/86)*

›Die goldene Robbe‹

Jonasi und die weiße Schildkröte
siehe Rubrik *Filme über Kinder der Welt*

Kes
siehe Rubrik *Gegenwartsfilme*

Miez und Mops (Chatoran)

Japan 1984/85 – Regie: Masanori Hata – 80 Min. – Farbe –
empfohlen ab 6 Jahren
35 mm: Tobias
Mit *Miez und Mops* hat sich der Regisseur Masanori Hata,
»Japans Spielberg«, einen Traum erfüllt: ein Abenteuerfilm
nur mit Tieren. Fünf Jahre haben sie zusammengearbeitet,
die Film-Menschen und die Film-Tiere, die schließlich das
taten, was der Regisseur wollte, ohne dafür abgerichtet zu
sein, ohne Dressur.
Miez ist eine Tigerkatze, die aus 3000 Anwärtern ausgesucht

wurde, und Mops ein Vertreter der traditionsreichen chinesischen Hunderasse, bekannt für ihr melancholisches Aussehen, mit Kulleraugen und platter Nase. Diese beiden, die nicht etwa verfeindet sind »wie Hund und Katze«, machen sich auf in die Welt, treffen andere Tiere, erleben Aufregungen und Gefahren in der Ferne und »Familienglück« in vertrauter Nähe.

»Ein Spielfilm ohne den Auftritt eines einzigen Menschen – das kann eine Erholung sein. Der Zuschauer, egal welchen Alters, kann sich in den Sessel zurücklehnen und wirklich mal nur genießen: die Ruhe, die Natur im Wechsel der Jahreszeiten, die Spiele und Bewegungen der Tiere. Und es ist erstaunlich, wie spannend Natur sein kann, wenn nicht ständig ein Mensch mit schweren Schuhen Gräser und Käfer zerquetscht, auf vier Rädern den Wald verpestet oder sich auf andere Art und Weise Tiere und Umwelt unterordnet.«

(M. Köhler, in: Kinder- und Jugendfilm Korrespondenz Nr. 33/1'88)

›Miez und Mops‹

Namu, der Raubwal (Namu, the Killer Whale)

USA 1966 – Regie: Laslo Benedek – Drehbuch: Arthur Weiss
– Darsteller: Robert Lansing, John Anderson, Robin Matt-
son u. a. – 85 Min. – Farbe – empfohlen ab 8 Jahren
16 mm: KMZ 2; Meteor – 35 mm: UIP
Ein Jahr bevor der Film entstand, wurde an der kanadischen
Pazifikküste ein Raubwal gefangen, ein Tier, das sonst nur in
Rudeln lebt. Wissenschaftlern gelang es, den gefürchteten
Wal zu zähmen. Dieser gezähmte Raubwal »spielt« Namu,
den Killerwal. Erzählt wird die Geschichte einer Zähmung,
der Kampf zwischen Verhaltensforschern und ortsansässigen
Fischern, die den Wal lieber tot als lebendig sehen würden.
»Benedek hat diesen Film außerordentlich nüchtern inszeniert; er versucht nicht, menschliche Emotionen und Motive
in das Tier zu projizieren und es dadurch dem Publikum sym-
pathisch zu machen. Der Film wirkt dadurch um so ergreifen-
der.«   *(Süddeutsche Zeitung v. 27.6.67)*

›Namu, der Raubwal‹

›Das Pferdemädchen‹

Das Pferdemädchen

DDR 1978 – Regie: Egon Schlegel – Drehbuch: Margot Beichler, nach der gleichnamigen Erzählung von Alfred Wellm – Darsteller: Märtke Wellm, Wolfgang Winkler, Annette Roth u. a. – 82 Min. – Farbe – empfohlen ab 6 Jahren
16 mm: BAG; Imbild; KMZ 10; LBS 4; LFD 1,2

Mädchen lieben Pferde, und Irka liebt Raya, ein altgewordenes, ehemaliges Turnierpferd, das ihr der Vater gekauft hat. Alle sind überrascht, als Raya ein Fohlen erwartet. Irka ist

179

hingerissen von der kleinen Mitscha, am liebsten möchte sie
beide Tiere behalten – für immer.
Doch die Eltern stellen Irka vor die Entscheidung: Mitscha
oder Raya – nur ein Pferd darf bleiben. Für Irka ist das ein
scheinbar unlösbares Problem.
»Daß diese einfache, moralisch elementare und emotional
hochkarätige Geschichte nicht eine Sekunde lang in Sentimentalität umkippt, ist dem gediegenen Können des Regisseurs zu danken. (...) Leider lassen sich trotz allen Lobes kri-
tische Einwände nicht vermeiden. Sie gehen ausschließlich
zu Lasten der Autoren, die es versäumten, die Heldin Irka
auch in eine Beziehung zu ihrer menschlichen Umwelt zu setzen.«   *(R. Holland-Moritz, in: Eulenspiegel, 37/79)*

Der schwarze Hengst (The Black Stallion)

USA 1979 – Regie: Carroll Ballard – Drehbuch: Melissa Mathison, Jeanne Rosenberg, William D. Wittliff, nach einem
Roman von Walter Farley – Darsteller: Kelly Reno, Mickey
Rooney, Geri Garr u. a. – 117 Min. – Farbe – empfohlen ab
8 Jahren
16 mm: UIP
35 mm: UIP
Fünf Monate war der Regisseur damit beschäftigt, diesen
nach dem 1941 erschienenen Jugendbuch-Bestseller von Walter Farley *The Black Stallion* (bei uns *Blitz – der schwarze
Hengst*) zu verfilmen.
Es ist die Geschichte des zwölfjährigen Alec, der nach einer
Schiffskatastrophe auf einer einsamen Insel landet. Außer
ihm konnte sich nur noch der rassige schwarze Araberhengst
vom Schiff auf die Insel retten.
Die beiden bewältigen die Schwierigkeiten des Lebens und
vor allem des Überlebens auf der Insel. Eines Tages werden
sie entdeckt und heimgebracht zu Alecs Eltern in eine amerikanische Kleinstadt. Noch grast der Hengst friedlich im Gar-
ten, doch seine Zukunft liegt auf der Rennbahn, mit Alec als
Jockey.

Auch ein Film zur Rubrik *Buchverfilmungen*

Der schwarze Hengst kehrt zurück
(The Black Stallion Returns)

USA 1981 – Regie: Robert Dalva – Drehbuch: Richard Kletter, Jerome Kass, nach einem Roman von Walter Farley – Darsteller: Kelly Reno, Vincent Spano, Ferdinand Mayne u. a. – 103 Min. – Farbe – empfohlen ab 8 Jahren
16 mm: UIP
35 mm: UIP

Noch während der Herstellung des Films *Der schwarze Hengst* beschlossen die Produzenten im United-Artists-Studio, ein weiteres Buch der 16 Bände umfassenden populären Jugendbuchreihe mit den Abenteuern des schwarzen Hengstes zu verfilmen: *Der schwarze Hengst kehrt zurück* – heim zu seinem rechtmäßigen Besitzer, dem arabischen Wüsten-

›Der schwarze Hengst kehrt zurück‹

181

scheich Abu Ben Ishak. Alec folgt seinem geliebten vierbeinigen Freund in die Wüste und verhilft ihm auch dort zum Sieg.
»Die Fortsetzung des Erfolgsfilms *Der schwarze Hengst* verbindet, routiniert und aufwendig inszeniert, Action mit viel Sentimentalität, bietet dabei gute Unterhaltung trotz mancher dramaturgischer und inhaltlicher Schwächen ...«

(R. Casper, in: Ev. Filmbeobachter 15/83)

Auch ein Film zur Rubrik *Buchverfilmungen*

Stormboy/Kinder des Sturms

Australien 1976 – Regie: Henri Safran – Drehbuch: Sonia Borg nach einem Roman von Colin Thiele – Darsteller: Greg Rowe, Peter Cummins u. a. – 88 Min. – Farbe – empfohlen ab 8 Jahren
16 mm: BAG; EMZ 12; Filmothek NW; LBS 9,13
35 mm: atlas

›Stormboy‹

»Ein Zehnjähriger, der mit seinem Vater an der einsamen australischen Küste lebt, erkennt durch die Freundschaft mit einem Eingeborenen und die Sorge für einen gezähmten Pelikan das rücksichtslose Verhalten ›zivilisierter‹ Menschen. Ein in Spiel und Fotografie fesselnder Film, dessen pädagogischer Gehalt formale Mängel in den Hintergrund treten läßt«, so lautet das Gutachten der Katholischen Filmkommission.

Der Film ist auch ohne nachfolgende pädagogische Gespräche gut im Kinderkino einsetzbar, auch als für sich stehender Film ein großes Erlebnis, nicht zuletzt wegen der starken und faszinierenden Bilder, die ohne Effekthascherei auskommen.

Unter dem Dachsfelsen (Pod jezevčí skálou)

ČSSR 1978 – Regie und Drehbuch: Václav Gajer – Darsteller: Gustáv Valach, Tomáš Holý u. a. – 86 Min. – Farbe – empfohlen ab 6 Jahren
16 mm: AV-Film; BAG; Filmothek NW
Der alte Förster Straka hat seinem Sohn nicht verziehen, daß er in die Stadt gegangen ist, anstatt in seine Fußstapfen zu treten – eine Haltung, die er auch auf sein Enkelkind Vasek überträgt. Obwohl er sich insgeheim freut, daß der kleine Junge zur Genesung zu ihm ins Forsthaus kommt und seine Liebe zur Natur und den Tieren des Waldes ganz offensichtlich teilt, gibt er sich anfangs schroff und unwirsch. Spätestens als Vasek den geliebten Dackel Brok aus einer Dachsfalle rettet, hat er das Herz des Alten gewonnen, und der hat die Überzeugung, daß sein Enkel eines Tages sein würdiger Nachfolger wird.

Der weiße Hengst (Le Crin Blanc)

Frankreich 1952 – Regie und Drehbuch: Albert Lamorisse – Darsteller: Alain Emery – 40 Min. – s/w – empfohlen ab 8 Jahren
16 mm: LFD 2,3,7,9; LBS 1,11,13,14; KMZ 18
Crin Blanc, der weiße Hengst, lebt in der Camargue in Südfrankreich, einem der letzten Paradiese der wilden Pferde.

›Der weiße Hengst‹

Doch auch dieses Paradies ist bedroht: vom Menschen, der danach trachtet, die Pferde einzufangen, sie zu dressieren, sie sich untertan zu machen. Der stolze Hengst widersetzt sich, bleibt unbeugsam – gegenüber den Menschen, die ihn erbarmungslos jagen, und den Herausforderungen seiner Artgenossen. Nur dem kleinen, sanften Fischerjungen Folco ist er zugetan, er spürt die Liebe, die der Junge ihm entgegenbringt. Die harte Realität läßt jedoch ein ungestörtes, friedliches Miteinander von Kind und Tier nicht zu. Die beiden machen sich auf die Suche nach dem verlorenen Paradies, das jenseits des Meeres liegen mag.
Albert Lamorisse, zunächst Fotograf, wurde durch den Kurzspielfilm *Bim, der Esel* (1949) bekannt. Seine Aufnahmetech-

184

nik wurde von Film zu Film (u. a. *Der rote Ballon, Die Reise im Ballon*) immer ausgeklügelter, ohne daß der poetische Charakter seiner Filme verlorenging.

So ist auch *Der weiße Hengst* »mehr als ein außergewöhnlicher Dokumentarfilm vom Leben der Pferde und Hirten in der Camargue, er ist auch mehr als ein Spielfilm mit schönen Naturaufnahmen; er ist eine wehmütige Ballade, ein Filmmärchen von ungewöhnlicher Eindringlichkeit und Schönheit.« *(Filmbegutachtungskommission für Jugend und Schule, Berlin)*

Allerdings sieht man der noch verfügbaren Kopie dieses Tierfilmklassikers – der bei Kindern (nicht zuletzt wegen des offenen Endes) starke emotionale Reaktionen auslöst – auch den häufigen Einsatz an.

Die Wüste lebt (The Living Desert)

USA 1953 – Regie: James Algar – 67 Min. – Farbe – empfohlen ab 6 Jahren
16 mm: AV-Film; TCF

›Die Wüste lebt‹

Wohin man auch schaut, nichts als Sand, vertrocknete Sträucher, verwehte Gräser, stachlige Kakteen, ausgetrockneter, verkrusteter Boden. Doch bei genauem Hinsehen herrscht in der Wüste reges, vielfältiges Leben. Und die Filmemacher dieses Natur-Dokumentarfilms aus den Walt-Disney-Studios haben genau hingesehen, das Ritual der Skorpione beobachtet, den rotschwänzigen Bussard, die giftige Klapperschlange, die flinken Erdhörnchen, Raubwespe und Vogelspinne, Wüstenschildkröte und Horneule. Eine aufregende Entdeckungsreise in die Wunderwelt der Wüste.

Wunder der Prärie (The Vanishing Prairie)

USA 1954 – Regie: James Algar – Drehbuch: James Algar, Winston Hibler, Ted Sears – 70 Min. – Farbe – empfohlen ab 6 Jahren
16 mm: AV-Film; TCF

Ein Jahr nach seinem Wüstenfilm führt Regisseur James Algar – wiederum mit faszinierenden Tieraufnahmen – die *Wunder der Prärie* vor, blickt in die Kinderstuben vieler Tiere, wie der drolligen Erdhörnchen, Präriehunde, Schwarzfußfrettchen, Büffel und manch anderer Bewohner der mittelamerikanischen Steppe.

Wie schon *Die Wüste lebt,* erhielt auch diese zweite Dokumentarfilm-Produktion aus den Walt-Disney-Studios, *Wunder der Prärie,* einen Oscar.

›Wunder der Prärie‹

Musical

Geschichten aus dem Alltag – inszeniert mit Musik und Tanz

Denkt man an Musical – denkt man an *West Side Story*. Und man assoziiert damit Richtiges: New York, Broadway, mit Musik und Tanz ausgedrückte Gefühle, aus dem Alltag entwickelte Geschichten, gesellschaftsrelevante Themen.

Anfangs allerdings beschäftigte sich das Musical – ähnlich wie bei uns die Operette – mit Traumwelten. Erst in den 30er Jahren wich der Gefühlskitsch sozialkritischen Themen und literarischen Vorlagen. Der Film nahm sich des Musicals (natürlich erst) mit der Einführung des Tonfilms nach 1927 an. Für die Choreographie wurde vor allem Busby Berkeley stilbildend.

Nach 1945, als sich die nordamerikanische Populärkultur – sprich: Popkultur – weltweit verbreitete, avancierte das Musical auch in Europa zu einer beliebten Unterhaltungsform. Doch in unserem Lande konnte dieses Genre auf der Bühne und erst recht auf der Leinwand neben der populären Operette nur schwer bestehen.

Die Rockmusik eröffnete dem Musical neue Wege und ein neues, jugendliches Publikum, zum Beispiel mit *Jesus Christ Superstar, Hair* und – jüngstes Beispiel – *Linie 1* des Berliner Grips-Theaters, verfilmt von Reinhard Hauff.

Die Münchner Filmemacherin Gloria Behrens, Jahrgang 1948, aber machte das erste und bisher einzige bundesdeutsche Filmmusical für Kinder. Sie berichtet in einem Interview über die Arbeit an ihrem Film *Rosi und die große Stadt* (veröffentlicht im Presseheft des Filmverlags der Autoren).

Bei Musicals denkt man doch eher an Hollywood als an München …

»Musicals sind zwar eine originäre amerikanische Kunstform, aber eigentlich immer vor dem Hintergrund alltäglicher Geschichten, die mit der Musical-Form überhöht werden. Man muß nur mal sehen, wo das berühmte Beispiel ›West Side Story‹ spielt – auf der Straße, im Alltag.«

Kann man diese Kinoform einfach importieren?

»Nein, ich kann nur etwas darstellen, was mit unserer Wirklichkeit zu tun hat. Ich lebe in Bayern, deswegen lasse ich Rosi aus Bayern in die Großstadt ziehen. Berlin ist nicht nur die Stadt, die bei uns am meisten Großstadt ist, sie hat auch eine Musiktradition – und diese Stadt interessiert mich. Hinzu kommt dieser Gegensatz Preußen – Bayern. Und die zahlreichen ausländischen Arbeiter machen aus Berlin so etwas wie einen ›melting pot‹. Ein Bayer kann sich dort genauso fremd fühlen wie ein Türke.«

Was muß man denn in sich spüren, um daraus ein Musical zu machen?

»Ich glaube, man muß einfach lebendig sein, mit offenen Augen und Ohren durch die Welt laufen – und neugierig sein, was sich hinter alltäglichen Geschichten alles versteckt. Ich wollte einfach in einer anderen Weise aus der Wirklichkeit raus, als dies beim normalen Film geschieht.«

Wie nahm die Geschichte denn ihren Lauf?

»Am Anfang war die Rosi, was ich beim Schreiben berücksichtigt hatte; parallel zum Buch arbeitete ich mit Rainer Gansera, dem Liedertexter, und dem Komponisten Wolfgang Dauner zusammen. Ein dreiviertel Jahr vor Drehbeginn begannen wir die Choreografie vorzubereiten und die Kinder zu trainieren … Wir wußten am Anfang eigentlich nur, was wir nicht wollten: eine Geschichte mit Liedern eingrenzen. Bei uns entstehen die Lieder und Tänze aus der Handlung heraus, sie erklären die Beziehungen unter den Personen, leben aus ihren Stimmungen und treiben den Film voran. Die Überhöhung soll ganz unbewußt wahrgenommen werden, so wie sich die Farbe von Rosis Pullover mit ihrer Stimmung ändert. Anfangs ist er grau, zum Schluß rot.
Ungeheuer spannend war dann, wie beim Drehen alles zusammenfand, wie Momente entstanden, die von Laien gespielt werden und trotzdem professionell wirken. Und zwar

nicht professionell im Sinne von amerikanischen Musicals, wo Profis zwei Jahre probieren, sondern weil sich Können mit natürlicher Spielfreude verbindet. Und gerade das hat trotz aller Anstrengungen ungeheuer viel Spaß gemacht.«

Bugsy Malone (Bugsy Malone)

Großbritannien 1975 – Regie und Drehbuch: Alan Parker – Darsteller: Scott Baio, Florrie Dugger, Jodie Foster, John Cassisi u. a. – 93 Min. – Farbe – empfohlen ab 8 Jahren
16 mm: atlas
35 mm: Filmverlag

›Bugsy Malone‹

190

»So um Weihnachten 1973 herum hatte ich die Idee, einen
Gangsterfilm mit Musikeinlagen, nur von Kindern gespielt,
zu machen. Die meisten Leute erklärten mich für ver-
rückt ...«, so Alan Parker, inzwischen Regisseur von Filmen
wie *Midnight Express, The Wall* und *Birdy.* Zwei Jahre später
kam der »verrückte Film« auf die Leinwand: Eine Gangster-
geschichte aus dem New York der 20er Jahre mit rivalisierenden Banden, Straßenkämpfen, Verfolgungsjagden, undurch-
sichtigen Gentlemen, schillernden Ladies. Alan Parker hat
diese klassischen Zutaten witzig parodiert und als Musical
inszeniert. Eine Filmschlacht mit 1000 Torten, an der rund
200 Kinder-Darsteller (und keine Erwachsenen) beteiligt
sind.

Elliott – das Schmunzelmonster (Pete's Dragon)

USA 1977 – Regie: Don Chaffey – Drehbuch: Malcolm Mar-
morstein – Darsteller: Sean Marshall, Mickey Rooney, Shelley Winters u. a. – 106 Min. – Farbe – empfohlen ab 6 Jahren
16 mm: AV-Film

In den Disney-Studios hat man sich wohl an den großen Weih-
nachtserfolg von 1964 *(Mary Poppins)* erinnert und 13 Jahre
später ein neues Musical kreiert, eine Mischung aus Zei-
chentrick- und Realfilm. Held dieses Films ist Elliott, ein
guter Drache, der fliegen und sich unsichtbar machen kann.
Dieses Monstrum greift in das Schicksal des Waisenjungen

›Elliott – das Schmunzelmonster‹

192

Pete ein, hilft ihm, von den bösen Pflegeeltern loszukommen, und verhilft ihm auf originelle und einfallsreiche Weise zu einem neuen Zuhause: in der Familie des Leuchtturmwärters.

»Wie bei Disney üblich, wird strikt zwischen Gut und Böse unterschieden, aber nicht wie so oft diabolisiert. Die Klischeefiguren in diesem Musical sind diesmal fast liebevoll verzeichnet. So kann man sich, zumindest wenn Elliott auf der Bildfläche sichtbar (oder auch nicht sichtbar) wird, ganz gut amüsieren ...« *(film-dienst 21 025/1977)*

Die Kirmes ist da (Prijelwa k nam pout)

ČSSR 1974 – Regie und Drehbuch: Věra Plívová-Šimková – Darsteller: Renata Maskova, Ivetta Kornova, Libuše Safrankova u. a. – 78 Min. – Farbe – empfohlen ab 6 Jahren
16 mm: BAG; EMZ 2, 12; Imbild; KMZ 10,18; LBS 4,7,8,12; LFD 1,2,5,6,7,8
Die Kinder des Dorfes stehen kopf – die Kirmes kommt, und das entscheidende Fußballspiel der rivalisierenden Dorfjungen steht auch bevor. Das trifft sich gut, denn der Junge vom Kirmes-Karussell ist ein Fußball-As, mit dem sich jedes Spiel gewinnen läßt. Also versucht jede Mannschaft, den Jungen auf ihre Seite zu ziehen. Es entwickeln sich regelrechte Machtkämpfe, wobei es auch zu bösen Fouls kommt. Nicht nur die Konflikte lösen sich auf, auch die realistische Handlung ist aufgelöst worden in Dialoge, Tanz und Gesang – ein geglücktes Beispiel für ein Kinder-Musical aus der Tschechoslowakei.

Mary Poppins (Mary Poppins)

USA 1964 – Regie: Robert Stevenson – Drehbuch: Bill Walsh, Don DaGradi, nach den Büchern von Pamela L. Travers – Darsteller: Julie Andrews, Dick van Dyke u. a. – 135 Min. – Farbe – empfohlen ab 8 Jahren
16 mm: atlas; TCF
35 mm: TCF
1934 veröffentlichte die englische Schriftstellerin Pamela L. Travers ihre erste Geschichte über das vorwitzige und bezau-

›Mary Poppins‹

bernde Kindermädchen Mary Poppins. 30 Jahre später
wurde das Buch in den berühmten Walt-Disney-Studios verfilmt. Entstanden ist ein liebenswertes, turbulentes, trickrei-
ches und musikalisch stimmiges Musical. Das neue Kinder-
fräulein verfügt über sonderbare Fähigkeiten, die sie zur
Freude der Kinder Jane und Michael immer wieder spielen

läßt. Und ihr Zauberwort läßt auch die Kinokinder nach dem Film nicht mehr los.

»Natürlich gibt es keine Mary Poppins, aber die Geschichte könnte gut stimmen. Es ist ein wunderbares Bühnenbild. Wenn die Schauspieler in die Szene springen, sind die Bilder sehr schön. Ich fand nur die Farben ein bißchen zu toll. Das Wort ›supercalifragilisticexpialidocious‹ habe ich heute dazugelernt.« *(Meret, 11 Jahre)*

Rosi und die große Stadt

BRD 1980 – Regie und Drehbuch: Gloria Behrens – Darsteller: Rosemarie Schindler, Gerhard Polt, Jango Edwards u. a. – 98 Min. – Farbe – empfohlen ab 8 Jahren
16 mm: atlas
35 mm: Filmverlag

›Rosi und die große Stadt‹

Die Eltern der zwölfjährigen Rosi haben sich scheiden lassen; für das Mädchen bedeutet das den Umzug mit Vater und Bruder vom bayerischen Dorf nach Berlin-Kreuzberg. Rosi haßt die Stadt (»Alles grau in Berlin, gar kein Grün in Berlin – Scheiß Berlin!«), alles ist ihr fremd, sie hat Heimweh. Um das Geld für eine Fahrkarte nach Bayern zu verdienen, hilft sie in einem Lebensmittelgeschäft. Dort freundet sie sich mit Ayla, der Tochter des türkischen Ladenbesitzers, an. Mit Ayla und Jutta, ihrer Klassenkameradin, Außenseiterin wie sie, vergißt sie das Heimweh. Eines Abends ziehen die drei Freundinnen ohne Wissen ihrer Eltern los, neugierig auf das »bunte Leben«. Die drei unternehmungslustigen Mädchen entdecken das faszinierende Großstadtleben. Rosi, Ayla und Jutta können sich behaupten, nehmen die Stadt von ihrer witzigen Seite (»Das darfst du nicht so eng sehn, da mußte oben drüber stehn«). Die Nacht voller Erlebnisse und Überraschungen nimmt für alle ein unerwartetes, traumhaft glückliches Ende.

Gloria Behrens hat einen frechen, turbulenten, mitreißenden Film mit Musik und Tanz inszeniert und damit das erste deutsche Film-Musical für Kinder. Sie läßt die verschiedensten Charaktere aufeinander- wie aneinanderprallen und alles im großen Miteinander enden. Zusätzliche Attraktion: Musikclown Jango Edwards als Englischlehrer.

»… ein wunderbarer Aufruf zu Mut und Widerstand, zu Lächeln und Widerstand. Dabei überzeugt der Film durch seine überraschende Professionalität der Kinder vor der Kamera, der gute Gerhard Polt als Vater in Berlin, traurig ergeben und doch mit lebensrettendem, gütigem Trotz dagegen angehend, zwingt zudem jeden Erwachsenen zum Mitgefühl. So wird *Rosi und die große Stadt* schließlich zur vitalen Lektion darüber, wie sich aus gemeinsamem Spiel ein Weg ins eigene Leben ergibt.« *(H. G. Pflaum, Süddeutsche Zeitung v. 21.9.81)*

Auch ein Film zur Rubrik *Neue bundesdeutsche Kinderfilme*

Fantasy- und Science-fiction-Filme

Auf der Suche nach anderen Welten, anderen Zeiten

»Diese Filme spiegeln die weltweiten Ängste wider und mildern sie gleichzeitig. Sie impfen dem Betrachter eine merkwürdige Gleichgültigkeit gegenüber dem Gedanken an Strahlenschäden, radioaktive Verseuchung und Zerstörung ein. Die Naivität der Filme mischt das Gefühl des Andersseins, der Fremdheit, mit einer wohlabgewogenen Dosis des allzu Vertrauten. Besonders der Dialog der meisten Science-fiction-Filme, der sich durch eine ungeheure, aber nicht selten rührende Banalität auszeichnet, sorgt für eine herrliche unbeabsichtigte Komik ... Dennoch ist zugleich etwas Schmerzliches und Todernstes in diesen Filmen.« Susan Sontag, amerikanische Schriftstellerin, über SF-Filme, ein ebenso aufwendiges wie erfolgreiches Genre und Objekt intellektueller Studien und Neugier.

André Heller, österreichischer Aktionskünstler, bringt es in der ihm eigenen provokanten Unbekümmertheit auf den Punkt: »Für mich ist Steven Spielberg *(E. T., Unheimliche Begegnung der dritten Art)* der Shakespeare unserer Zeit. Kinder und Erwachsene lieben seine Filme. Grad so war Shakespeare der Spielberg seiner Zeit: ein Massenerfolg.«

Der Reiz dieser Filme für die medienkundigen Kinder unserer Zeit liegt im Zusammenspiel von Phantasie und Technik unter dem Motto: Alles, was denkbar ist, ist technisch machbar. Eine Entwicklung, die auch Filmemacher herausfordert und nach neuen Ausdrucksformen suchen läßt. Jim Henson *(Der dunkle Kristall* und Vater der *Muppets):* »Ich glaube, die Technologie eröffnet mehr Möglichkeiten auf dem Gebiet des Puppenspiels, ich finde sie faszinierend. In den nächsten fünf, zehn Jahren werden wir eine Menge von Entwicklungen auf diesem Gebiet erleben, und das wahrscheinlich auch bei der Computer-Animation. Wir suchen zum Beispiel einen Weg, um zu dem Punkt zu gelangen, an dem wir eine graphi-

sche Figur auf der Leinwand kontrollieren können … Das ist
wie ein Puppenspiel ohne Puppenherstellung.«

Doch technischer Aufwand allein genügt nicht; Intelligenz,
Sensibilität und vor allem eine gute Story müssen hinzukom-
men, Wegbegleiter sein auf der Suche nach anderen Welten,
anderen Zeiten. Merkmale, die nicht oft bei einem Film zusammentreffen.

Der vielzitierte Satz »Es gibt nur zwei Arten von Filmen: gute
und schlechte« scheint auf dieses Genre besonders zuzutref-
fen. Es gibt viele schlechte Filme, die sich an alle Altersgrup-
pen wenden, sowohl im Fantasy- als auch im SF-Bereich.
Deshalb ist diese Rubrik so schmal geraten.

Auf dem Kometen
siehe Rubrik *Buchverfilmungen*

›*Der dunkle Kristall*‹

Der dunkle Kristall (The Dark Crystal)

USA 1981 – Regie: Jim Henson, Frank Oz – Drehbuch:
David Odell, nach einer Story von Jim Henson – 93 Min. –
Farbe – freigegeben und empfohlen ab 12 Jahren
16 mm: UIP
35 mm: UIP

Ein Film, der in einer anderen Welt spielt, in einer anderen
Zeit: im Zeitalter der Wunder – 1000 Jahre entfernt auf einem
fernen Planeten. Den Gelflingen Jen und Kira gelingt es, den
entführten Splitter des dunklen Kristalls zurückzubringen,
damit die Welt wieder im Licht der Ganzheit erstrahle. Sie besiegen die bösen Skeksis, die Garthim-Krieger, befreien die
versklavten Podlings, versöhnen verfeindete Stämme.
»Das Düstere, vom Dämonischen faszinierte Fantasy-Mär-
chen, in dem alle Rollen von Puppen gespielt werden, läßt
eine fremde, sehr phantasievoll gestaltete Welt vor den
Augen des staunenden Zuschauers zum Leben erwachen.«
(N. Stresau, in: Ev. Filmbeobachter 6/83)

Auch ein Film zur Rubrik *Animationsfilme*

Die Erfindung des Verderbens
siehe Rubrik *Buchverfilmungen*

E. T. – Der Außerirdische (E. T. – The Extra-Terrestrial)

USA 1982 – Regie: Steven Spielberg – Drehbuch: Melissa
Mathison – Darsteller: Henry Thomas, Dee Wallace, Peter
Coyote u. a. – 114 Min. – Farbe – empfohlen ab 8 Jahren
35 mm: UIP

E. T. ist ein kleines, auf den ersten Blick häßliches Wesen von
einem anderen Stern, das seine Leute bei ihrem heimlichen
Ausflug auf der Erde vergessen haben. Nur schwer findet sich
der Außerirdische in einer amerikanischen Vorstadt zurecht,
doch er trifft auf Elliott, einen elfjährigen Jungen, der sich
ähnlich fühlt wie E. T.: vergessen von seinen Leuten; die Eltern sind mit ihrer Scheidung beschäftigt. Elliott und E. T.
beäugen sich neugierig, nähern sich einander sehr vorsichtig
an, bis sie schließlich innige, heimliche Freunde werden,

›E. T. – der Außerirdische‹

denn der Junge weiß, daß er den Außerirdischen verstecken muß vor den Wissenschaftlern und den Reportern, die ihm auf der Spur sind. E. T. wird gefangen, untersucht, ausgehorcht und ausgeforscht. In letzter Sekunde, bereits als Scheintoter, kann er von Elliott und seinen Freunden gerettet werden, somit kann auch sein sehnlichster Wunsch in Erfüllung gehen: »Nach Hause.«

»Es ist ein zeitgenössisches Science-Fiction-Traumgebilde, handelt von menschlichen Werten und befaßt sich mit dem Verständnis, das die Leute füreinander haben. Es handelt von Leidenschaft und Liebe. E. T. und Elliott teilen miteinander so viel von dem, was sie über die Umwelt des anderen wissen, und sie entwickeln ein großes Verständnis für die jeweiligen Probleme des anderen. Elliott versteht, daß E. T. einsam ist und nach Hause gelangen muß, um zu überleben, und daß er E. T.s Leben retten muß. E. T. spürt, daß Elliott das Opfer einer Scheidung ist.« *(Steven Spielberg)*

Das Geheimnis der stählernen Stadt
siehe Rubrik *Buchverfilmungen*

Der Herr der Ringe
siehe Rubrik *Buchverfilmungen*

Das letzte Einhorn (The Last Unicorn)

USA/Großbritannien/Japan 1982 – Regie: Arthur Rankin jr. und Jules Bass – Drehbuch: Peter S. Beagle, nach seinem gleichnamigen Roman – 92 Min. – Farbe – empfohlen ab 8 Jahren
16 mm: atlas
35 mm: Filmwelt
Das letzte Einhorn macht sich auf die Suche nach seinen verschwundenen Artgenossen, findet sie bei dem unheimlichen König Haggard, befreit sie aus ihrer Gefangenschaft und rettet damit das Wunderbare, Märchenhafte vor dem endgültigen Aussterben.

»Wie die Filme *E. T.* oder *Unheimliche Begegnung der dritten Art,* kommt auch *Das letzte Einhorn* ohne süßlichen Zucker-

›Das letzte Einhorn‹

guß aus. Dafür ist dann der Höhepunkt so packend gestaltet,
daß sich das Gefühl der Erlösung unmittelbar auf den Zuschauer überträgt. Mit seiner Erzählung hilft dieser Zeichentrickfilm dem Zuschauer, vieles zu überdenken. Wie das un-
sterbliche Einhorn …, so gewinnt auch der Zuschauer auf
dem Umweg über den Mythos neue Kräfte.«

(W. J. Fuchs, in: Kinder- und Jugendfilm Korrespondenz, Nr. 17/1'84)

Auch ein Film zur Rubrik *Animationsfilme*

Nummer 5 lebt (Short Circuit)

USA 1985 – Regie: John Badham – Drehbuch: S. S. Wilson, Brent Maddock – Darsteller: Ally Sheedy, Steve Guttenberg, Fisher Stevens u. a. – 98 Min. – Farbe – empfohlen ab 10 Jahren
16 mm: atlas
35 mm: Senator
Ein Blitz fährt in einen der fünf vom Militär entwickelten Kampfroboter und erweckt die Nr. 5 zum Leben. Wissensdurstig, neugierig, lerneifrig schiebt er durch die Stadt, ständig auf der Suche nach »Input«, seiner »Nahrung«. Das menschliche Wissen erweckt auch menschliche Gefühle, und so verliebt er sich in Stephanie. Doch das Militär kann sich solch einen fühlenden, humanen Roboter nicht leisten, seine Zerstörung ist vorprogrammiert. Nr. 5 wäre aber kein Roboter, würde er die Zerstörung nicht überstehen!
Wie bereits in früheren Filmen (z. B. *War Games*) hat der Regisseur John Badham auch hier seiner Technik-Faszination Ausdruck verliehen.

Time Bandits (Time Bandits)

Großbritannien 1981 – Regie: Terry Gilliam – Drehbuch: Michael Palin, Terry Gilliam – Darsteller: Craig Warnock, Sean Connery, Shelley Duvall u. a. – 90 Min. – Farbe – freigegeben und empfohlen ab 12 Jahren
16 mm: atlas
35 mm: Senator
Ein Traum wird wahr. Der pfiffige Junge Kevin kann mit Hilfe der sechs »Time Bandits«, der abtrünnigen und neugierigen Zeit-Banditen, durch die Zeiten sausen, in längst vergangene Geschichte einsteigen und eingreifen. Napoleon, Robin Hood, König Agamemnon werden lebendig und viele skurrile Wesen aus einer anderen Welt. Ein origineller, parodistischer Ausflug für kluge Köpfe.
»Terry Gilliam hat seit seinen Monty-Python-Filmen dazugelernt. Er ist nicht mehr so platt direkt, ... sondern optischer, versponnener und poetischer im Ausdruck geworden, wenn

›Time Bandits‹

auch mancher vordergründige und makabre Gag noch die Herkunft ahnen läßt. (…) Aber insgesamt macht der Film durchaus Spaß. Hervorragende Tricktechnik, ein Feuerwerk optischer Einfälle, witzige Dialogsequenzen und auch der hübsche Schluß-Song von George Harrison – das alles macht ihn zur vertrackten und zugleich entspannenden Unterhaltung.«   *(H. Haselberger, in: film-dienst 23 341/1982)*

Die unendliche Geschichte
siehe Rubrik *Buchverfilmungen*

Die unheimliche Begegnung der dritten Art
(Close Encounters of the Third Kind)

USA 1977 – Regie und Drehbuch: Steven Spielberg – Darsteller: Richard Dreyfuss, Teri Garr, François Truffaut u. a. – 134 Min. – Farbe – freigegeben und empfohlen ab 12 Jahren
35 mm: Columbia

»Der bloße Gedanke, daß wir nicht allein sind, daß es denkende, fühlende und kommunikationsfähige Lebewesen im Universum gibt, ist erschütternd.« Das sagt Steven Spielberg, und dieser Gedanke steht auch am Anfang seines Films. Plötzlich gehen in einer amerikanischen Kleinstadt die Lichter aus, ein Raumschiff ist gelandet, mit Wesen, die in friedlicher Absicht die Erde betreten. Ein einfaches Zeichen – eine melodische Folge aus fünf Orgeltönen – signalisiert ihre Verständigungsbereitschaft. Erstmals ist es umgekehrt: nicht die Menschen entdecken das Universum, sondern die Außerirdischen entdecken die Erdenbewohner.
»Perfekt ausgestattet, großartig fotografiert, von Spielberg mit virtuoser Sicherheit inszeniert – ein Film, dem es gelingt, Phantasie nicht einzuengen und festzulegen, sondern anzuregen und freizusetzen.«
(W. Längsfeld,
Süddeutsche Zeitung v. 28.3.78)

»Ich finde diesen Film spitze. Es gibt zwar Punkte, welche nicht sehr glaubwürdig erscheinen. Der Film ist technisch wahrscheinlich sehr aufwendig. Besonders die Szenen, in welchen die Raumschiffe (die wie Lichtkugeln aussehen) gezeigt werden. Am meisten beeindruckt hat mich aber der Augenblick, in welchem das Riesenraumschiff landet. Also ich kann den Film nur empfehlen.«
(Kilian, 13 Jahre,
in: Karussell-Zeitung 7/1979)

Zurück in die Zukunft (Back to the Future)

USA 1984 – Regie: Robert Zemeckis – Drehbuch: Robert Zemeckis, Bob Gale – Darsteller: Michael J. Fox, Christopher Lloyd, Lea Thompson u. a. – 117 Min. – Farbe – freigegeben und empfohlen ab 12 Jahren
16 mm: UIP
35 mm: UIP
»Es ist das Problem so vieler Zeitreise-Geschichten, daß man historische Kenntnisse haben muß. Wir aber wollten eine Geschichte machen, in die man ohne Vorkenntnisse nach wenigen Minuten eintauchen kann«, sagt der Regisseur Robert Zemeckis zu seinem Film. Er taucht nicht in graue Vorzeit oder ferne Zukunft, sondern läßt den Jungen Marty McFly

mit einem superschnellen Sportwagen von 1985 in das Jahr 1955, in die Jugendzeit seiner Eltern, brausen. Geboten wird eine verrückte Zivilisationsgeschichte im Zeitraffer.

20000 Meilen unter dem Meer
siehe Rubrik *Buchverfilmungen*

›Zurück in die Zukunft‹

Slapstick-Filme

Mehr als Klamauk und Clownerie

Mit dem Film *Cohen at Coney Island* wird in Amerika im Jahre 1912 die Slapstick-Komödie geboren, eine Film-Burleske. Zwei Jahre später steigt der Filmkomiker Charlie Chaplin in dieses Genre ein, für das es noch keine festgeschriebenen Handlungsabläufe gibt. Und Chaplin prägt es, setzt eigene Akzente, wie alle großen amerikanischen und europäischen Filmkomiker von Harald Lloyd über Buster Keaton bis hin zu Jacques Tati, deren Filme hier unter dem gängigen Begriff »Slapstick« vorgestellt werden. Eine Bezeichnung, die nur einen Teil abdeckt: den oberflächlich-komischen, klamaukartigen.

Aber diese Filme bieten mehr, sie sind voller Poesie, Melancholie, Anarchie – Satiren auf die jeweils Herrschenden, auf Ideale und Ideologien, entlarvende Gesellschaftsanalysen.

Doch bei uns wurden diese Filme nach einem einfachen Rezept be- bzw. verarbeitet: Man nehme die komischen Szenen heraus, schneide sie aneinander, versehe alles noch mit einem blödelnden deutschen Kommentar – und fertig ist der Humor. Und fertig waren Filme, in denen die Charaktere der Figuren und Darsteller ebenso verborgen blieben wie die Filmhandlung in ihrer oft bitterbösen Zuckersüße. Die großen Komiker verkümmerten zu albernen, dumm aus der Wäsche guckenden Witzfiguren, zu Pausenclowns.

Krassestes Beispiel: das Komiker-Duo Stan Laurel & Oliver Hardy, bei uns schlicht *Dick und Doof* genannt.

Werner Schwiers, Schauspieler und Moderator der einst beliebten Fernsehreihe *Als die Bilder laufen lernten,* hat nicht nur die Rehabilitierung der beiden vorangetrieben, sondern auch weitere, den Inhalt ignorierende Filmsynchronisationen verhindert.

Er stellte Zusammenhänge dar, hob die Slapstick-Komödien auf den Filmkunstsockel, wo sie heute, von Zuschauern wie Kritikern anerkannt, unverrückt stehen.

Hier zitieren wir aus seiner damaligen »Anmerkung zu einer längst fälligen Rehabilitierung«:
»Die Dimensionen der Komik und ihre Gegebenheiten sind schwer zu definieren. Der Zuschauer lacht nur zu gern, aber er möchte möglichst nicht dabei erwischt werden, wie er hemmungslos fröhlich, also unernst ist. Das ist die erste Hürde, welche die Spaßmacher beim Publikum zu überwinden haben. Humor und Komik gelten meistens als nicht seriös, was auch immer von den lachenden Einsichtigen diesem Irrtum entgegengehalten wurde. Auch die beiden großen Komiker Stan Laurel und Oliver Hardy sind dieser Fehleinschätzung nicht entgangen. Als in Amerika bereits Millionen über die zwei Unnachahmlichen lachten, galten sie der Intelligenz und der seriösen Kritik immer noch als vulgär, und ihre Komik wurde mit dem abwertend gemeinten Urteil ›Slapstick‹ (Klamauk) abgetan. Nur allmählich wandelte sich diese Auffassung, und erst in den 40er und 50er Jahren wurde die künstlerische Bedeutung ihrer Komik entdeckt. Die Geschichte von Laurel und Hardy in Deutschland ist ein Kapitel für sich. Während etwa französische Kritiker sie ehrten, indem sie die beiden ›laurèléardi‹ nannten, haben sie bei uns von Anfang an bis zum heutigen Tage den dummen Namen ›Dick und Doof‹ gehabt. Ihre Filme erhielten von den Verleihfirmen äußerst banale deutsche Titel und wurden dementsprechend deftig synchronisiert. Da ihre surreale Komik als derber Klamauk mißverstanden wurde, tat eine infantile Werbung ein übriges, um sie in ihrem künstlerischen Wert herabzusetzen.«
Wir stellen in dieser Rubrik jene Slapstick-Filme vor, die sich aufgrund unserer Erfahrungen im Kinderkino München und aufgrund besonderer Filmsichtungen mit Kindern als »Kinderfilme« herausgestellt haben – das heißt als Filme auch für Kinder. Auch wenn sie manchmal den tiefsinnig-hintergründigen Humor in all seinen Facetten nicht ganz verstehen – sie amüsieren sich, lachen und bangen um die von ihnen geliebten traurig-komischen Leinwandhelden mit den so menschlichen Schwächen.
Und das unterscheidet die Kinder von den Erwachsenen: Sie lassen sich nur zu gern »erwischen« beim Lachen.

Circus (The Circus)

USA 1928 – Regie und Drehbuch: Charles Chaplin – Darsteller: Charles Chaplin, Merna Kennedy, Allan Garcia u. a. – 82 Min. – s/w – Musik: Charles Chaplin (1969) – empfohlen ab 6 Jahren
16 mm: atlas
Ein Unschuldiger wird als vermeintlicher Taschendieb verfolgt. Er flüchtet sich in ein Zirkuszelt, während die Vorstel-

Charlie Chaplin in ›Circus‹

lung läuft. Und so kommt Charlie Chaplin unfreiwillig zum Zirkus, wird engagiert als tragikomische Nummer. In diesem Milieu, unter Clowns, Artisten, Zauberern, dressierten und wilden Tieren, fühlt er sich heimisch und ist bald verzaubert von dem Liebreiz der Kunstreiterin, Tochter des groben Zirkusdirektors. Doch er wagt nicht, seine Liebe zu gestehen, und als er merkt, daß die Schöne ihr Herz einem jungen Seiltänzer schenkt, verliert er seine Lustigkeit – und seine Arbeit. Das Schicksal wendet sich zwar wieder zum Guten für ihn, aber am Ende bleibt er allein zurück, ganz in der Rolle des großmütigen Verlierers.

Circus ist reich an Poesie, Einfällen und von großer Menschlichkeit. Charlie Chaplin erhält immer wieder stürmischen Applaus, wenn seine komischen Nummern unvorhergesehen und nicht geplant ablaufen.

Die Doppelgänger von Sacramento (Our Relations)

USA 1936 – Regie: Harry Lachman – Drehbuch: Richard Connell, Felix Adler, Charles Rogers, Jack Tevne, nach der Erzählung »The Money Box« von W. W. Jacob – Darsteller: Stan Laurel, Oliver Hardy, Ben Turpin u. a. – 72 Min. – s/w – empfohlen ab 8 Jahren
16 mm: BAG; Imbild; KMZ 10,18; LFD 2,4,5
Die Freunde Stan und Ollie, beide glücklich verheiratet und brave Bürger, erhalten die Nachricht vom Tode ihrer Zwillingsbrüder auf See. Diese beiden waren das Gegenteil der biederen Brüder: tollkühne Abenteurer, unerschrocken, bürgerliche Normen verabscheuend. Doch die Nachricht erweist sich als falsch – die beiden steigen putzmunter von Bord. Als sich die – nur optisch gleichen – Brüderpaare beim Landgang gegenüberstehen, kommt ein groteskes Verwirrspiel in Gang, in das auch die Ehefrauen hineingezogen werden: Bürger kontra Abenteurer.

Diese Verwechslungskomödie ist ein Höhepunkt im Filmschaffen des Komikerduos Stan Laurel & Oliver Hardy, die bei uns noch immer als *Dick und Doof* gehandelt werden und somit unter Wert, denn die beiden Komödianten können mehr.

Stan Laurel und Oliver Hardy in ›Die Doppelgänger von Sacramento‹

Die Ferien des Monsieur Hulot
(Les vacances de Monsieur Hulot)

Frankreich 1951 – Regie und Drehbuch: Jacques Tati – Darsteller: Jacques Tati, Nathalie Pascaud, Michelle Rolla, Louis Perrault – 95 Min. – s/w – empfohlen ab 8 Jahren
16 mm: atlas; LBS 7
35 mm: Jugendfilm
Monsieur Hulot fährt in die Ferien – wie alle Franzosen im Sommer ans Meer. Sein Auto ist nicht mehr das neueste, seine Strandmode auch nicht. Der Monsieur, so ungeschickt wie liebenswert, gibt sich im überfüllten Badeort mit einer kleinen Dachkammer zufrieden. Ungewollt befindet er sich immer wieder im Mittelpunkt des Interesses, sei es durch seine ungewöhnliche Gangart, seinen aussichtslos scheinen-

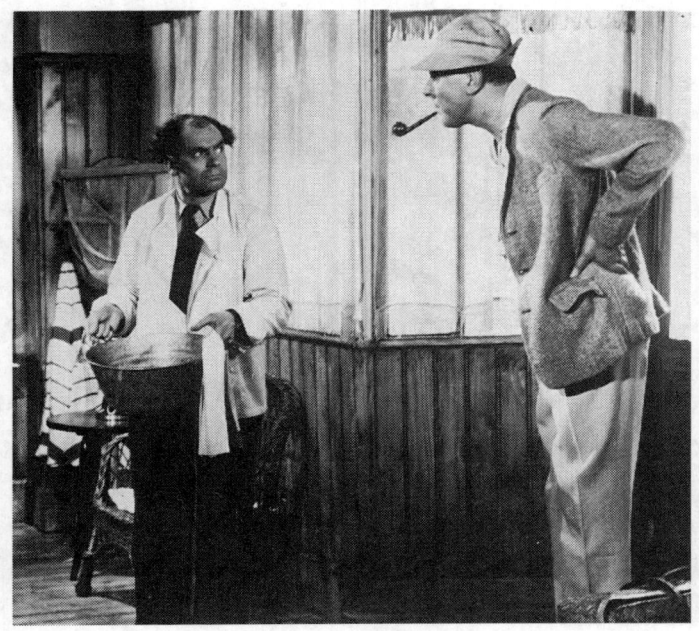

Jacques Tati in ›Die Ferien des Monsieur Hulot‹

den Kampf mit dem Liegestuhl oder das vergebliche Bemühen um sein Auto. Durch charmantes Überspielen versucht er, den peinlichen Situationen zu entkommen, und gerät gerade deshalb immer tiefer hinein.

Jacques Tati knüpft mit seinen Filmen an die großen Komiker der Stummfilmzeit an. Mit meisterhafter Pantomime und vergnüglicher Parodie entlarvt er kleinbürgerliches Verhalten biederer Urlauber.

Filmverrückt (Movie Crazy)

USA 1932 – Regie: Clyde Bruckman – Drehbuch: Vincent Lawrence, nach einer Story von Agnes Christine Jonston, John Grey, Felix Adler und der szenischen Bearbeitung von Clyde Bruckman, Frank Terry und Lex Neal – Darsteller: Ha-

Harold Lloyd in ›Filmverrückt‹

rold Lloyd, Constance Cummings u. a. – 82 Min. – s/w – empfohlen ab 8 Jahren
16 mm: BAG; Imbild; LBS 7; LFD 2
Harold, ein junger Mann mit Brille, aber sonst ohne besondere Kennzeichen, möchte unbedingt zum Film. Es klappt, er wird zu Probeaufnahmen nach Hollywood eingeladen – aber nur, weil das Foto vertauscht wurde. Und nun beginnt der amerikanische Traum des Durchschnittsbürgers der 20er Jahre: Egal, welche Rückschläge auch kommen, es geht vorwärts. Harold verliebt sich in die Hauptdarstellerin – und in die Filmfigur, die sie verkörpert. Überhaupt kann er die Traumwelt des Films nicht vom wirklichen Leben unterscheiden, und daraus entsteht immer wieder die tollste Situationskomik.
Harold Lloyd, einer der erfolgreichsten amerikanischen Filmkomiker seiner Zeit, ist die Verkörperung des amerikani-

schen Traums »vom Tellerwäscher zum Millionär« im doppelten Sinn: In seinen Filmen spielte er das, was er war, und das wiederum war das Geheimnis seines Erfolges.

Der General (The General)

USA 1926 – Regie und Drehbuch: Buster Keaton und Clyde Bruckman – Darsteller: Buster Keaton, Marion Mack u. a. – 86 Min. – s/w – Stummfilm, bearbeitet mit Musik und Geräuschen – empfohlen ab 10 Jahren
16 mm: Lupe
35 mm: Lupe
Johnnie liebt zwei Dinge auf der Welt: seine Lokomotive »General« und Annabella. Die wiederum liebt Männer in Uniform, denn es ist die Zeit des amerikanischen Bürgerkrie-

Buster Keaton in ›Der General‹

ges zwischen den Süd- und den Nordstaaten. Johnnie meldet sich freiwillig und wird abgelehnt, weil er als Lokomotivführer besser seinem Vaterland dienen kann. Doch als sein »General« mit Annabella im Gepäckwagen entführt wird, ist er mittendrin in den Kriegswirren und dabei, ein Held zu werden. Er verfolgt seinen »General« zu Fuß, mit einer Draisine und auf dem Hochrad, um ihn herum wogt die Schlacht hin und her. Aus unerforschlichen Gründen gelingt Johnnie ein Volltreffer, der nicht nur den Krieg beendet, sondern ihn zum Helden des Tages macht. Annabella schließt ihren zum Leutnant beförderten Johnnie in die Arme.

»Buster Keatons klassische Groteske von einem Lokomotivführer, der während des amerikanischen Bürgerkrieges nicht nur gegen den Feind, sondern auch gegen die Tücke des Objekts kämpft. Die gelungene Tonfassung wirkt unwiderstehlich erheiternd, ohne den besonderen Reiz des Stummfilms aufzugeben.« *(film-dienst)*

Goldrausch (The Gold Rush)

USA 1924/25 – Regie und Drehbuch: Charles Chaplin – Darsteller: Charles Chaplin, Mack Swain, Tom Murray, Georgia Hale u. a. – 72 Min. – s/w – Musik und Kommentar: Charles Chaplin (1942) – empfohlen ab 8 Jahren
16 mm: atlas; EMZ 12; LFD 4 (deutsche Fassung)
1898 – Tausende von Amerikanern brechen auf nach Alaska, um Gold zu suchen. So auch Charlie, der Einzelgänger, der so gar nichts von einem verwegenen Glücksritter an sich hat. Von einem Schneesturm wird er in die Hütte eines wilden Kerls geweht, zu Black Larsen. Ein dritter Mann kommt dazu, Big Jim, gutmütig und mit einem Sack voller Gold als Gepäck. Das ungleiche Trio gerät in Not. Doch Hunger macht erfinderisch: Charlie kocht seinen Stiefel und verzehrt ihn, als wär's die köstlichste Delikatesse – eine der Szenen, die ihn weltberühmt gemacht haben. Charlie wird noch etliche Male verweht, bis er endlich in einen Glücks- und Goldrausch fällt.

»Was André Maurois einmal den großen Auftrag des Komikers nannte, nämlich die komische und die tragische Seite des

Charlie Chaplin in ›Goldrausch‹

Lebens gleichzeitig offenbar werden zu lassen, das ist dem großen Komiker Chaplin in *Goldrausch* unübertrefflich gelungen.« *(H. D. Roos, Süddeutsche Zeitung, 1962)*

The Kid (The Kid)

USA 1921 – Regie und Drehbuch: Charles Chaplin – Darsteller: Charles Chaplin, Jackie Coogan, Edna Purviance u. a. – 60 Min. – s/w – Musik: Charles Chaplin (1972) – empfohlen ab 6 Jahren
16 mm: atlas; BAG
Charlie, der Tramp, findet hinter einer Mülltonne ein Bündel, das sich als ein ausgesetztes Kind entpuppt. Das ist nun das letzte, was er in seiner Situation gebrauchen kann; doch was immer er unternimmt, um es loszuwerden: das Baby

Charlie Chaplin in ›The Kid‹

bleibt ihm. So entschließt er sich, es aufzunehmen und groß-
zuziehen in seiner Welt der Armut und der Slums. Aber trost-
los ist dieses Leben dennoch nicht. Einfallsreich und gewitzt
passen sich die beiden den Gesetzen der Straße an und arbei-

ten zusammen: Das Kind wirft Fensterscheiben ein, Charlie, der Glaser, kommt zufällig des Wegs und kann den Schaden sofort reparieren. So halten sie sich über Wasser, aus der Notgemeinschaft ist eine herzliche, liebevolle Beziehung geworden. Inzwischen sucht die Mutter, die ihr Kind aus bitterer Armut und Verzweiflung fünf Jahre vorher ausgesetzt hatte und jetzt eine erfolgreiche Schauspielerin ist, nach ihm. Durch folgenschwere Entscheidungen herzloser Behördenvertreter droht Charlie der Verlust des Kindes – aber eine wunderbare Fügung führt Mutter, Kind und Pflegevater zusammen.

In diesem Film hat Chaplin – wie in vielen anderen – eigene Erlebnisse verarbeitet, Erlebnisse aus seiner Kindheit in den Londoner Slums, die sich in der Figur des Kindes widerspiegeln. Der sechsjährige Jackie Coogan wurde mit seiner Darstellung als *The Kid* der erste Kinderstar des Kinos. Als erwachsener Schauspieler konnte er aber nie mehr an diesen frühen Erfolg anknüpfen.

Moderne Zeiten (Modern Times)

USA 1936 – Regie und Drehbuch: Charles Chaplin – Darsteller: Charles Chaplin, Paulette Goddard u. a. – 89 Min. – s/w – Musik: Charles Chaplin – empfohlen ab 8 Jahren
16 mm: atlas; BAG; EMZ 12; LBS 1,7; Unidoc
Moderne Zeiten – alles ist in Bewegung, wird mechanisiert, automatisiert, alles dreht sich, greift ineinander. Maschinen sind die Helden der Arbeit. Charlie, ein moderner Mensch, möchte da nicht abseits stehen. Wie viele andere Arbeiter hofft auch er, das Glück am Fließband zu finden, und erlebt, wie die beiden Handbewegungen, die er von morgens bis abends ausführt, auch sein privates Leben bestimmen. Überhaupt, nicht die Menschen herrschen über Maschinen, sondern die Maschinen bestimmen Rhythmus und Lebensweise der Menschen. Er durchläuft die Stationen des Industriezeitalters, Streik, Gefängnis, Armut, schlechtbezahlte Jobs. Aber Charlie findet auch seine große Liebe – mit ihr geht er schließlich auf und davon.

Charlie Chaplin hat sich mit Sensibilität und genialer Phanta-

Charlie Chaplin in ›Goldene Zeiten‹

sie der Ängste der Menschen angenommen, in einer Form,
die auch Kindern sinnlich zugänglich ist. »Chaplins Tragiko-
mödie *Moderne Zeiten* spiegelt nicht nur den Geist seiner
Zeit wider, sondern vor allem das Utopische in unserer Zeit.
Den altmodischen Individualismus, Zärtlichkeit, und wo das
System die totale Integration verlangt, die anarchische Ge-
bärde als Antwort.« *(F. Jung, Blätter für das Filmgespräch)*

Tati's Schützenfest (Jour de fête)

Frankreich 1947/1963 – Regie und Drehbuch: Jacques Tati –
Darsteller: Jacques Tati, Guy Decomble, Paul Frankeur u. a.
– 82 Min. – s/w und koloriert – empfohlen ab 8 Jahren
16 mm: atlas
35 mm: Jugendfilm

In einem beschaulichen Dorf in Frankreich ist die Volksfest-Attraktion ein Kinozelt. Dort sieht François, der Dorfbriefträger, einen Kurzfilm über die Arbeit der amerikanischen Post. Von der Schnelligkeit der fernen Kollegen überwältigt, beschließt François, ihnen nachzueifern, bestärkt und angefeuert von den Schaustellern. Aus seinem klapprigen Fahrrad holt er das Letzte raus, überholt mühelos die Tour de France, erledigt seine postalischen Geschäfte unterm Fahren. Doch sein Arbeitseifer hat ein jähes Ende – in einem Bach. Da kehrt François lieber wieder zurück zur Gemächlichkeit der französischen Provinz.

Zu den Bewunderern dieses skurril-poetischen Films gehörte auch Buster Keaton, der sagte: »Tati knüpft an dem Punkt an, an dem wir vor rund 40 Jahren stehengeblieben waren.«

Jacques Tati brachte 1963 eine überarbeitete Fassung seines 1947 inszenierten Films heraus, unter anderem ergänzt mit einer Rahmenhandlung: Ein junger Maler kommt in das Dorf, skizziert und kommentiert die Ereignisse.

Jacques Tati in ›Tati's Schützenfest‹

Wissen ist Macht (A Chump at Oxford)

USA 1940 – Regie: Alfred Goulding – Darsteller: Stan Laurel, Oliver Hardy u. a. – 60 Min. – s/w – empfohlen ab 8 Jahren
16 mm: BAG; Imbild; KMZ 10,18; LBS 7; LFD 2,4,5
35 mm: atlas

»Wissen ist Macht« – dieser Meinung ist auch ein Bankpräsident, der zwei arbeitslose Straßenfeger, die einen Bankraub verhindert haben, mit einem Stipendium in Oxford belohnt. So geraten Stan & Ollie an die berühmte Stätte britischer Bildung und Erziehung. Und damit beginnt natürlich das Chaos. Die beiden, die so gar nicht hierher passen, werden das Objekt studentischen Schabernacks. Übereifrig und anpassungswillig lassen sie sich aber davon nicht beirren – da verirren sie sich eher in dem Irrgarten des Colleges. Schließlich verliert Stan noch sein Gedächtnis, glaubt Lord Paddington zu sein, der einst in Oxford die feine britische Lebensart verkörperte: sportliches Talent, gepaart mit geistigen Gaben. Das studentische Milieu mit seinem Bildungsdünkel bietet dem Komikerduo Stan Laurel & Oliver Hardy wieder Paraderollen. Mit liebenswerter Unbeholfenheit und dem Wunsch, nicht aufzufallen und alles recht zu machen, tapsen sie von einem Fettnäpfchen ins andere, bringen sich und ihre Umgebung in die verrücktesten Situationen, parodieren den Typ des englischen Gentleman – und bleiben sich treu.

Filme zwischen Phantasie und Wirklichkeit

Was wäre eine Kindheit ohne Träume?

»Natürlich versetzt Phantasie keine Berge, aber sie läßt Hand anlegen an den Berg, und darin sehe ich auch in meiner Arbeit immer wieder die große Aufgabe. Dabei will ich nicht als Besserwisser beispielsweise gegenüber den Lehrern auftreten. Im Gegenteil, ich möchte mit ihnen gemeinsam Probleme lösen und helfen, daß unsere Kinder auch lernen, den Alltag intensiv zu erleben und zu entdecken. Man darf ihre Träume nicht als Spinnerei abtun. Ohne Phantasie kann nichts Positives gehen.«

Rolf Losansky, DEFA-Regisseur, hat seine Überzeugungen immer wieder in Filmen für Kinder eingebracht, hat »Tagträume« filmisch umgesetzt *(Der lange Ritt zur Schule, Das Schulgespenst).*

Was wäre eine Kindheit ohne Träume? Träume sind dazu da, der realen Welt seine eigene Welt entgegenzusetzen, die realistischen Sachzwänge auszutricksen, der Wirklichkeit auszubüxen – sei es mit Hilfe einer Zaubermelone, eines Zauberstifts, einer Zauberflöte, eines Zauberrings, eines Kleckses im Märchenbuch, eines Gespenstes, eines Containers, einer Litfaßsäule. Alle diese Hilfsmittel erfüllen einen Zweck: Kinder stark zu machen für den Alltag, die eigenen und die Schwächen anderer zu akzeptieren, zur eigenen Identität zu finden.

Gerade heute, in einer Zeit, in der schon Kinder erfahren, was Streß ist, in der sie ständigen Leistungsforderungen ausgesetzt sind, sei es in der Schule oder im Elternhaus, wo kein Platz mehr zu sein scheint für musische Neigungen und kreativen Müßiggang, haben diese Filme besondere Bedeutung: Sie sind ein Plädoyer für die Phantasie, und so wollen die Filmemacher sie auch verstanden wissen.

Christa Kožik, Drehbuchautorin *(Moritz in der Litfaßsäule, Philipp, der Kleine):* »Im Land der Phantasie haben Kinder ihre Erfolgserlebnisse. Die Phantasie ist wichtig für die Alltagsbewältigung – nicht nur in der DDR. Ich glaube, es ist in den meisten Ländern so, daß die Phantasie zu kurz kommt. Wir als Künstler versuchen, der Rationalität unserer Zeit etwas entgegenzusetzen ... Ich nutze die Mittel des Phantastischen, um reale Probleme für die Kinder besser durchschaubar zu machen. Ich finde, man muß Kindern entgegenkommen, indem man versucht, die harte Wirklichkeit hoffnungsvoll aufzubereiten, ein bißchen Zauber kann dabei sein. Das heißt nicht, daß Themen wie Tod, Krankheit, Abschied ausgeklammert werden. Man muß sich stellen, so hart es auch ist, denn ›es gibt keinen Ort auf der Welt, um vor dem Leben sicher zu sein‹. Das sagt der Straßenfeger zu Moritz in der Litfaßsäule. Aber am Ende muß ein kleines Licht angezündet sein, damit das Kind nicht hoffnungslos entlassen wird – im Gegensatz zum Erwachsenenfilm.«

Die Brüder Löwenherz
siehe Rubrik *Buchverfilmungen*

Clown Ferdinand und die Rakete
(Klaun Ferdinand a Raketa)

ČSSR 1962 – Regie: Jindrich Polák – Drehbuch: Ota Hofman – Darsteller: Jiři Vrštala, Eva Hrabetová, Hanus Bor u. a. – 73 Min. – s/w – empfohlen ab 6 Jahren
16 mm: atlas; AV-Film; LFD 7
Eine merkwürdige Rakete nähert sich der Stadt. Die Menschen sind geflohen vor dem Ungetüm aus einer anderen Welt. Nur Clown Ferdinand, der den Alarm überhört hat, lebt wie gewohnt weiter, geht zum Theater, um seine Vorstellung zu geben. Unterwegs trifft er drei Kinder und merkt, daß etwas nicht stimmt mit der Welt. Er will sich und die Kinder in Sicherheit bringen – und alle vier finden sich ausgerechnet im Bauch der Rakete wieder. Und damit beginnt das phantastische Abenteuer im Weltall.
»Clown Ferdinand unterscheidet sich von den traditionellen Clowns nicht so sehr im Äußeren, aber in seinem Wesen. (...) Obwohl der Clown in einer von ihm geschaffenen Phantasie-

>Clown Ferdinand und die Rakete<

Regisseur Jindrich Polak und Autor Ota Hofman

welt lebt und ständig mit der Tücke des Objekts zu kämpfen hat, d. h., obwohl er genug damit zu tun hat, mit sich selbst und den scheinbaren Ungereimtheiten seiner unmittelbaren Umwelt fertig zu werden, wächst er in dem Augenblick über sich hinaus, wo es gilt, für die Kinder zu sorgen, sie vor drohenden Gefahren zu schützen.« *(St. Wolf, Clown Ferdinand und die Rakete, Filminformation, Filmothek der Jugend NW)*

Der Film entstand sozusagen als »Abfallprodukt«, als Zweitauswertung einer aufwendigen Science-Fiction-Produktion unter der Regie von Jindrich Polák im Barrandov-Studio Prag. Da die Kulissen zu schade zum Wegwerfen waren, wurde beschlossen, noch einen Film darin zu drehen – einen Kinderfilm. Und damit begann auch die geglückte und bis heute produktive Zusammenarbeit des kreativen Teams Jindrich Polák und Ota Hofman, die zum Markenzeichen für guten Kinderfilm geworden sind (u. a. *Pan Tau*).

Ein Klecks im Märchen (Kanka do pohádky)

ČSSR 1981 – Regie: Ota Koval – Drehbuch: Jiři Melišek, Milan Pavlík – Darsteller: Zaneta Fuchsová, David Rýdl, Lukás Bech u. a. – 74 Min. – Farbe – empfohlen ab 6 Jahren
16 mm: BAG
Vendulka und Ondra kennen ihre Eltern von den Tonbandanweisungen her mehr als »live«. Zum Geburtstag bekommt Vendulka – ebenfalls per Tonbandgratulation – ein schönes, altes Buch mit bunten Zeichnungen geschenkt, das nur einen Schönheitsfehler hat, nämlich einen großen schwarzen Klecks auf der ersten Seite. Als ihr der Radiergummi auf den Klecks fällt, ist er verschwunden, und so ist Vendulka zufällig hinter das Geheimnis vom »Klecks im Märchen« gekommen und probiert es gleich selbst aus. Sie tritt darauf – und findet sich in der Märchen-Bilderbuchwelt wieder. Und nun beginnt ein verblüffendes Hin und Her, Vendulka pendelt zwischen Märchenwelt und ihrer Welt in Prag.
»Der Film macht das zur Realität, was beim Bücherlesen passiert: Man kann sich hinein vertiefen in das Buch, fort von der Realität, dem Alltag. Für viele Kinder ist dies auch die einzige Möglichkeit, sich abzuschotten. Was Erwachsenen

›Ein Klecks im Märchen‹

schwerfällt, gelingt den Kindern noch mühelos. Sie schaffen sich eine eigene Phantasiewelt, in der Erwachsene nichts zu suchen haben.« *(R. Eisele, Filmdokumentation, Kinderkino München)*

Gummi-Tarzan (Gummi-Tarzan)

Dänemark 1981 – Regie: Søren Kragh-Jacobsen – Drehbuch: Søren Kragh-Jacobsen und Hans Hansen, nach der Erzählung von Ole Lund Kierkegaard – Darsteller: Alex Svabjerg, Otto Brandenburg, Peter Schrøder u. a. – 98 Min. – Farbe – empfohlen ab 6 Jahren
16 mm: atlas; BAG; EMZ 4,12; KJF; KMZ 10; LBS 1,4,6,7,8,14; LFD 1,2,4

›Gummi-Tarzan‹

Ivan muß der Größte sein, stark und behende wie Tarzan. Das jedenfalls meint sein Vater, der ihn trainiert und immer wieder herausfordert, ohne Rücksicht auf die Bedürfnisse des kleinen Jungen.

Ivan wehrt sich auf seine Weise, phantasiereich, witzig. Und er sucht Zuflucht in seinen Träumen. Nein, der Junge hat's nicht in den Armen, er hat's im Kopf. Das erkennt auch Ole, der Kranführer im Kopenhagener Hafen, der ihm Selbstvertrauen gibt und ihm hilft, sich gegen den Vater zu behaupten. Der staunt nicht schlecht, was sein »Gummi-Tarzan« alles bewegen kann.

»Als die großen Jungen Ivan in den Brunnen gelegt haben, fand ich das gemein. Auch den Vater fand ich unfair, denn er zwang den Jungen, stark zu werden. Nett war der Kranführer Ole. Er hat ihn nämlich aufgemuntert und überzeugt, daß man zu irgend etwas nutz ist.« *(Philippa, 9 Jahre)*

Und das ist auch die Absicht des Regisseurs Søren Kragh-Jacobsen (Jg. 1947), Kindern ihre eigene Stärke bewußt zu machen, ihre Identität zu finden. Ein geglücktes Beispiel, ausgezeichnet mit internationalen Preisen.

Hugo und Josefin (Hugo och Josefin)

Schweden 1968 – Regie: Kjell Grede – Drehbuch: Kjell Grede, Maria Gripe, nach deren Kinderbüchern »Hugo«, »Josefin« und »Hugo och Josefin« – Darsteller: Marie Ömann, Frederik Becklén, Beppe Wolgers u. a. – 82 Min. – Farbe – empfohlen ab 8 Jahren
16 mm: atlas; LBS 4,7; LFD 4

›Hugo und Josefin‹

Die sechsjährige Pfarrerstochter Josefin ist allein. Freunde hat sie nicht, von ihren Eltern fühlt sie sich nicht geliebt. Um mit diesem Dasein zurechtzukommen, flüchtet sie sich in ihre Traumwelt, erfindet Geschichten, die niemand glaubt und die sie noch mehr zur Außenseiterin machen. Erst als Hugo in ihre Nachbarschaft zieht, ein Junge, der einsam ist wie sie, verändert sich Josefins tristes Dasein. Die beiden schließen Freundschaft.

»Damit ist dem schwedischen Regisseur Kjell Grede ein Kinderfilm hoher Qualität gelungen, der sich besonders durch sein psychologisches Einfühlungsvermögen auszeichnet.«

(Aus der Begründung der Ev. Filmgilde zum »Film des Monats«
November 1972)

Der Hund, der Herr Bozzi hieß
(Un angel volo sobre Brooklyn)

Spanien/Italien 1957 – Regie: Ladislao Vajda – Darsteller: Peter Ustinov, Pablito Calvo u. a. – 89 Min. – s/w – empfohlen ab 8 Jahren
16 mm: EMZ 2,6,8; KMZ 2,3,5,10,22; LBS 5,7,8, 14; LFD 2,4; Schmidt

Herr Bozzi, ein herzloser Mensch, tyrannisiert die Mieter eines alten Hauses in Brooklyn ebenso wie die Bettler vor der Tür, die er mit Knurren und Bellen hinter der Tür zu erschrecken und zu vertreiben pflegt. Doch eines Tages wird der bellende Herr Bozzi in einen häßlichen, kläffenden Straßenköter verwandelt. Ein Schicksal, von dem ihn nur die liebevolle Zuwendung eines Menschen erlösen kann. Aber wer mag schon einen solchen Köter?
Der kleine Filippo ist der einzige, der Mitleid mit ihm hat, ihm zu fressen gibt und ein Obdach.

»Wenn, wie im vorliegenden Film, nicht nur poetisches Feingefühl, sondern auch künstlerische Sicherheit und Sinn für Humor am Werke waren, wenn treffliche Hauptdarsteller (Peter Ustinov, der kleine Pablito und der Filmhund Caligula mit seiner verblüffend wechselvollen Physiognomie) zur Verfügung stehen, dann ist das Ganze ein reines Vergnügen. Herzlich zu empfehlen.« *(Ev. Filmbeobachter, Nr. 665/1958)*

›Der Hund, der Herr Bozzi hieß‹

Ich hatte einen Traum
Konrad aus der Konservenbüchse
siehe Rubrik *Neue bundesdeutsche Kinderfilme*

Der lange Ritt zur Schule

DDR 1982 – Regie und Drehbuch: Rolf Losansky, nach einer
Erzählung von Gerhard Holtz-Baumert – Darsteller: Frank
Träger, Iris Riffert, Dieter Franke, Gojko Mitić u. a. –
84 Min. – Farbe – empfohlen ab 8 Jahren
16 mm: atlas
35 mm: Unidoc
Alex Hofmann sieht viel zuviel fern, besonders Western und
Indianerfilme. So ist es nicht verwunderlich, daß die Phanta-

›Meister Eder und sein Pumuckl‹

sie im Alltag mit dem elfjährigen Knaben, der ansonsten ein durchschnittlicher Schüler ist, durchgeht. Zum Beispiel verwandelt sich sein Fahrrad in ein rassiges Pferd, mit dem er durch die Prärie reitet. Der Sportlehrer nimmt die Gestalt des Indianerhäuptlings »Roter Milan« an und wird zu Alex' treuestem Verbündeten. Vorstellbar, daß Alex lange braucht, um in der Schule anzukommen, und daß die Lehrer keinen Sinn für seine phantastischen Erlebnisse haben.

»Ein flotter, witziger Film, bei dem sich die Ausgangsidee – die Parallelität zwischen dem Schulweg mit dem Fahrrad und der Westernhandlung mit Pferden und Postkutschen – wider Erwarten nicht verbraucht, sondern immer wieder Gelegenheit zu neuen, überraschenden Einfällen bietet.«

(H. Schäfer, in: Kinder- und Jugendfilm Korrespondenz Nr. 12/4'82)

Meister Eder und sein Pumuckl

BRD/Ungarn 1980 – Regie: Ulrich König – Drehbuch: Ellis Kaut – Darsteller: Gustl Bayrhammer, Gisela Uhlen u. a. – 84 Min. – Farbe – empfohlen ab 6 Jahren
16 mm: atlas
35 mm: Filmwelt
Pumuckl, bisher ein Buch- und Kassetten-Schelm (Stimme: Hans Clarin) geistert nun auch über die Leinwand: jener kleine, freche Kobold, der dem Meister Eder in seiner Schreinerwerkstatt das Leben schwer macht, ihn aber auch oft erheitert. Pumuckl, der immer neue Streiche ausheckt, verfügt über eine phänomenale Gabe – bei Bedarf ist er verschwunden. Trotz allem Schabernack – Meister Eder und sein Pumuckl werden unzertrennliche Freunde.

Morgenstund' hat Gold im Mund
(Kam doskáče ranní ptáče)

ČSSR 1986 – Regie: Drahomira Králová – Drehbuch: Drahomira Králová, Vladimir Klapka – Darsteller: Pavel und Luboš Divišovi, Lenka Termerová u. a. – 80 Min. – Farbe – empfohlen ab 8 Jahren
16 mm: atlas
Pavel weiß mit der Technik umzugehen und sie sich zunutze zu machen. So hat er zum Beispiel ein Tonband vorbereitet mit braven Sprüchen, das sich auf die telefonischen Mahnungen der Mutter automatisch einschaltet. Für Pavel hat Morgenstund' nicht Gold im Mund, denn er geht nicht gern zur Schule. Viel interessanter findet er die wissenschaftliche Arbeit seiner Mutter in einem Forschungslabor. Dort klaut er auch ein bißchen Zellgewebe, das sich allerdings unbeabsichtigt bei einem Unwetter verselbständigt und einen Pavel II hervorbringt. Wie praktisch – Pavels zweites Ich, ein braves, kann die Pflichten übernehmen, währenddessen der Ur-Pavel ein neues Double entwickelt, ein starkes, freches, furchtloses. Der dreifache Pavel gerät in die komischsten, verzwicktesten Situationen, die Ereignisse überstürzen sich. Die Regisseurin hat mit diesem intelligenten, einfallsreichen

›Morgenstund' hat Gold im Mund‹

Film ein brisantes Thema – Manipulation des Menschen durch Gentechnologie – aufgegriffen und auf ihre Weise spielerisch variiert.

Moritz in der Litfaßsäule

DDR 1983 – Regie und Drehbuch: Rolf Losansky, nach dem gleichnamigen Kinderbuch von Christa Kožik – Darsteller: Dirk Müller, Dieter Mann, Walfriede Schmitt, Rolf Ludwig u. a. – 88 Min. – Farbe – empfohlen ab 6 Jahren
16 mm: AV-Film; BAG; EMZ 12
35 mm: Unidoc
»Ich bin neun Jahre alt und heiße Moritz Zack. Weil ich so heiße, sagt mein Lehrer immer, ich soll doch ein bißchen

234

zack-zack machen, Tempo also. Und überhaupt spotten alle anderen, daß ich so langsam bin. Die anderen: das sind mein Vater, der abends ein Schild ›bitte nicht stören‹ an die Tür hängt, weil er noch arbeiten muß, dann meine Mutter, die immer nervös ist wegen Versammlungen und Fernstudium, und schließlich meine Schwestern, deren Gegacker mir manchmal ziemlich auf die Nerven geht. Und weil ich das alles eines Tages einfach satt hatte, bin ich umgezogen in die Litfaßsäule. Aber ich habe begriffen, daß es gar nichts hilft, einfach davonzulaufen. Daß ich das kapiert habe, verdanke ich dem Straßenfeger und – ihr werdet staunen – einer sprechenden Katze.« So stellt die Autorin Christa Kozik ihren Moritz vor – ein Plädoyer für Langsamkeit, Phantasie und Träume in unserer schnellebigen Zeit.

Auch ein Film zur Rubrik *Buchverfilmungen*

›Moritz in der Litfaßsäule‹

Otto ist ein Nashorn (Otto er et naesehorn)

Dänemark 1982/83 – Regie: Rumle Hammerich – Drehbuch:
Rumle Hammerich, Mogens Kløvedal, nach der Erzählung
»Otto er et naesehorn« von Ole Lund Kierkegaard – Darsteller: Kristjan Markersen, Erik Petersen u. a. – 90 Min. – Farbe
– empfohlen ab 6 Jahren
16 mm: atlas; Filmothek NW; LBS 8,13
35 mm: atlas
»Ich finde es besonders gut, daß in dem Film das schlichte
Leben zweier Jungen so phantastisch gezeigt wird und daß
der Film in Real- und Zeichentrick eingeteilt ist. Das Tolle
aber ist, daß er die Kinderwelt so phantastisch und witzig darstellt. Und dann das Nashorn – einfach köstlich. Der Film ist
einsame Spitze. Hiermit möchte ich bitten, daß mehr solche
tollen Filme für Kinder gezeigt werden.«   *(Marion, 11 Jahre)*

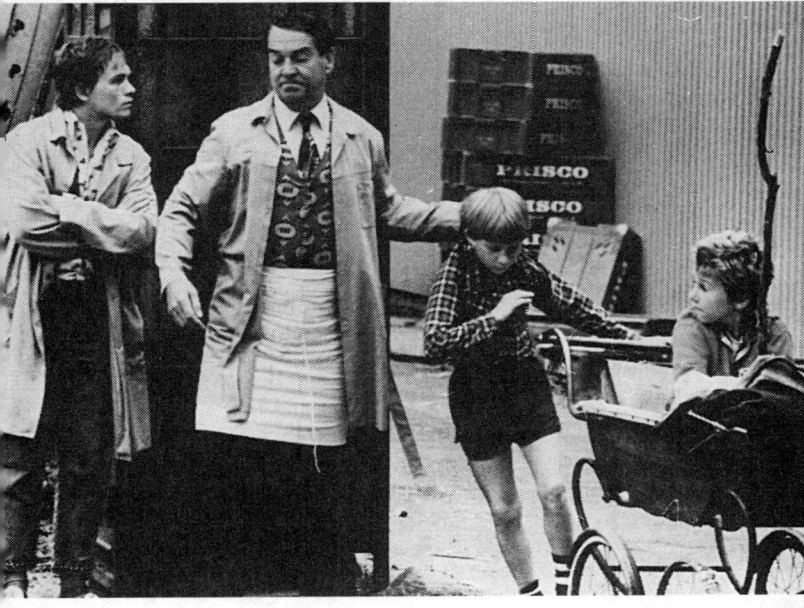

›Otto ist ein Nashorn‹

236

›Pan Tau – Alarm in den Wolken‹

Die Jungen Topper und Viggo haben Probleme mit ihren Vätern. Der eine ist auf See, leider. Der andere ist am Ort, leider. Als Topper einen Bleistift findet und zum Spaß ein Nashorn an die Wand zeichnet, verändert sich das Leben schlagartig, denn das Nashorn steht lebendig im Zimmer – und das im zweiten Stock! Eine groteske, aber auch melancholische Geschichte, mit leisen und manchmal auch sehr lauten Tönen.

Pan Tau – Alarm in den Wolken (Poplach v oblacích)

ČSSR/BRD 1978 – Regie: Jindřich Polák – Drehbuch: Ota Hofman – Darsteller: Otto Šimánek, Vlastimil Brodský, Josef Bláha u. a. – 90 Min. – Farbe – empfohlen ab 6 Jahren
16 mm: BAG; EMZ 12; KMZ 10
Der verschmitzt lächelnde Herr Tau braucht keine Worte, um den Kindern jeden Wunsch zu erfüllen. Dafür hat er seinen

237

Zauberhut. Er ist sogar in der Lage, mit Schirm, (Zauber-) Melone und einer Nelke im Knopfloch auf der Tragfläche eines Düsenjets im Fluge zu landen. Das löst nicht nur Alarm in den Wolken aus, sondern auch Alarm auf der Erde. Das große Verwirrspiel beginnt, als Pan Tau seine Zaubermelone verliert.

Pan Tau nimmt Abschied (Od zítřka nečaruji)

ČSSR/BRD 1980 – Regie: Jindřich Polák – Drehbuch: Ota Hofman – Darsteller: Otto Šimánek, Vlastimil Brodský, Josef Bláha u. a. – 90 Min. – Farbe – empfohlen ab 6 Jahren
16 mm: BAG; EMZ 12; KMZ 10
Zum Glück bleibt Pan Taus Zaubermelone nicht für immer verschwunden. So können die Abenteuer des großen Freundes der Kinder weitergehen, und zwar in einem Ferienlager,

›Pan Tau nimmt Abschied‹

›Pan Tau – der Film‹

wo er versehentlich als Koch eingestellt wird. Mißgünstige
Erwachsene, allen voran Inspektor Málek, sein Widersacher,
schaffen es schließlich, daß der Zauberhut von Herrn Tau nun
wirklich auf Nimmerwiedersehen verschwindet und seine
Zauberkraft verlorengeht. Doch Pan Tau jagt dem Hut nicht
nach, sondern bleibt bei den Kindern. Und die finden ihn
auch ohne Melone einfach zauberhaft.

Pan Tau – der Film

ČSSR/BRD 1988 – Regie: Jindřich Polák – Drehbuch: Ota
Hofman – Darsteller: Otto Šimánek, Dana Vávrová u. a. – 90
Min. – Farbe – empfohlen ab 8 Jahren
35 mm: Filmkontor

»Eigentlich wollten wir nach langen Jahren, am Ende der Serie, Pan Tau verabschieden. Deshalb haben wir auch beim letzten Film ein bißchen seine Melone kaputtgemacht. Doch nach 15 Jahren der Zusammenarbeit, mit großer Freude und Engagement, waren wir alle beim Abschied traurig. Und auch die Zuschauer waren traurig. Viele Kinder schrieben uns, das darf nicht sein, Pan Tau muß weiterleben. Da sind wir (Jindřich Polák und ich) auf die Idee gekommen, die Geschichte eines ehemals berühmten Schauspielers zu erzählen, der jetzt in einem kleinen Theater in Prag von seinem Ruhm zehrt, aber er ist ein bißchen ›down‹. Durch Zufall bekommt er noch einmal eine Chance beim Film. Aber er merkt selbst, daß es nicht so ist, wie es einmal war: Er ist älter geworden, ist nicht mehr so beweglich, und die Leute, die er trifft – den Regisseur, den Filmstab – haben ganz andere Vorstellungen.

Also wird ein Double gesucht. Wiederum eine Chance für einen Unbekannten, und so spielt der ›alte‹ Otto Šimánek alias Pan Tau in diesem neuen Film drei Rollen: Pan Tau, einen alten Schauspieler und einen Vagabunden, der mit einem Hund namens ›Mensch‹ zusammenlebt.« Ota Hofman über den neuen *Pan Tau*-Film.

Philipp, der Kleine

DDR 1975 – Regie: Hermann Zschoche – Drehbuch: Christa Kožik – Darsteller: Andij Greissel, Jan Spitzer, Ilse Voigt u. a. – 64 Min. – Farbe – empfohlen ab 6 Jahren
16 mm: BAG; EMZ 2,4; Filmothek NW; Imbild; KMZ 2,3,5,10,13,18,19; LBS 1,2,4,6,7,9,14; LFD 1,2,4,6; Unidoc
35 mm: Unidoc

›Philipp, der Kleine‹

›Philipp, der Kleine‹

Philipp möchte gerne größer sein, um nicht ständig von seinen Schulkameraden gehänselt zu werden. Nur weil er so klein und schmächtig ist, nimmt ihn keiner für voll. Von einem liebenswerten, kauzigen Musikalienhändler bekommt Philipp eine Flöte geschenkt, die Zauberkraft besitzt, wenn man eine bestimmte Melodie darauf spielt und sich dazu etwas wünscht. Der Trick klappt hervorragend, und Philipp setzt die ganze Stadt in Aufregung, verwandelt eine Katze in einen Tiger, einen Lastwagen in ein Spielzeugauto und vieles mehr. Durch sein Flötenspiel ist er schließlich der Größte.
»Auch in diesem DDR-Film sind die Lebenskonflikte genau dosiert und überwindbar. (...) Ein vorzüglicher Kinderfilm, der kindgemäße Ansprüche phantasievoll und mit Freude am Spaß erfüllt.« *(film-dienst 20 869)*

Saxana, die Hexe (Divka na kosteti)

ČSSR 1971 – Regie: Václav Vorlíček – Drehbuch: M. Macourek, Václav Vorlíček – Darsteller: Petra Černocka, Jan Hrušindký u. a. – 90 Min. – Farbe – empfohlen ab 6 Jahren
16 mm: atlas; AV-Film; EMZ 2,12; KMZ 10
Saxana, Tochter einer Fledermaus, soll das Zauberhandwerk erlernen. Doch Lust, täglich in die Zauberschule zu gehen, hat sie gar nicht. Viel interessanter findet sie die Welt der Menschen – die reizt ihre Neugier, und dorthin zaubert sie sich. Mit ihren bereits erworbenen Fähigkeiten sorgt das Mädchen als Schülerin auf der Erde für große Aufregung. Es beginnt schon damit, daß die Lehrer plötzlich in weiß-grau gestreifte Kaninchen verwandelt werden ... Saxana möchte auf der Erde bleiben, in einer Welt leben, wo man sich gern hat. Ein verrückter Film, voller Verwechslungen, phantastischer Verzauberungen, turbulent und lustig.

Das Schulgespenst

DDR 1987 – Regie: Rolf Losansky – Drehbuch: Peter Abraham, nach seinem gleichnamigen Roman – Darsteller: Nicole Lichtenheldt, Ricardo Roth, Karin Düwel u. a. – 84 Min. – Farbe – empfohlen ab 6 Jahren
16 mm: atlas
35 mm: Unidoc
Carola Huflattich ist der Schrecken ihrer Eltern und der Lehrer. Eines Tages erweckt sie im Schulkeller aus Versehen das Gespenst »Buh« zum Leben. Angst ist Carola fremd, sie ist nur neugierig und hat schon bald mit dem Gespenst eine Vereinbarung getroffen: Die beiden tauschen Gestalt und Identität – zur Freude der Lehrer gibt es nun eine ganz verwandelte Carola, brav und ordentlich, und zum Entsetzen der Mitschüler eine petzende Streberin. Währenddessen spukt Carola, was das Zeug hält. Doch das Carola-Gespenst hält sich nicht an die Abmachung, will nicht mehr »richtiges« Gespenst sein. Bis die Ausgangslage wiederhergestellt ist, entstehen noch einige Verwirrungen und Verwicklungen.
»Es ist ein Vergnügen, Carola Huflattich bei ihrem täglichen Kampf gegen den tristen (Schul-)Alltag zu beobachten, spä-

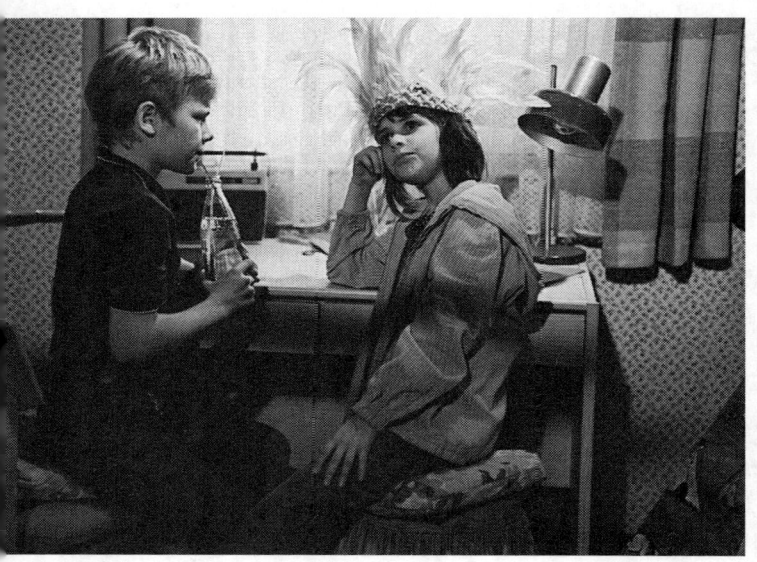

›Das Schulgespenst‹

ter bei ihrem lustvollen Herumgespuke und ihrer wütenden Auseinandersetzung mit dem widerspenstigen Geist. Ein Vergnügen nicht zuletzt, weil Carola bei alledem kein bißchen künstlich oder konstruiert wirkt und weil auch Losanskys Team gewohnt brillant arbeitet.«

(A. Schwarzer, in: Kinder- und Jugendfilmkorrespondenz, Nr. 33/1'88)

Sechs Bären und ein Clown
(Šest medvědu s cibulkou)

ČSSR 1972 – Regie: Oldřich Lipský – Drehbuch: Miloš Macourek, Oldřich Lipský u. a. – 88 Min. – Farbe – empfohlen ab 6 Jahren
16 mm: AV-Film; BAG
Der Zirkus Bonifaz gastiert in einer kleinen Stadt. Seine von den Kindern bejubelte Attraktion ist die Nummer »Sechs Bären, ein Affe und ein Clown«. Doch es gibt Differenzen zwischen dem Zirkusdirektor und dem Clown Zwiebel, weil

der Clown Kinder gern auch ohne Geld einläßt. Durch eine Intrige verliert er seine Arbeit und seine Bären, die durch eine Schweinedressur ersetzt werden. Mit Hilfe der Kinder findet der verkleidete Zwiebel eine Anstellung als Köchin in der Schule. Die sechs Bären, inzwischen verkauft und verladen, brechen aus, suchen ihren Zwiebel und entdecken ihn in der Schule. Mit ihrem Auftauchen beginnen chaotische Zustände, aber auch Jubel, Trubel, Heiterkeit. Da geht es nicht mehr mit rechten Dingen zu.

Ein Film voller rasanter, turbulenter Gags bis hin zum Klamauk, was der Freude aber keinen Abbruch tut.

Susanne und der Zauberring

DDR 1973 – Regie: Erwin Stranka – Drehbuch: Erwin Stranka, Lothar Gerber – Darsteller: Monika Wolf, Rolf Hoppe u. a. – 72 Min. – Farbe – empfohlen ab 6 Jahren
16 mm: atlas; BAG; Unidoc
35 mm: Unidoc

›Susanne und der Zauberring‹

Susanne ist ein richtiger Pechvogel, ein Mädchen, dem nichts gelingt. Sie hat Angst vor Mathe und liebt Bio – und Andreas, einen Jungen, der nichts von ihr wissen will, der sie, wie die anderen Kinder auch, verächtlich »Raupensuse« nennt. Bei einem alten Kapitän findet sie Trost – und einen geheimnisvollen Ring, der magische Kräfte haben soll. Es geschehen erstaunliche Dinge, doch sind es nicht die, die Susanne erwartet.

Dem Film gelingt es, die Sehnsucht von Kindern nach Nichtrealem, nach Zaubereien und Wundern, zu befriedigen, andererseits aber diese Dinge zu hinterfragen und Kräfte, die in den Kindern selbst liegen, zu mobilisieren.

Gegenwartsfilme

Abkehr von den isolierten Kinderwelten

In dieser Kategorie sind hauptsächlich die skandinavischen Länder, die ČSSR und die DDR vertreten. Und diese Länder sind auch führend in der Kinderfilmproduktion insgesamt, das heißt, daß von staatlicher Seite her Voraussetzungen geschaffen sind, die eine kontinuierliche Kinderfilmproduktion garantieren (siehe Vorwort). An diesen ökonomisch gesicherten Bedingungen mag es auch liegen, daß in den genannten Ländern der Kinderfilm genauso ernstgenommen wird wie der für Erwachsene, und daß es für die Regisseure von Erwachsenenfilmen eine künstlerische wie menschliche Herausforderung bedeutet, einen Kinderfilm zu machen.

Die Aussage des Regisseurs Egon Schlegel ist exemplarisch: »In allen Genres des DDR-Kinderfilms gibt es keinen qualitativen Unterschied zum Drehen eines Erwachsenenfilms und schon gar keine Herabsetzung, denn an diesen wie an jenen Stoff wird mit demselben Ernst herangegangen. Als Kinderfilmregisseur zu arbeiten betrachte ich sogar beinahe als schwieriger, auch wenn es viel Freude macht. Schwieriger, weil die Leistung, die normalerweise ein Schauspieler aufbringt, bei der Arbeit mit Kindern vielfach dem Regisseur abverlangt wird. Kinder stellen sich nicht dar, sie spielen meist sich selbst … Die wunderbare Naivität eines Kindes kann ich nicht erreichen, wohl aber Übereinstimmung zwischen mir und dem zu realisierenden Stoff anstreben. Dazu muß ich meine ganze Persönlichkeit einbringen, mit allem Ernst und aller Ehrlichkeit meinen Zuschauer als Partner akzeptieren. Nur so bekomme ich auch eine ›Rückmeldung‹, ob das wichtig ist, was im Film erzählt wird, ob es den Nerv trifft.«

Einen Schritt weiter geht Maria Benešova, Filmwissenschaftlerin und Pädagogin, aus Prag: »Es ist klar, daß die Autoren der Filme für die Kinder sich in ihren Werken nicht auf die sogenannten Kinderprobleme, wie zum Beispiel ungewöhnliche Ferienerlebnisse, das Rivalisieren in einer Kinderclique, das Wetteifern im Sport, die Suche nach einem verlorenen Gegenstand, beschränken können. DieseThemen sind gewiß notwendig, sollte sich jedoch ein Film aus dem heutigen Leben nur auf sie begrenzen, würde das eine Isolierung der Kinderwelt, den Verlust oder die Schwächung des realen gesellschaftlichen Rahmens des Films und nicht zuletzt die Schwächung des Kontaktes des Kindes mit der Welt der Erwachsenen, in der es lebt, bedeuten.« Eine Forderung, die erfüllt wird auch von bundesdeutschen Kinderfilmemachern.

Wie bereits bei der Einführung in die Rubrik *Neue bundesdeutsche Kinderfilme* (siehe Seite 11 ff.) gesagt, ist der neue deutsche Kinderfilm – im Gegensatz zu früher – ein Gegenwartsfilm, der nur selten isolierte Kinderwelten zeigt.

Aber es sind deutsch/deutsche Unterschiede auszumachen: In den Gegenwartsfilmen der DDR fällt auf, daß keine besonderen oder gar heilen Kinderwelten gezeigt, sondern daß Kinder als gleichberechtigte Partner ernstgenommen werden. Erwachsene erscheinen nicht als allwissende Problemlöser, sondern haben häufig selbst mit ihren Problemen zu tun.

In Kinderfilmen hierzulande jedoch werden Erwachsene oft und gern lächerlich gemacht und somit als Autoritäten gekippt, in ihrer Unzulänglichkeit karikiert – klischeehafte Figuren, die nicht nur ihre eigene Kindheit vergessen, sondern jeglichen Bezug zu Kindern verloren haben, die kinderfeindlich sind. Eine Darstellung, die in der Bundesrepublik den Nerv der Kinder im Kino zu treffen scheint.

Insofern ist der Gegenwartsfilm ein besonderes Spiegelbild der Gesellschaft, aus der er kommt, an ihm lassen sich Entwicklungen, Einstellungen, Veränderungen ablesen.

Abel, dein Bruder (Abel twój brat)

Polen 1970 – Regie: Janusz Nasfeter – Drehbuch: Teresa und Janusz Nasfeter – Darsteller: Filip Lobodzinski, Katarzyna Laniewska u. a. – 90 Min. – s/w – empfohlen ab 10 Jahren
16 mm: BAG; EMZ 2,7,8,10–12; Imbild; KMZ 9,10,19; LBS 1,3,4,6,8,9,10; LFD 1,2,4,6,7,8
Die Schüler der fünften Klasse nehmen an der Beerdigung ihres Mitschülers Karol teil. Der Film erzählt in der Rück-

blende dessen Geschichte: Karol kommt neu in die Klasse – sensibel, adrett, von der Mutter zur Höflichkeit erzogen und somit ein Außenseiter. Er versucht, in der Klassengemeinschaft zu bestehen, Anerkennung zu finden und macht deshalb Dinge gegen seine Überzeugung, zum Beispiel Stehlen, Prügeln. Und trotzdem: Die Gleichaltrigen lehnen ihn nach wie vor ab, sind grausam zu ihm. Die Mutter, die nur das Beste für ihren Sohn will, tut genau das Verkehrte. Karol leidet, wird krank, stirbt an Gehirnhautentzündung.

»Die Schule ist die erste Etappe auf dem Weg zu einem Leben in der menschlichen Gesellschaft. In dieser Etappe treten die Konflikte oft mit ungewöhnlicher Schärfe hervor. Die Erwachsenen bemühen sich meistens, diese Konflikte gar nicht zu bemerken, und wenn sie es tun, da interessiert sie mehr die äußere Form, während die Ursachen, die eigentlichen Quellen dieser Konflikte, bagatellisiert werden.« *(Janusz Nasfeter)*

Auch ein Film zur Rubrik *Filme über Kindheiten*

Brontosaurus (Brontosaurus)

ČSSR 1979 – Regie und Drehbuch: Věra Plívova-Šimková – Darsteller: Tomáš Šimek, Dana Vávrová, Lukáš Bech u. a. – 79 Min. – Farbe – empfohlen ab 8 Jahren
16 mm: BAG; EMZ 4,12; Imbild; KMZ 3; LBS 7,8,13; LFD 1,2,4

Tomas, Schüler der sechsten Klasse, hat wegen seines Umweltbewußtseins den Spitznamen »Brontosaurus«. Jede freie Minute verbringt er im Wald, um die Tiere zu beobachten und die Untaten der Menschen, die diese dem Wald antun, wie das achtlose Wegwerfen von Müll, das manche Tiere das Leben kostet. Als Tomas sogar seinen Schuldirektor bei einer solchen Missetat ertappt, überlegt er, wie er ihm einen nachhaltigen Denkzettel verpassen kann. Obwohl er sich zunächst damit Schwierigkeiten einhandelt, gelingt es Tomas, die anderen Kinder für seine Interessen und die des Waldes zu gewinnen. Schließlich sammeln sie Müll aus dem Wald und errichten daraus einen »Brontosaurus«: als Mahnmal für eine saubere Umwelt.

›Brontosaurus‹

Busters Welt (Busters verden)

Dänemark 1984 – Regie: Bille August – Drehbuch: Bjarne
Reuter, nach seiner gleichnamigen Geschichte – Darsteller:
Mads Bugge Andersen, Katarina Stenbeck u. a. – 88 Min. –
Farbe – empfohlen ab 6 Jahren
16 mm: atlas (unter dem Titel: *Buster, der Zauberer*); BAG
35 mm: atlas (unter dem Titel: *Buster, der Zauberer*)
Der elfjährige Buster hat es nicht ganz leicht. Da seine Eltern
wenig Geld haben, muß er als Botenjunge etwas dazuverdie-
nen – eine Arbeit, die oft zu schwer für ihn ist. Aber ihm fällt
immer wieder etwas ein, wie er die Dinge erledigen kann. Bei
den Gleichaltrigen findet er kaum Beachtung, weil er nicht
mal richtig Fußball spielen kann. Aber Buster kann etwas anderes: Mit Witz und Phantasie erfindet er Zauberkunst-
stücke, und damit imponiert er nicht nur seiner kleinen
Freundin »aus gutem Hause«, sondern schließlich auch ihrer
ganzen schicken Geburtstagsgesellschaft. Die Zauberei ist
für Buster ein Mittel, mit der Wirklichkeit zurechtzukommen

251

›*Busters Welt*‹

– mit der Gehbehinderung seiner Schwester Ingeborg, mit dem Tod der geliebten alten Nachbarin.

»Mir haben Busters tolle Zaubereien und seine Zauberwerkzeuge sehr gut gefallen, z. B. der Zauberarm, der Blumenstrauß-Zauberstab. Seine Schwester Ingeborg hat mir leid getan. Busters Arbeit als Bote fand ich sehr lustig. Alle Geschichten von Buster sind gut ausgegangen. Ich habe viel gelacht und fand den Film sehr gut.«   *(Markus, 11 Jahre)*

Eine Hauptrolle für Rosmarina
(Jak se toči Rozmarýny)

ČSSR 1977 – Regie und Drehbuch: Věra Plívová-Šimková – Darsteller: Pavlína Mourková, Iva Janžurová u. a. – 85 Min. – Farbe – empfohlen ab 10 Jahren
16 mm: BAG

Ein Filmteam kommt in die Schule, um Kinder auszusuchen für einen Film, der von einem Mädchen handelt, das nach schwerer Krankheit die Haare verliert. Rosmarina, ein Mädchen aus zerrütteten Verhältnissen, möchte unbedingt die Rolle und geht sogar so weit, sich kahlscheren zu lassen. Sie bekommt tatsächlich die Hauptrolle, doch dann ist das Ganze nicht mehr wichtig für sie. Rosmarina hat andere Probleme: das Bewältigen ihrer ersten Liebe, die Scheidung ihrer Eltern, das Leben im Heim. Und dort hat sie bald eine echte Hauptrolle, unter ihrer Leitung spielen die Kinder »Filmen«. »Es geht also um einen Film über das Filmen, gestaltet als ein Mosaik von Episoden und kleinen Ereignissen, die während des Drehens geschehen. Dieser Film zeigt, daß es sich beim Filmemachen um nichts Mythisches handelt, weist auf den gemeinschaftlichen Aspekt aller Berufe hin und klärt auf eine amüsante Weise die Rolle auf, die jeder beim Entstehen des Films spielt.« *(Maria Benešova, in: Kino für Kinder, BAG 1980)*

›Eine Hauptrolle für Rosmarina‹

Elvis! Elvis! (Elvis, Elvis)

Schweden 1977 – Regie: Kay Pollak – Drehbuch: Maria Gripe, Kay Pollak – Darsteller: Lele Dorazio, Lena-Pia Bernhardsson, Allan Edwall u. a. – 100 Min. – Farbe – empfohlen ab 8 Jahren
16 mm: BAG; EMZ 12; KJF; LBS 1–14; LFD 4,6
Der kleine Elvis Karlsson ist zu bedauern, allein schon mit diesem Vornamen herumzulaufen, den ihm die Mutter wegen ihrer Schwärmerei für Elvis Presley verpaßt hat. Elvis fühlt sich von seiner Mutter nicht verstanden, die seine Bedürfnisse und Wünsche, seine Person nicht wahrnimmt. Nur bei seinem Großvater ist er sicher und geborgen. Elvis' Leben verändert sich, als er in die Schule kommt. Erstmals hat er eine gleichaltrige Freundin, Anna-Rosa, die seine Nöte ver-

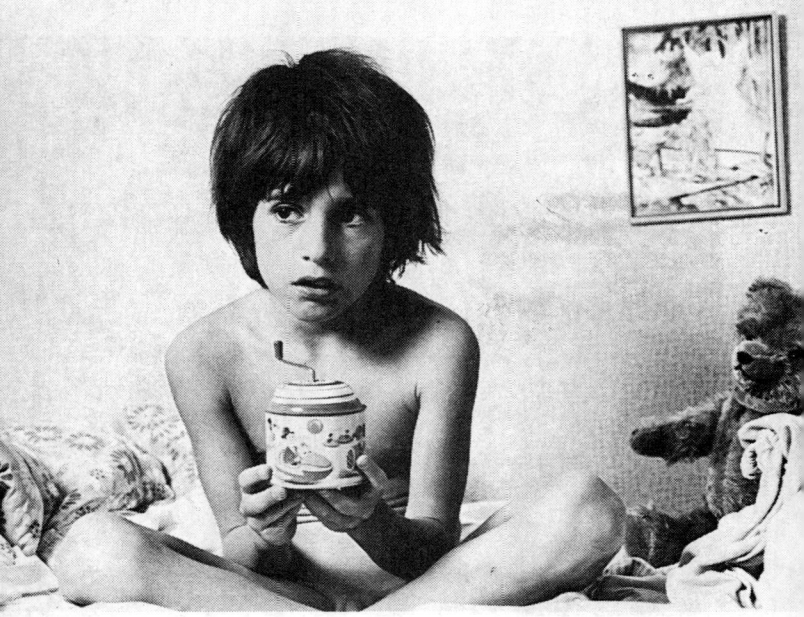

›Elvis! Elvis!‹

254

›Fimpen, der Knirps‹

steht und die ihm hilft, mit seinen Problemen fertig zu werden.
»Elvis ist ein süßer Junge. Ich finde es nett, daß das Mädchen mit ihm spricht. Aber die Mutter ist eine blöde Gans, immer wenn Elvis mit seiner Freundin spielt, kommt sie dazwischen und zerrt ihn nach Hause. Elvis tut mir leid.« *(Sarah, 10 Jahre)*

Fimpen, der Knirps (Fimpen)

Schweden 1973 – Regie und Drehbuch: Bo Widerberg – Darsteller: Johan Bergman, Monica Zetterlund, Magnus Härenstam und die schwedische Fußballnationalmannschaft – 85 Min. – Farbe – empfohlen ab 6 Jahren
16 mm: atlas; KMZ 10; Krauskopf
Johan Bergman, sechs Jahre, genannt Fimpen (schwedisch für »Stummel«), ist ein Ballartist, der auf einem Spielplatz

255

den Profi-Fußballer Mackan, Linksaußen der Nationalmannschaft, austrickst und ihn damit in eine tiefe Krise stürzt. Die Mannschaft ist abstiegsgefährdet. Von seinem Trainer zur Rede gestellt, erzählt Mackan von dem Knirps, und damit beginnt Johans Fußballkarriere in der schwedischen Nationalmannschaft. Er reist um die Welt, wird umjubelt, ein Winzling zwischen den Großen. Das bekommt ihm auf Dauer nicht gut. Aus Unsicherheit wird er zur »Diva«, doch in seinem Inneren sieht es anders aus. Johan merkt, was ihm alles fehlt: Schulwissen, gleichaltrige Freunde, unbeschwertes Spiel. Mit Hilfe seiner Lehrerin findet er schließlich zurück in die Kindheit.

»Am Ende des Films hat Fimpen einen Reife- und Erkenntnisprozeß durchgemacht, und er besitzt die Kraft, eine Sache, die er um des Vergnügens willen begonnen hat, in dem Augenblick aufzugeben, als sie für ihn ihren Zweck nicht mehr erfüllt.« *(Woche des Kommunalen Kinos, Hamburg 1977)*

Flucht (Útěk)

ČSSR 1967 – Regie: Stěpan Skalský – Drehbuch: Ota Hofman – Darsteller: Ivan Vyskocil, Roman Skamene u. a. – 76 Min. – Farbe – empfohlen ab 10 Jahren
16 mm: AV-Film; BAG; KMZ 5; LBS 1,5–14; LFD 2,4,7
Dieser Film über die komplizierte Beziehung zweier Jungen unterschiedlichster Herkunft aus dem Jahre 1967, den der Filmautor Ota Hofman als seinen Lieblingsfilm bezeichnet, trifft ganz offensichtlich auch heute noch das Lebensgefühl Heranwachsender. Das sind zwei von vielen ähnlich positiven Kinderkritiken von heute:
»Der Film ist realistisch, er verkörpert ein Problem, das man auch im Alltag antreffen kann, zum Beispiel, wenn man sich wegen eines schlechten Zeugnisses nicht nach Hause traut. Mir gefällt der Film, weil er spannend ist (man weiß nicht, wie er endet). Und: Weil er die gegenseitige Abhängigkeit von Sascha (10) und Fangia (16) gut darstellt, zwei Menschen, die sich eigentlich hassen, wo es aber Situationen gibt, in denen sie sich trotzdem gut verstehen. Auch die Angst der beiden ist sehr gut dargestellt.« *(Kai, 13 Jahre)*

»Super. Nicht so 'ne Hektik wie auf dem Bildschirm. Den Film würde ich mir glatt noch mal anschauen. Er schildert so richtig die Angst, die Sascha vor dem Elternhaus hat. Auch die Freundschaft, die sich langsam zwischen Fangia und Sascha anbahnt, ist toll dargestellt.«   *(Vera, 12 Jahre)*

Fluchtversuch

Österreich/BRD 1976 – Regie und Drehbuch: Vojtěch Jasny – Darsteller: Tomislav Savic, Hansjörg Felmy u. a. – 98 Min. – Farbe – empfohlen ab 10 Jahren
16 mm: BAG; EMZ 12; KJF; KMZ 10; LBS 1–9, 11–13; LFD 7
35 mm: Filmverlag

›Fluchtversuch‹

»In uns allen steckt noch der Traum nach unserer Kindheit, nach der Unschuld dieser Kindheit. In kleinen Dörfern und auf dem Lande kann man diese glückliche Kindheit noch erleben, aber ich glaube, es ist oft schon sehr schwer, dies in den Städten und Betonwüsten unserer Siedlungen zu finden. Mein Film ist ein Film über eine solche Kindheit und darüber, wie diese von der Gesellschaft unterbrochen wird – für immer.«   *(Vojtěch Jasny)*

Erzählt wird die Geschichte des zwölfjährigen Jungen Ivo, Sohn eines jugoslawischen Gastarbeiters in Wien, der vor Heimweh nach seiner Familie, seinem Pferd und dem Leben auf dem Dorf beschließt, in die geliebte Heimat zu fliehen. Nach einer abenteuerlichen Odyssee kommt er zu Hause an, doch bleiben kann er nicht.

Auch ein Film zur Rubrik *Filme über Kindheiten*

Ikarus

DDR 1975 – Regie: Heiner Carow – Drehbuch: Klaus Schlesinger – Darsteller: Peter Welz, Karin Gregorek, Peter Aust u. a. – 85 Min. – Farbe – empfohlen ab 10 Jahren
16 mm: BAG; KJF; LBS 1–14; LFD 4,7; Unidoc
35 mm: Unidoc

Mathias lebt seit der Scheidung seiner Eltern bei der Mutter. Er hängt noch sehr am Vater und hofft, daß die Eltern eines Tages wieder zusammensein werden. Als der Vater bei einem Besuch die Geschichte von Daedalus und seinem Sohn Ikarus erzählt, die sich Flügel bauten, um übers Meer zu fliegen, entsteht in dem achtjährigen Jungen der ganz starke Wunsch, mit seinem Vater fortzufliegen. Der Vater verspricht ihm einen Rundflug über Berlin zum Geburtstag – und vergißt sein Versprechen. Eine schmerzliche Erkenntnis, aber auch eine hilfreiche Erfahrung für Mathias.

Mit seinem Film wollte Heiner Carow die gesellschaftlich re-

›Ikarus‹

levante Scheidungsproblematik eigentlich nicht für Kinder, sondern für die Eltern thematisieren, als ein Plädoyer für die Bedürfnisse der Kinder bei der Trennung. Zum Erstaunen des Regisseurs gehört *Ikarus* inzwischen zum Repertoire des Kinderkinos. Das zeigt, wie wichtig diese Thematik für die Betroffenen, nämlich die Kinder, ist.

Isabel auf der Treppe

DDR 1984 – Regie und Drehbuch: Hannelore Unterberg, nach dem gleichnamigen Hörspiel von Waldtraut Lewin – Darsteller: Irina Gallardo, Teresa Polle, Mario Krüger u. a. – 70 Min. – Farbe – empfohlen ab 10 Jahren
16 mm: BAG; Unidoc
35 mm: Unidoc

›Isabell auf der Treppe‹

»Mein erster Ansatz war, Kindern zu erzählen, wie es anderen Menschen schlecht geht. Ich wollte ihnen die Situation der Chilenen im Exil bewußter machen, damit die Patenschaften, die es in früheren Jahren viel gegeben hat und die inzwischen abgeklungen sind, wieder mit Leben erfüllt werden.« Für Hannelore Unterberg gehörten die Gespräche mit Kindern ebenso zu den Vorbereitungen wie das Sichten dokumentarischen Materials aus Chile. Nach jahrelangen Recherchen ist schließlich dieser Film entstanden, der vom Schicksal des Mädchens Isabel erzählt. Mit ihrer Mutter mußte sie aus ihrer Heimat, einem von der Militärjunta beherrschten Land, fliehen. Sie sind zwei von vielen, die in der DDR Aufnahme gefunden haben. Täglich erwartet Isabel auf der Treppe im Hochhaus den Postboten, ob er einen Brief vom Vater dabei hat, der in Chile inhaftiert ist. Als die Nachricht vom Tod des Vaters eintrifft und die Mutter zusammenbricht, nimmt die Familie Kunze, die vorher gleichgültig bis mißtrauisch die Chilenen als Fremdkörper im Haus empfand, das Mädchen bei sich auf. Nur der zwölfjährige Philipp Kunze hat sich von Anfang an als echter Pate Isabels verstanden.

Der Film behandelt ein Problem, das übertragbar ist: Toleranz, Gastfreundschaft, Verständnisbereitschaft – der Umgang mit Ausländern im eigenen Land.

Jakub (Jakub)

ČSSR 1976 – Regie: Ota Koval – Drehbuch: Katerina Slobodova – Darsteller: Filip Renc, Vladislav Mrkvicka u. a. – 85 Min. – Farbe – empfohlen ab 10 Jahren
16 mm: BAG; EMZ 12; KJF; LBS 1–14; LFD 7

Der elfjährige Jakub lebt im Heim und erzählt dort voller Stolz weiter, was ihm einst seine Mutter erzählte, nämlich daß sein Vater in Afrika arbeitet und die tollsten Abenteuer erlebt. Seine Freude ist riesengroß, als eines Tages der Traum-Vater vor der Tür steht und ihn aus dem Kinderheim holt. Als Jakub die Wahrheit über den Vater erfährt – daß der nicht in Afrika, sondern im Gefängnis war –, bricht für ihn eine Welt zusammen. Durch Ehrlichkeit gelingt es dem Vater, das Vertrauen des Jungen zurückzugewinnen.

›Jakub‹

»Sosehr der Film von unterhaltsamen Elementen getragen ist, so tief lotet er das Verhältnis des Vaters zu seinem Jungen aus. Jakub ist zu klein, um den wirklichen Sachverhalt zu verstehen, meint der Vater. Er ist zu feige, mir die volle Wahrheit zu sagen, meint der Sohn, der bereits gewohnt ist, weithin selbständige Entscheidungen zu treffen. (...) Regisseur Ota Koval verzichtet bewußt darauf, einen harmonischen Kinderfilm zu gestalten. Er zeigt, daß das Leben auch für Kinder nicht einfach sein muß, sondern daß es Probleme geben kann, die gelöst werden müssen.« *(film-dienst 21 114, 1979)*

Kenny (The Kid Brother)

Kanada/USA/Japan 1987 – Regie und Drehbuch: Claude Gagnon – Darsteller: Kenny Easterday, Caitlin Clarke, Liane Curtis, Jesse Easterday jr. u. a. – 95 Min. – Farbe – empfohlen ab 10 Jahren
35 mm: atlas

Kenny, 13 Jahre alt, lebt in Pittsburgh/USA. Er ist es gewohnt, daß internationale Fernsehteams zu Hause ein- und ausgehen, um ihn zu filmen. Denn Kenny ist das, was man in der Medienwelt einen »Sensationsfall« nennt: ein Junge, der ohne Beine und ohne Unterkörper auf die Welt gekommen ist – auf den ersten Blick ein Schock. Nicht nur für die Menschen seiner Umgebung, sondern auch für die Zuschauer des Films. Kenny spielt sich selbst in diesem dokumentarischen Spielfilm, die Handlung ist aus seinem Leben gegriffen. »Kennys Familie ist eine Arbeiterfamilie, sein Vater war seit fünf Jahren arbeitslos und hatte deshalb beschlossen, Kenny zu Hause zu versorgen. Jahrelang dachte er, er kann nicht anders, er muß bei ihm in der Nähe bleiben«, so der Regisseur Claude Gagnon.

Ein Fernsehteam begleitet den Jungen Kenny, wird Zeuge,

›Kenny‹

wie er auf Händen behende die Treppen erklimmt, auf seinem Skateboard durch die Straßen flitzt, wie er überhaupt mit seinem Leben zurechtkommt. Kenny wird weder bedauert noch idealisiert, sondern so gezeigt, wie er ist. Ein Junge, der mit seiner Behinderung lebt, der eine eigene Lebensstrategie daraus entwickelt hat, witzig ist, voller ironischer Nachsicht für seine Mitmenschen, und der seine Behinderung nicht kaschiert. So lehnt er es beispielsweise ab, sich von Orthopäden Prothesen verpassen zu lassen, was nur den Sinn hätte, die Empfindungen der Mitmenschen zu schonen.

Der Film – bisher in 23 Länder verkauft – hat bei den Easterdays zu Veränderungen geführt. Die Familie ist in ein neues Haus gezogen, der Vater hat eine Stelle als Mechaniker angenommen, die Mutter arbeitet als Altenpflegerin in einem Heim. Kenny ist kein Pflegefall.

»So wie die Mutter langsam gelernt hat, den Jungen anzunehmen, lernt der Zuschauer das in gleicher Weise. Und Kennys Spontaneität und Selbstsicherheit machen es leicht, sich mit ihm zu beschäftigen. Je näher man Kenny kennenlernt, wie er unbekümmert und lebenslustig, aber auch traurig und nachdenklich sein kann, um so weiter tritt die Körperbehinderung zurück, wird unwichtig. Daß Menschsein mehr ist als einen gesunden Körper zu haben, macht dieser Film auf eindringliche Weise deutlich.«

(H. Strobel, in: Kinder- und Jugendfilm Korrespondenz, Nr. 34/2'88)

Dieser Film bewegt die Menschen, die ihn sehen, Behinderte wie Nichtbehinderte. Claude Gagnon berichtet von weltweiten Reaktionen: »Immer wieder kommen Leute und sagen, danke Kenny, du hast uns geholfen. Die Kinder können durch den Film die Erfahrung machen, wie es ist, selbst einen behinderten Bruder oder eine Schwester zu haben, und sich fragen, wie sie darauf reagieren.«

Und Elke, 13, die den Film beim KinderFilmFest Berlin 1988 gesehen hat, meint: »Ich fand es bewundernswert, wie Kenny im Leben zurechtkommt und daß er so akzeptiert werden will, wie er ist. Traurig war nur, daß seine Schwester ihn so abgelehnt hat.«

Kes

Großbritannien 1969 – Regie: Kenneth Loach – Drehbuch: Kenneth Loach und Tony Garnett, nach der Erzählung »Kestrel for a Knave« von Barry Hines – Darsteller: David Bradley, Freddie Fletcher u. a. – 110 Min. – Farbe – empfohlen ab 10 Jahren
16 mm: EMZ 12; Meteor
35 mm: UIP

Billy Casper lebt mit seiner Mutter und seinem Bruder ärmlich in einer Bergarbeitersiedlung. Der schmächtige, sensible Junge leidet unter der lieblosen Umgebung, unter dem Bruder, der ihm gegenüber seine körperliche Überlegenheit ausspielt und Macht ausübt, unter der Mutter, die sich mehr um Bekanntschaften kümmert als um Billy, unter den Hänseleien der Mitschüler. Nur ein Lehrer hat Verständnis für ihn. Er besucht ihn und weiß von der Existenz des jungen Falken, mit dem Billy Freundschaft geschlossen hat, den er abrichtet und »Kes« nennt. Die Freundschaft zu dem Falken endet tragisch, aber dennoch: Billy hat Fähigkeiten entwickelt, die ihm nicht genommen werden können.

»Der englische Regisseur Kenneth Loach weist sich mit diesem Film erneut als ein Meister des sozialkritischen Films aus. Er schildert vor dem Hintergrund einer tristen Industrievorstadt das Schicksal eines durch Gleichgültigkeit, Gewalt und Egoismus der Umwelt geprägten 15jährigen Jungen, der mit Hilfe der Abrichtung eines Falken versucht, zur Selbstverwirklichung zu finden. Das Thema wird durch die hervorragende Darstellung des Jungen David Bradley, durch die meisterhafte Kameraführung und die gelungene Synchronisation zu einem eindringlichen Erlebnis.« *(Begründung der Ev. Filmgilde zur Empfehlung als »Film des Monats« März 1972)*

Auch ein Film zur Rubrik *Tier- und Naturfilme*

Lukas (Lukas)

ČSSR 1982 – Regie: Otakar Kosek – Drehbuch: Petr Krenek, Otakar Kosek – Darsteller: Daniel Vychopen, Tomás Zálesák, Ján Mistrik u. a. – 76 Min. – Farbe – empfohlen ab 10 Jahren

›Lukas‹

16 mm: AV-Film; BAG; EMZ 12; KMZ 2,10,12,22; LBS 13;
LFD 4
Die Idylle der lieblichen Mittelgebirgslandschaft (in der Wa-
lachei im Süden der Tschechoslowakei) täuscht: Der zwölfjährige Lukas wird schon früh mit den Problemen Erwachsener
konfrontiert. Sein Vater trinkt, seine Mutter leidet darunter,
und der Junge empfindet soziale Scham. Nur mit seinem jüngeren Bruder Kuba kann er immer wieder unbeschwert und
lustig sein. Dieses brüderliche Verhältnis und das Verständnis
seines Lehrers geben ihm die Kraft, mit den Problemen fertig
zu werden und den Vater nicht zu verdammen.
»Ich finde, der Vater sollte Verständnis haben für seinen Sohn
Lukas und Lukas für seinen Vater. Der Lehrer will dabei helfen. Nach einer Weile trinkt der Vater wieder. Lukas ist verzweifelt. Ich wäre auch verzweifelt. – Ende. – Ich glaube, der
Vater hält jetzt sein Versprechen. Er soll es schaffen, der
Vater.« *(Heike, 10 Jahre)*

266

Sabine Kleist, 7 Jahre

DDR 1982 – Regie und Drehbuch: Helmut Dziuba – Darsteller: Petra Lämmel, Simone von Zglinicki u. a. – 73 Min. –
Farbe – empfohlen ab 6 Jahren
16 mm: KJF; KMZ 2,13; LBS 1,4,8,9,13; LFD
Sabine Kleist, sieben Jahre alt, Waisenkind, wächst im Heim
auf und hat in der Erzieherin Edith einen Mutterersatz gefunden. Als Edith ihre Arbeit aufgibt, weil sie selbst ein Kind erwartet, ist Sabine gekränkt, zornig – und läuft weg. Neugierig

›Sabine Kleist, 7 Jahre‹

267

erkundet sie die Großstadt Berlin und erlebt Aufregendes: Zirkus, Beerdigung, Entbindungsklinik, Familienausflug, Nachtquartier. Je länger sie unterwegs ist, desto mehr begreift sie, wohin sie gehört, findet schließlich zu sich selbst und ins Heim zurück.

»Sabine lernt viele verschiedene Menschen kennen, Ausländer, Betrunkene, Traurige und viele andere. Und jedem hilft sie auf ihre Art. Deshalb ist der Film sehr lehrreich. Sie hat auch überhaupt keine Angst, daß es vielleicht böse Menschen sind. Ich hätte da eigentlich Angst. Mir hat der Film sehr gut gefallen.«   *(Laura, 11 Jahre)*

Taubenjule

DDR 1983 – Regie: Hans Kratzert – Drehbuch: Margot Beichler, nach dem Kinderbuch »Das Mädchen mit dem roten Pullover« von Edith Berger – Darsteller: Jördis Hollnagel, Mario Krüger u. a. – 69 Min. – Farbe – empfohlen ab 8 Jahren
16 mm: BAG

Die elfjährige Jella wohnt in Altenpriel, einem kleinen Dorf in der Nähe von Schwerin. Sie freut sich auf den Umzug in die Stadt, im Gegensatz zu Freitag, ihrem Freund, der traurig ist und ihr zum Abschied ein Taubenpärchen schenkt. Doch in der Stadt ist's nicht so, wie es sich Jella vorgestellt hat. Sie bekommt Heimweh. Aber als sie mit ihren Tauben in Altenpriel eintrifft, merkt sie, daß es auch hier nicht mehr so ist, wie sie es sich vorgestellt hatte, ihr Platz ist von einer anderen eingenommen worden. Damit wenigstens die Tauben glücklich sind, läßt sie sie frei. Und sie fliegen nach Hause: in die Stadt, in der sich auch Jella bald zu Hause fühlen wird.

Hans Kratzert über die Problematik seines Films: »Daß Menschen ihren Wohnsitz aufgeben, vom Dorf in die Stadt ziehen, ist normale Selbstverständlichkeit. Die Frage aber ist, wie bewältigt der einzelne, wie die Familie dieses Ereignis? Wie ist das mit dem Einleben und Einordnen im neuen Lebenskreis?

›Taubenjule‹

Vor allem – wie setzen sich Kinder mit dem Abschied von ihrer gewohnten Umwelt auseinander, wie erobern sie sich ihr neues Zuhause, ihre Heimat im engeren Sinne?«

Weiße Wolke Carolin

DDR 1985 – Regie und Drehbuch: Rolf Losansky, nach dem gleichnamigen Buch von Klaus Meyer – Darsteller: Andreas Roll, Constanze Berndt u. a. – 85 Min. – Farbe – empfohlen ab 10 Jahren
16 mm: Unidoc
35 mm: Unidoc
»Eine Liebesgeschichte« – so lautet der Untertitel von Klaus Meyers (in der DDR erschienenem) Kinderbuch *Weiße Wolke Carolin,* und in diesem Sinne hat DEFA-Regisseur Rolf Losansky die ideen- und poesiereiche Vorlage für das junge Kinopublikum inszeniert. Wobei noch beträchtlich mehr Liebe im Spiel ist, als die zwischen dem elfjährigen Hannes Wittspeck und seiner Freundin Carolin. »Liebe zur Natur, zu den Schönheiten der norddeutschen Heimat, auch Freundlichkeit, Wärme und Sich-Zuhause-Fühlen charakterisieren das ›Klima‹ dieses Films, der die Freuden und Konflikte seiner jungen Helden beim Entdecken ihrer Welt beobachtet. Geschickt verknüpft sind dabei Spannung und Abenteuer, Nachdenklichkeit und diskrete Lebenslektion.«

(Neue Kinderfilme, Progress-Pressebulletin, 1985)

Zeitgeschichte

So wird Geschichte lebendig

Viele dieser Filme tragen autobiographische Züge ihrer Autoren. Kindheitserlebnisse, Erinnerungen an die Kriegs- und Nachkriegszeit werden mit den Erfahrungen und dem Bewußtsein von heute reflektiert. Schicksale von Kindern, die ältere wie junge Zuschauer bewegen – wenn auch aus unterschiedlichen Gefühlen heraus.

Aus persönlichem Anliegen, persönlicher Betroffenheit, sind Filme wie *Auf Wiedersehen Kinder, Hoffnung und Ruhm, Peppermint Frieden* oder *Sie nannten ihn Amigo* entstanden.

Helmut Dziuba, geboren 1933 in Dresden, ist einer der wenigen Regisseure, der sich immer wieder mit Themen aus der deutschen Vergangenheit beschäftigt *(Rotschlipse, Als Unku Edes Freundin war, Jan auf der Zille)* und versucht, seinem jungen Publikum Zeitgeschichte nahezubringen, um ihm die Welt von heute erklärbar und durchschaubar zu machen: »Die Generation, die jetzt mündig wird, muß eine sehr komplizierte Wirklichkeit verkraften, tiefgehende Widersprüche begreifen und lösen lernen. Diesen Prozeß sollte Kunst mit beeinflussen. So verstehe ich es als mein Anliegen, einen Beitrag zu leisten zu jener schwierigen und unumgänglichen Erziehung der Gefühle Heranwachsender, mit denen man um so achtsamer umgehen muß, als sie uns vertrauen.«

Dziubas Kindheit fiel in eine Zeit, die zu den dunkelsten Kapiteln der Geschichte gehört, in einem Land, von dessen Boden diese verheerende und verhängnisvolle Geschichte ausging, von einem Regime, das mit seiner faschistischen Propaganda bereits Kinder geschickt umwarb (siehe zum Beispiel *Die Kinder aus Nr. 67*), um sie für ihre Ziele zu begeistern – und damit zu mißbrauchen.

Helmut Dziuba: »Ich gehöre zu denen, die mit dem Stolz auf deutsche ›Stukas‹ und dem Vorbild des ›Hitlerjungen Quex‹ groß geworden sind, und ich entsinne mich genau des unbändigen Staunens angesichts des sowjetischen Films *Es blinkt*

271

ein einsam Segel (1937 entstanden, von Dziuba erst in den 50er Jahren während seines Studiums an der Moskauer Filmhochschule gesehen). Aus diesen Polen eigener Erfahrung wuchs eine starke Verantwortung, das Bedürfnis, sich Jüngeren mitzuteilen, ihnen einen Zugang zur Vergangenheit zu erschließen, die übrigens sehr relativ ist – der gestrige Tag ist heute schon Geschichte.«

Allen Filmen ist das Engagement für Kinder und das Recht auf eine friedliche Kindheit gemein, die Verantwortung vor der Geschichte, die Erkenntnis, daß nur durch ein differenziertes Geschichtsbewußtsein Kinder sensibilisiert werden für Recht und Unrecht. Filme als Geschichtsunterricht – ohne erhobenen Zeigefinger, ohne belehrenden Unterton.

Als Unku Edes Freundin war

DDR 1980 – Regie: Helmut Dziuba – Drehbuch: Hans-Albrecht Pederzani, nach Motiven von Alex Wedding – Darsteller: Axel Lindner, Jacqueline Ody u. a. – 72 Min. – Farbe – empfohlen ab 8 Jahren
16 mm: BAG; EMZ 12; LBS 4; Unidoc
35 mm: Unidoc
Berlin, Ende der 20er Jahre, zur Zeit der großen Arbeitslosigkeit, der Streiks und Straßenkämpfe, der wachsenden Juden- und Zigeunerfeindlichkeit. Der zwölfjährige Ede ist bedrückt, daß sein Vater keine Arbeit hat, und möchte helfen. Aber wie? Er befreundet sich mit Unku, dem Zigeunermädchen, das auch Probleme hat – allein wegen seiner Abstammung. Leicht haben sie's nicht miteinander, und auch Edes Glauben an Gerechtigkeit und Ehrlichkeit wird erschüttert.

»Ich finde gut, daß man einmal weiß, wie es früher war. Der Film ist sehr glaubwürdig und gut gemacht. Man kann auch aus dem Film lernen, zum Beispiel: Man soll die Zigeuner nicht schimpfen.« *(Roland, 11 Jahre)*

Das ist auch die Absicht des Regisseurs Helmut Dziuba gewesen, der für Kinder von heute Zeitgeschichte erfahrbar macht: »Aus dem Geschichtsunterricht kann man wissen, was damals war. Aber sich das lebendig vorzustellen, als Familien- und Kinderalltag von damals, das ist gar nicht leicht.«

›Als Unku Edes Freundin war‹

Auf Wiedersehen Kinder (Au revoir les enfants)

Frankreich/BRD 1987 – Regie und Drehbuch: Louis Malle –
Darsteller: Gaspard Manesse, Raphael Fejtö u. a. – 100 Min.
– Farbe – empfohlen ab 10 Jahren
16 mm: Matthias
35 mm: Concorde
Frankreich im Winter 1944. Erzählt wird die Geschichte der
Freundschaft zwischen Julien und Bonnet, der eigentlich Kip-
pelstein heißt, Jude ist und von den Mönchen im Internat vor
den deutschen Besatzern versteckt wird.

›Auf Wiedersehen Kinder‹

»*Auf Wiedersehen Kinder* basiert auf einer Erinnerung aus
meiner Kindheit, die sich mir als die dramatischste einge-
prägt hat. 1944 war ich elf Jahre alt und Schüler eines katholischen Internats in der Nähe von Fontainebleau. Einer meiner
Mitschüler, der erst zu Beginn des Jahres neu dazugekommen
war, machte mich ganz besonders neugierig. Er war anders,
irgendwie geheimnisvoll. Ich hatte gerade begonnen, ihn
kennenzulernen, ihn gern zu haben, als eines Morgens unsere
kleine Welt zusammenbrach. (…) Durch den Blick des Jungen Julien, der mir ähnlich ist, habe ich versucht, diese erste,
stärkste und abrupt zerstörte Freundschaft wiederzufinden
und die Entdeckung der absurden Welt der Erwachsenen mit
ihrer Gewalt und ihren Vorurteilen. 1944 ist fern, doch ich
weiß, daß ein Jugendlicher von heute meine Gefühle teilen
kann, denn Ungerechtigkeit und Rassismus sind nicht verschwunden.« *(Louis Malle, dessen Film*
›Auf Wiedersehen Kinder‹ bei den Internationalen Filmfestspielen in Vene-
dig 1987 den Hauptpreis bekam)

Des Henkers Bruder

DDR 1979 – Regie: Walter Beck – Drehbuch: Brigitte Kirsten, nach dem gleichnamigen Jugendroman von Hanna-Heide Kraze – Darsteller: Frank Grunwald, Gunter Friedrich u. a. – 84 Min. – Farbe – empfohlen ab 10 Jahren
16 mm: atlas; Unidoc
35 mm: Unidoc
Deutschland im 16. Jahrhundert, kurz vor Ausbruch des Bauernkrieges. Christoph, Sohn des armen Bauern Herlinger, muß erleben, wie ihnen die letzte Kuh genommen und sein Vater geächtet wird, weil dessen ältester Sohn Jacob, Christophs Bruder, Henker ist. Christoph lernt den Bauernführer Joß kennen, schließt sich den aufständischen Bauern an, wird des Lesens und Schreibens kundig und des Umgangs mit dem Schwert. Es kommt zu einer dramatischen Begegnung der beiden Brüder.
Hanna-Heide Kraze, deren Buch, auf dem der Film basiert,

›Des Henkers Bruder‹

1956 in der DDR erschien: »Es ging mir darum, daß wir auch eine Vergangenheit haben, auf die wir stolz sein können, und nicht nur eine, von der wir uns distanzieren müssen. (...) Der junge Held des Films (Christoph) entspricht meinen Vorstellungen, und gerade das bestätigt mir, daß ich diese Gestalt richtig erfunden und gesehen habe. Wenn heute ein Junge diese Rolle so spielen kann, dann doch nur, weil das nicht nur historisch, sondern auch aus der Sicht der Gegenwart stimmt.«

Das Gefolge der schwarzen Feder
(Družina černeho pera)

ČSSR 1974 – Regie: Ota Koval – Drehbuch: Milan Pavlik, Ota Koval – Darsteller: Filip Renč, Ladislav Mrkvička, Jaroslava Tichá u. a. – 82 Min. – Farbe – empfohlen ab 8 Jahren
16 mm: BAG; EMZ 4; Imbild; LBS 4,6,8,12; LFD 2,4,6,7,8
In der Tschechoslowakei im Jahr 1917; man ist des Krieges überdrüssig, den man nicht gewollt hat, der nur Not und Leiden mit sich bringt. Die Spiele der Kinder sind von dieser Zeit geprägt: Truppenübungsplätze und Kasernen sind ihre Spielplätze. Zu der Kindergruppe gehören auch der kleine Ladek und sein Bruder Hudla, die in großer Not leben. Als Ladek eine Krähe findet, ein Leckerbissen in jener schlechten Zeit, gründen die Kinder das »Gefolge der schwarzen Feder«, sechs Jungen, jeder mit einer Krähenfeder auf der Brust. Sie streifen durch die Umgebung, erleben Abenteuer, werden aber immer wieder von der Realität eingeholt, müssen zum Beispiel mitansehen, wie sich Offiziere den Wanst vollschlagen, während Ladeks Vater vor Entkräftung vom Gerüst fällt. Die Kinder versuchen, mit ihren bescheidenen Mitteln den Nachbarn und Freunden in der größten Not zu helfen. Als endlich die Meldung vom Kriegsende kommt, gibt es ein großes Fest.
»Ota Koval erzählt von der selbstverständlichen Solidarität der Arbeiterkinder, von politischen Auseinandersetzungen, in die die Kinder hineingestellt werden, denen sie sich mit kindlichem Witz stellen und in denen sie erwachsener werden.«   *(Der tschechoslowakische Film, 1975)*

Grüne Jahre (Zidono lata)

Polen 1979 – Regie: Stanislaw Jedryka – Drehbuch: Jerzy Przeździecki – Darsteller: Tomasz Jarosiński, Jacek Bryniarski, Agnieszka Konopczyńska – 97 Min. – Farbe – empfohlen ab 10 Jahren
16 mm: KJF; LBS 1–14; LFD 4
Irgendwo in Schlesien im Jahre 1939, kurz vor Ausbruch des Zweiten Weltkriegs. Drei Kinder sind unzertrennlich: Wojtech, ein polnischer Arbeiterjunge, Abramik, Sohn des jüdischen Schusters, und Erna, die blonde Tochter des deutschen Apothekers. Doch mit Ausbruch des Krieges werden sie sich ihrer unterschiedlichen Herkunft bewußt. Unter dem politischen Druck der Erwachsenen ist ihre Freundschaft schweren Prüfungen und Belastungen ausgesetzt. Nach tragischen Ereignissen und furchtbaren Erfahrungen versprechen sich die Kinder bei ihrer Trennung, sich nach dem Krieg in ihrem Versteck im grünen Palastgarten wiederzutreffen.
Der Film wurde von der Filmauswahlkommission der Arbeitsgemeinschaft der obersten Landesjugendbehörden empfohlen mit der Begründung: »Besonders beeindrucken die schauspielerischen Leistungen, die eine Atmosphäre entstehen lassen, die verdeutlicht, wie sehr Kinder unter der Grausamkeit des Zweiten Weltkrieges litten, den Erwachsene angestiftet haben. Die Handlung des Films ermutigt besonders gegen Schluß zur Versöhnung unter den Völkern.«

Hoffnung und Ruhm (Hope and Glory)

Großbritannien 1987 – Regie und Drehbuch: John Boorman – Darsteller: Sebastian Rice-Edwards, Sarah Miles, Ian Bannen u. a. – 112 Min. – Farbe – freigegeben und empfohlen ab 12 Jahren
35 mm: Neue Constantin
London, im September 1939. Chamberlains Kriegserklärung platzt übers Radio in die kleinbürgerliche Vorstadtidylle der Familie Rohan. Der neunjährige Bill und seine beiden Schwestern erleben die ersten deutschen Fliegerangriffe als Abenteuer, wie viele andere Kinder auch. Zerstörte Häuser werden zum großen Abenteuerspielplatz. Als das Haus der

›Hoffnung und Ruhm‹

Rohans abbrennt, zieht die Familie in das an der Themse gelegene Landhaus des Großvaters. Hier ist vom Krieg nichts zu spüren, kein tristes Grau, nur sattes Grün. Der skurrile Großvater, Patriarch im sonst nur von Frauen bewohnten Haus, sieht in Bill einen Verbündeten, dem er seine ganze Zeit widmet. Die Ferien auf dem Land gehen zu Ende, Bill kehrt

schweren Herzens an der Seite des Großvaters in die Stadt, zur Schule, zurück. Doch die gibt's gar nicht mehr, sie wurde durch eine verirrte Bombe zerstört. Für Bill gehen unerwartet die Sommerferien beim Großvater weiter.
»Dies ist die Geschichte einer Familie. Und die des Krieges, wie ich ihn als Kind erlebt habe – einer Zeit zwischen Aufregung und Vergnügen. Bei jedem Fliegerangriff wurde die Schule evakuiert. (...) Es war eine großartige Zeit für uns Kinder, mit nur gelegentlich einem üblen Moment. Gerade der richtigen Mischung aus Terror und Heiterkeit.«

(John Boorman)

»Kein Film über den Krieg, sondern ein Film *unter* dem Krieg: Hoch oben, in den Köpfen der Erwachsenen geht es um die Rettung des Empire und die Verteidigung der Insel. Und noch weiter droben, in unwahrscheinlichen Höhen, kämpfen britische gegen deutsche Kampfpiloten. Die Untersicht aber ist unschuldig: In den Augen der Kinder sieht der Krieg wie ein großes Spiel aus. John Boorman übernimmt diese Perspektive und beweist damit en passant, daß das Kino ein magisches Instrument ist: Mit technischen Mitteln allein läßt sich nicht erklären, warum auch wir Zuschauer durch die Augen der Kinder schauen.«

(C. Seidl, Süddeutsche Zeitung v. 23.6.87)

Jan auf der Zille

DDR 1986 – Regie: Helmut Dziuba – Drehbuch: Helmut Dziuba, Hans Albert Pederzani, frei nach Motiven der gleichnamigen Erzählung von Auguste Lazar – Darsteller: Peter Scholz, Helene Anders, Peter Sodann, Hermann Beyer u. a. – 87 Min. – Farbe – freigegeben und empfohlen ab 12 Jahren 35 mm: Unidoc
Deutschland im Jahre 1933. Der Film beginnt mit einem Fememord an einem SA-Mann, der dem Vater des 13jährigen Jan, einem Kommunisten, in die Schuhe geschoben wird. Der Junge, der seinen Vater besucht und ihn nicht antrifft, kann nicht glauben, daß der ein Mörder sein soll. Bei seiner verzweifelten Suche nach dem Flüchtigen und Verfolgten über Land und zu Wasser, auf einer Zille (so hießen Fracht-

›Jan auf der Zille‹

kähne auf der Elbe), trifft er auf Menschen, von denen er
nicht weiß, ob sie Freund oder Feind sind. Wird Jan seinen
Vater wiedersehen? Die Spannung läßt bis zum Schluß des
Films nicht nach.

Der Regisseur Helmut Dziuba macht es sich nicht leicht, Heranwachsenden zu helfen, sich in einer widersprüchlichen und
konfliktreichen Welt zurechtzufinden. Jedem seiner Filme ist
sein hoher Anspruch an Inhalt und formaler Qualität eigen.

»Über allem waltet eine höchst beeindruckende dramaturgi-
sche und inszenatorische Sicherheit. Sie läßt sich mit einem
Wort charakterisieren: Realismus. Es ist dies die Qualität,
die sich Helmut Dziuba mit seinen bisherigen Filmen konsequent und stilbewußt erarbeitet hat.«

(H. Ullrich, in: Film und Fernsehen, 5/86)

Die Kinder aus Nr. 67

siehe Rubrik *Neue bundesdeutsche Kinderfilme*

Oliver Twist

siehe Rubrik *Buchverfilmungen*

Peppermint Frieden

BRD 1982 – Regie und Drehbuch: Marianne Rosenbaum –
Darsteller: Saskia Tyroller, Gesine Strempel, Hans Peter
Korff, Peter Fonda u. a. – 112 Min. – s/w und Farbe – freigegeben und empfohlen ab 12 Jahren
16 mm: Basis-Film; LBS 6
35 mm: Basis-Film
Niederbayern 1945. Der Krieg ist vorbei. Die Erwachsenen
beginnen sich neu einzurichten – und Altes zu verdrängen.
Die Kinder wachsen hinein in die moralisierende Verlogen-
heit der Nachkriegszeit. Der Film ist aus der Sicht der kleinen
Marianne gedreht, und die Filmgeschichte ist autobiographisch. Die Filmemacherin Marianne Rosenbaum beschreibt
mit Liebe zum Detail ihre eigene Kindheit und berichtet zu-

›Peppermint Frieden‹

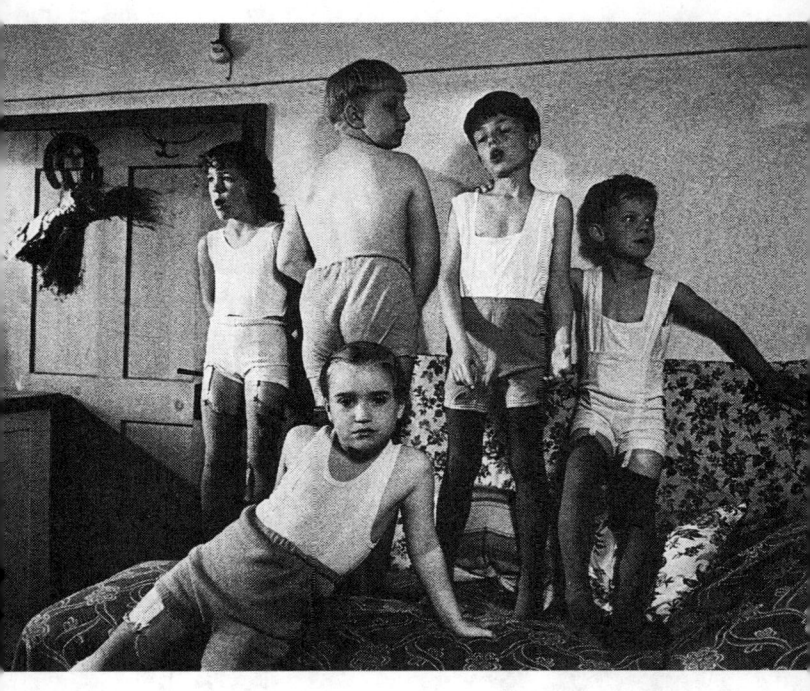

gleich mit größter Genauigkeit am Beispiel eines bayerischen
Dorfes nahe der tschechischen Grenze, auf welchem Boden
die Saat des kalten Krieges aufgehen konnte. Hier liegt alle
Macht beim Pfarrer, der die Gebote Gottes zur Unterdrük-
kung seiner Gemeinde mißbraucht, besonders der Kinder. In
der Schule wettert er ebenso wie von der Kanzel herab gegen
Unkeuschheit und Lust, aber auch gegen Ami-Musik und
Kaugummi als Sinnbilder der amerikanischen »Unkultur«.
Aber Mariannes quälende Frage, »wo war Gott im Krieg« beantwortet er nicht, sondern verständigt den Vater.
Der Film ist ein Stück Vergangenheitsbewältigung und gleichzeitig Dokumentation, legt Erinnerungen frei bei Erwachsenen. Kindern macht er gesellschaftliche und politische Entwicklungen bewußt und erklärt Zusammenhänge: zwischen
Kirche und Staat, Religion und Politik.

Rotschlipse

DDR 1978 – Regie: Helmut Dziuba – Drehbuch: Hans Albert
Pederzani – Darsteller: Andreas Reinschmidt, Babette Brei-
tenborn, André Schneider u. a. – 82 Min. – Farbe – empfohlen ab 8 Jahren
16 mm: Unidoc
Berlin 1926. Sommerzeit – Ferienzeit. Für Berliner Arbeiterkinder jener Zeit ist das keine Selbstverständlichkeit. Aber
auch sie möchten raus ins Grüne, raus aus den miefigen Hin-
terhöfen der Großstadt. Sie suchen einen Platz in der Sonne,
und das gelingt ihnen mit Hilfe tatkräftiger Erwachsener.
Gegen viele Widerstände schaffen sich die »Rotschlipse« – als
Zeichen ihrer Einstellung und Verbundenheit tragen sie ein
rotes Halstuch – ihr eigenes Ferienlager.
»Nun könnte man ja fragen: Interessiert uns diese alte Zeit
überhaupt noch? Ist nicht heute alles ganz anders, haben wir
nicht andere Probleme? (…) Aber wenn man darüber nach-
denkt, kommt man darauf: Gestern und Heute und Morgen
gehören zusammen. So einfach ist das – einfach wie die kleine
Geschichte, die dieser Film erzählt.« *(Hans Albert Pederzani)*

Sie nannten ihn Amigo

DDR 1969 – Regie: Heiner Carow – Drehbuch: Wera und
Claus Küchenmeister – Darsteller: Ernst-Georg Schwill,
Erich Franz u. a. – 65 Min. – s/w – empfohlen ab 10 Jahren
16 mm: Unidoc
35 mm: Unidoc
Berlin im Sommer des Jahres 1939. Die Nazis sind an der
Macht. Das Leben hat sich verändert, besonders für die, die
anders denken. Das betrifft auch Kinder. Erzählt wird die Geschichte des 13jährigen Rainer, den alle Amigo nennen, was
Freund heißt, denn alle mögen den hilfsbereiten, freundlichen Arbeiterjungen. Eines Tages entdecken Amigo und sein
Bruder Hotte in einem Kellerverschlag einen Fremden, der
ihnen anvertraut, daß er aus einem Konzentrationslager geflohen ist. Die Jungen versorgen ihn heimlich. Niemand darf
es wissen, weil in dieser Zeit solche Nächstenliebe lebensge-

›Sie nannten ihn Amigo‹

fährlich ist. Auch für Kinder. Amigo wird verraten, seinVater soll für die »Tat« des Sohnes büßen, doch Amigo stellt sich selbst, um den Vater und den Versteckten zu retten. Ein bewegender und erschütternder Film.

Stern ohne Himmel
siehe Rubrik *Neue bundesdeutsche Kinderfilme*

Der Zug in die Station Himmel
(Vlak do stanice nebe)

ČSSR 1972 – Regie: Karel Kachýna – Drehbuch: Ota Hofman, Karel Kachýna – Darsteller: Zdena Smrčkova, Michal Vavruša, Josef Koza u. a. – 73 Min. – Farbe – empfohlen ab 10 Jahren
16 mm: AV-Film; BAG (Hinweis: Leider ist der Ton dieser Kopie schwer zu verstehen.)
Prag im Jahre 1944. Dagmar wird wegen der Fliegerangriffe von ihrer Mutter von der Stadt aufs Land geschickt, zum Großvater. Sie fährt mit dem Zug bis zur Station »Himmel«, wo der Großvater lebt, weitab hinten imTal. Auf einem idylli-

schen Fleckchen Erde hat er Kuh und Schwein im Stall und herrliches Spielzeug auf dem Speicher. Doch der Friede täuscht, auch hier ist Krieg. In den Bergen haben sich Partisanen versteckt, deutsche Truppen suchen sie. Dagmar und die Dorfkinder, mit denen sie Freundschaft geschlossen hat, machen einen Plan, wie sie die Fremden vertreiben können. Der Film endet mit dem Sieg der Partisanen, an dem die Kinder ihren Anteil haben.

»Das wirklich Gute an dem Film ist, daß es wirklich passiert ist. Es ist auch spannend, wie die beiden die Lokomotive kapern wollen. Ab und zu sind romantische Einlagen zu sehen, die dem Film die Würze geben.« *(Maxi, elf Jahre)*

Kindheiten

Als das Kind Kind war,
war das die Zeit der folgenden Fragen:
Warum bin ich ich, und warum nicht du?
Warum bin ich hier, und warum nicht dort?
Wann begann die Zeit, und wo endet der Raum?
Ist das Leben unter der Sonne nicht bloß ein Traum?
Ist, was ich sehe und höre und rieche,
nicht bloß der Schein einer Welt vor der Welt?
Gibt es tatsächlich das Böse, und Leute,
die wirklich die Bösen sind?
Wie kann es sein, daß ich, der Ich bin,
bevor ich wurde, nicht war,
und daß einmal ich, der Ich bin,
nicht mehr Der-ich-bin sein werde?

*»Lied vom Kindsein«, zweite Strophe, von Peter Handke
(»Himmel über Berlin«, Filmverlag)*

Abel, dein Bruder
siehe Rubrik *Gegenwartsfilme*

Åke und seine Welt (Åke och hans värld)

Schweden 1984 – Regie und Drehbuch: Allan Edwall, nach
dem gleichnamigen Roman von Bertil Malmberg – Darsteller: Martin Lindström, Loa Falkman, Gunnel Fred u. a. –
98 Min. – Farbe – empfohlen ab 10 Jahren
16 mm: atlas; KJF; KMZ 2
35 mm: Trollfilm
In einer kleinen Stadt im Schweden der 20er Jahre wächst der
sechsjährige Åke heran. Der Vater ist Arzt, die Mutter kümmert sich liebevoll um ihre beiden Kinder. Aus der Gebogen-
heit seines Elternhauses heraus kann er Erfahrungen mit anderen Menschen machen: mit dem Schuldirektor, der in seiner Familie ein strenges Regiment führt, mit dem Pfarrer, der
seine Gemeindemitglieder wegen der Unlust am sonntägli-

›Åke und
seine
Welt‹

chen Kirchengesang tadelt, mit dem sektiererischen Schuster, mit der geistig verwirrten Cousine und mit der pfeiferauchenden Großmutter, die von Knarrgeistern und Trollen erzählt. Åkes Welt ist auch die der Kinder. Mit seiner kleinen Schwester Aja und seinem schmächtigen Freund Kalle, dessen Vater Gelegenheitsarbeiter und -trinker ist, entdeckt er andere Welten. Åke ist hin- und hergerissen von seinen Gefühlen.

Åkes Entdeckungen in der großen Welt sind mit psychologischem Einfühlungsvermögen ausgedrückt – und in Bildern, die voller Geheimnisse sind.

»Aus dem Blick des Sechsjährigen, der in der Obhut seiner Eltern heranwächst, aber auch die unterschiedlichen Klassenverhältnisse mit ihren sozialen Bräuchen sinnlich wahrnimmt, wird eine kleine, überschaubare Welt sichtbar, die an der Schwelle zur Moderne die Defizite unserer technisierten und geschundenen Umwelt indirekt bewußt macht.«

(Aus der Begründung der Jury der Ev. Filmarbeit zum
»Film des Monats« März 1987)

Am großen Weg (Le grand chemin)

Frankreich 1987 – Regie und Drehbuch: Jean Loup Hubert – Darsteller: Antoine Hubert, Vanessa Guedj, Anémone, Richard Bohringer u. a. – 104 Min. – Farbe – empfohlen ab 10 Jahren
16 mm: KJF; Matthias
35 mm: Senator
Es ist ein heißer Sommer, man schreibt das Jahr 1959. Irgendwo in der Bretagne, an einer einsamen Busstation, von den Einheimischen »Am großen Weg« genannt, steigt die schwangere Claire mit ihrem neunjährigen Louis aus, um ihn zu ihren Freunden Marcelle und Pelo zu bringen. Hier verlebt Louis seine Sommerferien, an der Seite von Martine, der zehnjährigen Nachbarstochter, die den Jungen aus Paris in die kleinen Geheimnisse des Lebens einweiht. Als ihn seine Mutter nach der Entbindung wieder abholt, hat sich nicht nur für Marcelle und Pelo das Leben verändert, sondern auch für den Jungen Louis.

Der Regisseur Jean Loup Hubert hat eigene Kindheitserinnerungen in seinen einfühlsam gestalteten Film einfließen lassen und die Perspektive der Kinder zu seiner Sichtweise gemacht. Sein Sohn spielt die Rolle des Jungen Louis. Der Film bekam beim Internationalen Kinderfilmfestival Frankfurt 1987 den Preis der Kinder-Jury mit folgender Begründung:

»Der Film handelt von Marcelle und Pelo, zu denen Louis, wegen seiner schwangeren Mutter, aufs Land muß. Marcelle und Pelo verstehen sich nicht mehr, seit ihr einziger Sohn bei der Geburt gestorben ist. Pelo fuhr Marcelle nämlich nicht ins Krankenhaus. Seitdem trinkt Pelo und wird gewalttätig. Der Film handelt aber auch von Louis, seiner Freundschaft zu Martine, einem Mädchen aus dem Dorf, und seinen Problemen mit dem Vater, der seine Mutter mit ihm sitzengelassen hat. Deswegen flieht Louis auf das Dach der Kirche, um

289

alleine zu sein. Die Geschichte wurde lustig, unterhaltsam
und ein bißchen nachdenklich stimmend erzählt. Die Schauspieler waren gut, besonders Martine und Pelo. Ausstattung
und Musik wurden passend ausgewählt. Am Ende vertragen
sich Marcelle und Pelo wieder. Das hat uns besonders gefallen.«

Fluchtversuch
siehe Rubrik *Gegenwartsfilme*

Gorkis Kindheit (Detstwo Gorkowo)

UdSSR 1938 – Regie: Mark Donskoj – Drehbuch: I. Grus-
djew, nach der Autobiographie von Maxim Gorki – Darsteller: W. Massalitinowa, M. Trojanowski u. a. – 99 Min. – s/w –
empfohlen ab 10 Jahren
16 mm: Lupe
35 mm: Lupe

›Gorkis Kindheit‹

Nach dem frühen Tod seines Vaters kommt der kleine Alexej Maximowitsch Peschkow in das Haus seines Großvaters. Die Verhältnisse gestatten nicht, daß der Junge zur Schule geht. Er muß in der Tuchfärberei des Großvaters arbeiten. Nur die Großmutter, eine gütige, warmherzige Frau, ist für den kleinen Jungen Trost und Stärke in diesem elenden Leben im Rußland der Jahrhundertwende. Sein Wissensdurst läßt Alexej – der sich als Schriftsteller Maxim Gorki nannte (»der Bittere«) – vom Ort der Kindheit Abschied nehmen.

»Mir hat gefallen, wie die Großmutter sich um Gorki gekümmert hat. Alexej hat seine Rolle gut gespielt. An manchen Stellen war es traurig. Und mir ist auch aufgefallen, daß wir es im Vergleich heutzutage richtig gut haben.« *(Anna, 12 Jahre)*

Mein Leben als Hund (Mitt liv som hund)

Schweden 1985 – Regie: Lasse Hallström – Drehbuch: Lasse Hallström, Reidar Jönsson, Brasse Brännström, Pelle Berglund, nach dem Roman von Reidar Jönsson – Darsteller: Anton Glanzelius, Anki Linden, Tomas von Brömssen u. a. – 101 Min. – Farbe – empfohlen ab 10 Jahren
16 mm: KJF; Matthias
35 mm: Filmverlag

Die Hündin Laika umkreist in einem sowjetischen Satelliten für Forschungszwecke die Erde. Der schwedische Junge Ingemar, zwölf Jahre alt, fühlt mit dem Hund, der nicht mehr lebendig zurückkommen wird. Vor diesem Hintergrund spielt sich ein entscheidendes Stück seiner Kindheit ab. Seine Mutter erkrankt schwer, der Vater ist nicht da, Ingemar kommt zu Verwandten aufs Land. Was sich für ihn als ein Glücksfall erweist, denn in seinem jungen Onkel findet er einen erwachsenen Freund und in der gleichaltrigen Saga eine heranwachsende Freundin. Saga möchte ein Junge sein, Ingemar kann das verstehen und hilft ihr, die weiblichen Merkmale beim Fußballspiel zu kaschieren – bis beide entdecken, daß ein kleiner Busen auch was Schönes ist.

Ein neuer Lebensabschnitt beginnt, als die Mutter stirbt. Ingemar kann beim Onkel auf dem Dorf bleiben. Es ist das Jahr 1959.

›Mein Leben als Hund‹

»Für Hallström gibt es nicht nur Schwarz oder Weiß, Komödie oder Tragödie. Er setzt dem Tragischen das Komische entgegen und stattet den kleinen Ingemar mit Gelassenheit und Humor aus. An diesem Schutzschild prallen die Schicksalsschläge ab. (...) Hallström bekennt sich zu einem Kino der Gefühle, und das ist bei ihm kein Kino verzweifelter nordischer Seelenpein. Bei ihm sind Liebe und Glück noch möglich.«   *(D. Kühn, epd Film, 10/87)*

Robinsonmädchen/Kleines Fräulein Robinson
(Robinsonka)

ČSSR 1974 – Regie: Karel Kachýna – Drehbuch: Ota Hofman nach einem Jugendbuch von Marie Majerová – Darsteller: Miroslava Safránková, Petr Kostka, Vladimir Dloahý u. a. – 80 Min. – Farbe – empfohlen ab 10 Jahren
16 mm: AV-Film; BAG
Nach dem Tod der Mutter muß die 14jährige Blaschka deren Rolle in der Familie übernehmen, was sie völlig überfordert. Allein die Einteilung des knappen Haushaltsgeldes, und dann noch das Versorgen des Vaters und des Babys ... Die Zeiten sind schlecht, auch die kleine Familie ist von Arbeitslosigkeit bedroht. Doch das Buch über Robinson Crusoe hilft dem träumerisch veranlagten Mädchen auf verblüffende Weise, mit der Situation fertig zu werden.
»Ich fand den Film sehr gut, weil er gut ausgeht. Mir hat besonders gefallen, wie Freude und Trauer aufeinandergestoßen sind: die Freude, als das Brüderchen geboren ist, und die Trauer, als die Mutter starb.«   *(Sandra, 10 Jahre)*
»Ich fand es schön, daß das Mädchen wie Robinson gespielt hat und daß sie an ihn glaubte. Denn so dachte sie nicht an ihre tote Mutter.«   *(Christian, 9 Jahre)*
In dem real-phantastischen Film, der in den 20er Jahren in einer Stadt der Tschechoslowakei spielt, versetzen sich Ota Hofman (Drehbuch) und Karel Kachýna (Regie) mit großem Einfühlungsvermögen in die Welt eines heranwachsenden Mädchens, das mit außergewöhnlichen Umständen konfrontiert wird.

Schon wieder springe ich über Pfützen
(Už zase skáču přes kaluže)

ČSSR 1970 – Regie: Karel Kachýna – Drehbuch: Ota Hofman, Karel Kachýna, nach dem Roman von Allan Marshall – Darsteller: Vladimir Dlouhy, Zdenka Hadrbolcová, Luboš Vraspir u. a. – 91 Min. – Farbe – empfohlen ab 8 Jahren
16 mm: AV-Film; EMZ 2,7,12; KMZ 10; LBS 1–3,7,8,10–12, 14; LFD 1,7
Adams sehnlicher Wunsch ist es, Reiter zu werden wie sein Vater, der auf einem böhmischen Gestüt zur Zeit der Donau-Monarchie arbeitet.
Eine Kinderlähmung zerstört seine Hoffnung, nimmt ihm die Zuversicht. Alle seine Pläne scheinen zunichte zu sein. Doch mit Hilfe seiner Freunde und seiner eigenen wiedergewonnenen Willensstärke überwindet Adam die Behinderung. Angespornt durch seine Freunde, die ihn zum Anführer ihrer Bande machen, stärkt Adam seine Kondition und ist schließlich in der Lage, mit der Tatsache, ein lahmes Bein zu haben, weiterzuleben.
»Die ganze Geschichte ist mit den Augen des kleinen Jungen gesehen. Sie ist seine Autobiographie. (…) Das Erzählen entspricht der Art, wie ein Junge die Dinge auffaßt und zum Ausdruck bringt.« *(Karel Kachýna)*

Stine (I din fars lomme/In deines Vaters Tasche)

Dänemark 1972 – Regie und Drehbuch: Lise Roos und Anker Sørensen – Darsteller: Stine Sylvestersen, Preben Kaas, Avi Sagild u. a. – 78 Min. – Farbe – empfohlen ab 10 Jahren
16 mm: BAG; KJF; LBS 1–14; LFD 4,7
Die zwölfjährige Stine ist das älteste von drei Kindern. Äußerlich erscheint ihr Leben in einer dänischen Familie normal. Sie wohnen in einer der üblichen Beton-Vorstädte; Stine besucht eine der modernen, liberalen dänischen Schulen. Die Rollen zu Hause sind klar: Der Vater ist das strenge Familienoberhaupt, die Mutter bemüht sich um Ausgleich und Vermittlung, Stines jüngere Geschwister fühlen sich aufgehoben in ihrer Familie, Stine nicht. Was zur Folge hat, daß sie als

»schwierig« gilt; weil sie mehr mit sich zu tun hat und nicht versucht, sich anderen zu erklären, sondern immer wieder in ihre Phantasiewelt flüchtet. Stine hat Zweifel, ob ihre Eltern wirklich ihre Eltern sind, sie sucht nach ihrer Identität. Ein Mädchen im Umbruch, mit Sehnsucht nach der Geborgenheit ihrer viel einfacheren Kindheit, andererseits mit hochgesteckten Wünschen ans Leben.

»Ich finde, Stine lebt in einer Welt, in der es keiner aushält. Das Tolle an dem Film ist, daß er so natürlich fabriziert ist. Auch finde ich gut, daß Stine trotz ihrer Eltern sich eine Welt ausmalt, in der man wirklich leben kann – ohne Schwierigkeiten. Wenn man so mit seiner Umwelt zu kämpfen hat, kann man nicht anders handeln als Stine. Allein schon unerträglich für Stine war, daß ihre Geschwister von den Eltern lieber gemocht worden sind. Wenn ein Kind sich zu Hause nicht wohl fühlt, fühlt es sich von den Eltern ausgeschlossen. So glaube ich, haben manche Eltern, die den Film mitverfolgt haben, einige ihrer Fehler eingesehen. In dem Film war noch gut, daß – und da mögen jetzt Meinungsverschiedenheiten auftreten, aber es ist wirklich gut ausgedrückt – man als Zwölf- bis Dreizehnjährige die schlimmste Krise durchstehen muß.«

(Natalie, 14 Jahre)

Taschengeld (L'argent de poche)

Frankreich 1975 – Regie: François Truffaut – Drehbuch: François Truffaut, Suzanne Schiffman – Darsteller: Geory Desmouceaux, Philippe Goldman, Sylvie Grezel u. v. a. – 105 Min. – Farbe – empfohlen ab 10 Jahren
16 mm: BAG; KMZ 10; LBS 4,6; Zentral-Film-Verleih
35 mm: Lupe
Taschengeld ist ein Episodenfilm aus der Welt der Kindheit, von der Babyflasche bis zum ersten Kuß. Verständnisvoll und einfühlsam hat François Truffaut 18 Episoden inszeniert, die Entwicklung der Kinder nachgezeichnet.
Dazu François Truffaut:
»Wir haben die schwierige Balance zwischen Ernst und Leichtigkeit gesucht. Sylvie darf nicht mit ins Restaurant, weil sie ungezogen war. Richard leiht zwei Freunden das Geld, das er

für den Friseur bekommen hat. Oscar weigert sich zu sprechen und drückt sich lieber pfeifend aus. Bruno will nicht mit Betonung aufsagen. Gregory fällt mehrere Stockwerke tief hinunter, ›Gregory hat bautz gemacht‹. Patrick verliebt sich in die Mutter eines Klassenkameraden. Julie wird zu Hause mißhandelt, Martine erlebt ihren ersten Kuß im Ferienlager. Aus solch kleinen Ereignissen ist das Gerüst des Films gebaut. Aber vergessen wir nicht, daß nichts, was mit Kindheit zu tun hat, klein und unbedeutend ist.«

Verbotene Spiele (Jeux interdits)

Frankreich 1962 – Regie: René Clément – Drehbuch: Jean Aurenche, Pierre Bost, René Clément, nach dem Roman von François Boyer – Darsteller: Georges Poujouly, Brigitte Fossey u. a. – 85 Min. – s/w – freigegeben und empfohlen ab 12 Jahren
16 mm: atlas; LBS 6; LFD 7
35 mm: Pahl-Film
Der Film spielt während des Krieges 1940 in Frankreich. Die fünfjährige Paulette ist noch zu klein, um zu begreifen, was es heißt, die Eltern bei einem Fliegerangriff zu verlieren. Da ist ihr das tote Hündchen näher. Mit ihm auf dem Arm wird sie auf der Landstraße von Michel, dem jüngsten Sohn einer Bauernfamilie, gefunden. Er nimmt sie mit, Paulette darf erst mal bleiben. Die beiden sind fortan unzertrennlich, begraben das Hündchen mit allem, was zu einer solchen Zeremonie gehört. Sie beschließen, einen Tierfriedhof anzulegen. Paulette ist fasziniert von dem mystischen Spiel. Die Erwachsenen sind entsetzt, für sie sind die Spiele der Kinder Gotteslästerung. Paulette wird ins Waisenhaus gebracht, Michel bleibt zurück. Die Kinder haben sich auf ihre Weise vor der Grausamkeit des Krieges geschützt, haben sich ihre eigene Welt aufgebaut.
Dazu René Clément:
»Mein Film soll keinen Schrecken verbreiten. Er soll Erschütterungen auslösen. Kinder spielen alles. Lassen wir es darum nie wieder dazu kommen, daß sie in ihren Spielen dem Tod näher als dem Leben sind.«

›Taschengeld‹

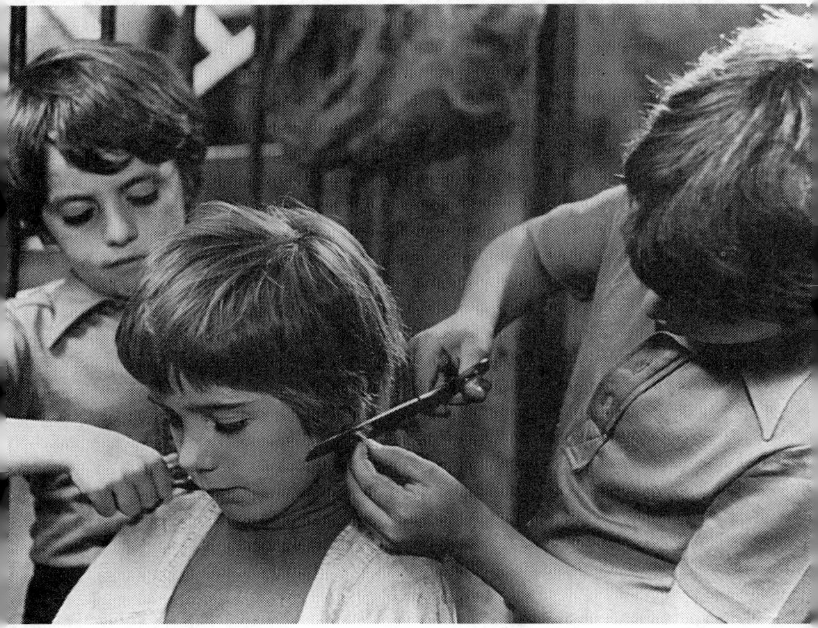

Die Vogelscheuche (Tschutschelo)

UdSSR 1984 – Regie: Rolan Bykov – Drehbuch: Vladimir Sheleznikov und Rolan Bykov – Darsteller: Kristina Orbakajte, Jurij Nikulin u. a. – 125 Min. – Farbe – freigegeben und empfohlen ab 12 Jahren
35 mm: Pegasus Film (Originalfassung mit deutschen Untertiteln)
Die zwölfjährige Lena lebt mit ihrem Großvater in einem kleinen russischen Städtchen. Beide sind anders als die anderen, ein Umstand, der ihnen das Leben erschwert. Ihr Individualismus ist genausowenig gefragt wie die alte Gemäldesammlung des Großvaters. Daß man Lena in der Klasse »Vogelscheuche« nennt, eben weil sie auch in ihrem Äußeren

›Die Vogelscheuche‹

nicht mit dem Strom schwimmt, stört Lena nicht. Denn sie hat ja einen großen Freund, Dima, den Star der Klasse. Doch als ausgerechnet dieser sich gegen sie wendet, bricht für Lena eine Welt zusammen. Sie hat Schuld auf sich genommen, um ihn zu schützen, in der Erwartung, daß er schließlich die Wahrheit sagt. Doch Dima erlöst sie nicht, sondern gehört zu den eifrigsten Verfolgern der »Verräterin«. Es beginnt ein bitteres Stück Kindheit für Lena, das sie konsequent durchlebt: Nach durchlittenen Qualen tritt sie kahlgeschoren – wie es einst mit Verrätern geschah – vor die Klasse: selbstbewußt und stark, von niemandem mehr Anerkennung erwartend. Mit dem Großvater verläßt sie das Städtchen – und die Mitschüler bleiben schuldbewußt und betroffen zurück. Aber es ist zu spät, das Unrecht an Lena wiedergutzumachen.

»Rolan Bykov zeigt in drastischer Weise die Folgen einer falschen Erziehung. Mit stalinistischer Inbrunst inszeniert eine kleinstädtische Schulklasse eine moderne Hexenverfolgung.«

(K. Farin, in:
Kinder- und Jugendfilm Korrespondenz, Nr. 33/1'88)

Die Vogelscheuche ist einer jener Filme, die nach Fertigstellung nicht öffentlich gezeigt werden durften. 1985 wurde er freigegeben und seither von 54 Millionen Menschen in der Sowjetunion gesehen.

»Für mich sind Kinder Kristalle, in denen nicht nur die Menschen, sondern auch die Zukunft zu sehen sind. (...) Die Kindheit verläßt uns nie.«   *(Rolan Bykov)*

›Der Wolfsjunge‹

300

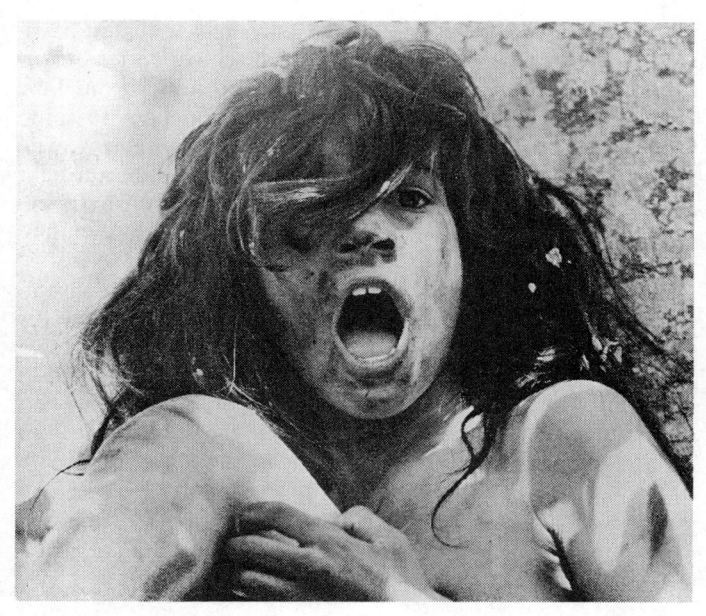

Der Wolfsjunge (L'enfant sauvage)

Frankreich 1970 – Regie: François Truffaut – Drehbuch: François Truffaut und Jean Gruault, nach »Memoires et rapports
sur Victor de L'Aveyround« von Jean Itard – Darsteller: Jean-
Pierre Cargol, François Truffaut, Paul Ville u. a. – 84 Min. –
s/w – empfohlen ab 10 Jahren
16 mm: KMZ 2,10,19; LBS 1,14; LFD 7; Meteor
»Ein elf- oder zwölfjähriges Kind, das einige Jahre zuvor in
den Wäldern der Caune gesehen wurde, splitternackt beim
Eicheln- und Wurzelnsuchen, von denen es sich nährte,
wurde gegen Ende des Jahres an der gleichen Stelle von drei
Jägern angetroffen, die es ergriffen, als es auf einen Baum
kletterte, um sich ihrer Verfolgung zu entziehen. In den nächsten Weiler gebracht und der Obhut einer Witwe anvertraut,
entkam es von dort nach einer Woche ins Gebirge, wo es in
der größten Winterkälte herumirrte, von einem zerlumpten

301

Hemd mehr bedeckt als bekleidet, sich tagsüber den nächsten Dörfern nähernd und so ein herumschweifendes Leben führend, bis zu dem Tage, an dem ...« So notierte im Jahr 1891 Dr. Jean Itard über den »Wolfsjungen«, der in seine Obhut kam. Nach täglichen Übungen und strengen Anweisungen seines »Herrn« kann Victor nach einem Jahr aufrecht gehen, sich allein anziehen, den Sinn von Wörtern verstehen. Doch glücklich ist der Wolfsjunge nur, wenn er draußen herumtoben kann.

Truffaut, der im Film den Itard spielt, hat sich an die Aufzeichnungen gehalten, mit dem ihm eigenen Engagement für die Schwachen und Unterdrückten, für die Kinder, mit der autobiographisch bedingten Sensibilität für Entbehrungen.

Der Film über die »Zähmung eines wilden Kindes« bewegt die Kinder von heute außerordentlich. Sie fühlen mit dem »Wolfsjungen« Victor, empfinden wie er die Erziehungsmaßnahmen als Eingriff in die Persönlichkeit und empören sich über ungerechte Bestrafung als Erziehungsmittel, nehmen Anteil am Schicksal von Victor.

Filme über Kinder der Welt

Filme über Kinder der Welt

Ein Mann von acht Jahren (Mushskoje wospitanije)

UdSSR 1982 – Regie: Usman Saparow, Jasgeldy Seidow –
Drehbuch: Tschary Japan, Usman Saparow – Darsteller: Be-
gentsch Kurbandurdyjew, Ata Dowletow u. a. – 79 Min. –
Farbe – empfohlen ab 8 Jahren
16 mm: BAG; KJF; Matthias

›Ein Mann von acht Jahren‹

Der kleine Tschaman, ein turkmenischer Junge, ist nicht so, wie sich das sein Vater vorstellt. Tschaman spielt lieber daheim mit seinen Schwestern oder schaut im Fernsehen die beliebten »Hase-Wolf-Geschichten« an, als mutig und unerschrocken zu tun, was man von Jungen erwartet. Der Vater, der die meiste Zeit des Jahres als Schafhirte in der Steppe weitab von der Familie lebt, will ihn zum Mann erziehen und nimmt ihn mit hinaus in die rauhe Weite. Für Tschaman ist das eine harte Schule des Lebens – voller Angst, aber auch voller Spannung und Abenteuer. Ein Film über eine uns ferne Kultur und fremdartige Natur, die wild, berauschend und von unendlicher Weite ist.

Dieser Film ist auch die Geschichte eines Lernprozesses, der aber nicht mit großen Worten erzählt wird, sondern sich in starken Bildern ausdrückt. Die wörtliche Übersetzung des Originaltitels, »Männliche Erziehung«, ebenso wie der deutsche Titel können allerdings in die falsche Richtung weisen.

Die Eingangssequenz verstärkt diesen Eindruck noch: Mädchen dürfen Angst haben, Gefühle zeigen, weibliche Fertigkeiten entwickeln und Tränen vergießen – Jungen nicht.
Usman Saparow versteht seinen Film aber weder als chauvinistisches Gegenmodell zur Emanzipation noch als Verherrlichung alter Erziehungsideale. Er sagt aus der Tradition seines Volkes heraus, angesichts jener Familienstrukturen und der rauhen landschaftlichen Bedingungen: »Mann ist Mann, und Frau ist Frau – jeder hat seine Aufgaben.«

Das Geschenk Gottes (Wênd Kûuni)

Obervolta 1982 (jetzt Burkina Faso) – Regie und Drehbuch: Gaston J. M. Kaboré – Darsteller: Serge Yanogo, Rosine Yanogo, Colette Kaboré u. a. – 75 Min. – Farbe – empfohlen ab 8 Jahren
16 mm: Cine Terz; KJF (Originalfassung, deutsch eingesprochen)
Der Film spielt in vergangenen Zeiten im westlichen Afrika.

305

Erzählt wird die Geschichte eines kleinen Jungen, der aufgrund eines Schocks die Sprache verliert. Als Findelkind wächst er in einer intakten Dorfgemeinschaft auf, befreundet sich mit Pogneré, der kleinen Tochter der Familie Tingas. Alle nennen ihn Wênd Kûuni, was soviel wie »Geschenk Gottes« heißt. Durch ein erneutes Schockerlebnis findet er seine Sprache wieder und kann erzählen, was ihm als Kind mit der Mutter widerfahren ist.

»Ich finde gut, daß man auch etwas von der Sprache hört, die die Leute dort sprechen. Und daß man sieht, was die Leute dort so alles machen und wie sie leben. Irgendwie muß man sich erst in den Film hineindenken, bis man alles richtig versteht. Wenn man die Leute dort sieht, glaubt man gar nicht, daß bei uns alles schon so weit und anders ist. Ich finde es richtig angenehm, dem Film zuzusehen, es ist alles so ruhig und friedlich.« *(Tanya, 12 Jahre)*

Gregorio

Peru 1984 – Regie und Drehbuch: Grupo Chaski – Darsteller: Marino Leon de la Torre, Vetzy Perez-Palma u. a. – 90 Min. – Farbe – freigegeben und empfohlen ab 12 Jahren
16 mm: BAG; EMZ 1–13; EZEF/Matthias; KMZ 7,12,13; LBS 4,6,13 (Originalfassung mit deutschen Untertiteln)

Ein besseres Leben erhofft sich Gregorios Familie und zieht vom Land in die Großstadt. Wie viele andere Arbeit- und Glücksuchende landet sie in einem Elendsquartier am Rande von Lima, der Hauptstadt von Peru. Als der Vater stirbt, muß der zwölfjährige Gregorio die Familie ernähren. Zusammen mit anderen Jungen aus den Slums versucht er, etwas Geld als Schuhputzer, als Straßenclown, aber auch als Gelegenheitsdieb für seine Familie aufzutreiben.

Für den zwölfjährigen Marino de la Torre, der die Rolle des Gregorio spielt, ist das, was er darzustellen hatte, nicht fremd:

»Ich weiß, wie es geht, weil ich es selbst erlebt habe. Ich kam ja wie der Gregorio von einem Dorf in den Anden hierher nach Lima. Mit dem Geld, das ich für meine Arbeit als Darsteller bekommen habe, kauften meine Brüder für mich ein

›Gregorio‹

Bett, Schulhefte, Bücher, Schuhe und eine neue Schuluniform. Spielsachen gab es nicht, weil das Geld nur für Dinge ausgegeben werden soll, die der Ausbildung dienen.«

Gülibik

BRD/Türkei 1982/83 – Regie: Jürgen Haase – Drehbuch: Jürgen Haase, Cornelius Bischoff, Cetin Oner – Darsteller: Murat Güler, Nursim Demir, Ejder Akisik u. a. – 104 Min. – Farbe – empfohlen ab 8 Jahren
16 mm: KMZ 7,10,12,15,16,22; LBS 1,8,9,14; LFD 4; Nickelodeon (Originalfassung sowie deutsche Fassung)
35 mm: Nickelodeon (OF sowie dt. Fassung)
Der sechsjährige Ali lebt mit seinen Eltern in einem Dorf in Zentralanatolien. Sein bester Freund ist Gülibik, ein stolzer

›Gülibik‹

Hahn, den er selbst großgezogen hat. Ihm vertraut er seine
Nöte an, seine Freuden, und mit ihm spielt er am liebsten.
Um so größer ist sein Entsetzen, als Gülibik in den Kochtopf
wandern soll, weil die Familie wegen des strengen Winters
nichts mehr zu essen hat.
Das kann er verhindern, ebenso den Verkauf, aber nicht
mehr verhindern kann er, daß sein Vater aus Gülibik einen
Kampfhahn macht – eine Entscheidung, die für den Hahn
tödlich endet.
»Jürgen Haase hat Alis Erlebnisse aus der Perspektive des
Kindes sehr einfühlsam und mit ruhig beschreibenden Bildern inszeniert und es dabei sehr geschickt verstanden, Unterhaltung mit Information zu verbinden.«
(Carla Rhode, in: Kinder- und Jugendfilm Korrespondenz Nr. 18/2'84)

Jonasi und die weiße Schildkröte/Der Stumme
(The Silent One)

Neuseeland 1984 – Regie: Yvonne Mackay – Drehbuch: Ian Nune, nach der Erzählung von Joy Cowley – Darsteller: Pat Evison, Telo Malese, George Henare u. a. – 95 Min. – Farbe – empfohlen ab 10 Jahren
16 mm: Nickelodeon – 35 mm: Nickelodeon
Eine Landschaft zum Träumen: türkisblaues Wasser, Korallenriffs, Palmen, Strand. Doch das Leben des taubstummen Jungen Jonasi auf dem Südsee-Atoll Aitokaki steht im Gegensatz zu dieser Postkartenidylle. Er gilt als Außenseiter in der Dorfgemeinschaft, als einer, der vom bösen Geist besessen ist. In der Freundschaft zu einer Wasserschildkröte findet er immer mehr das, was er bei den Menschen vermißt. Doch diese Freundschaft führt ihn noch mehr ins Abseits. Jonasi flüchtet schließlich mit seiner Schildkröte vor der Verfolgung durch die Menschen zurück ins Meer, woher er einst gekommen ist.
»Ganz besonders haben uns Kameraführung und Bilder, vor allem die Unterwasseraufnahmen, gefallen. Eindrucksvoll war auch, daß manchmal kein Ton zu hören war und wir uns dadurch in die Lage des taubstummen Jungen versetzen konnten: Insgesamt ein spannender und besonders sehenswerter Film.« *(Begründung der Kinder-Jury für die Vergabe ihres Preises an den Film, der unter dem Titel Der Stumme beim 10. Internationalen Kinderfilmfestival Frankfurt 1984 lief)*
Für die Unterwasseraufnahmen wurden die weltbekannten Unterwasserfotografen Ron und Valerie Taylor *(Die blaue Lagune, Der weiße Hai)* gewonnen.

Auch ein Film zur Rubrik *Tier- und Naturfilme*

Kleine Revolte/Kleine Rache (Pequena revancha)

Venezuela 1985 – Regie: Olegario Barrera – Drehbuch: Olegario Barrera, Laura Antillano – Darsteller: Eduardo Emiro Garcia, Elisa Escamez, Carlos Sánchez u. a. – 93 Min. – Farbe – empfohlen ab 10 Jahren
16 mm: EZEF/Matthias; KJF

Pedro, zwölf Jahre alt, hat eine kleine Freundin, Matilda, die möchte, daß er sie küßt. Und er ist neugierig, stellt viele Fragen. Das ist jedoch an dem Ort in Südamerika, an dem er lebt, eine gefährliche Sache. Ein Militärregime herrscht im Land, verbreitet Angst und Schrecken und verhaftet Leute, die es gegen sich glaubt. Die Bewohner wehren sich auf ihre Weise, auch die Kinder; der Widerstand wächst – und damit die Suche nach Gegnern. Der Armee ist jedes Mittel recht. Sie schreckt nicht davor zurück, Kinder zu Denunzianten zu machen. In der Schule sollen sie einen Aufsatz schreiben zum Thema:
»Was meine Familie abends macht« – aber da hat die Armee

›Kleine Bande‹

die Rechnung ohne die Kinder gemacht. Pedro und seine Freunde beschließen, sich zu rächen.
Die Kinder der Jury des 12. Internationalen Kinderfilmfestivals in Frankfurt 1986 begründeten ihre Preisvergabe an diesen Film so: »Der Junge fürchtete sich nicht. (...) Er und seine Freunde hielten zusammen durch dick und dünn, und sie haben sich gegenseitig nicht verraten. (...) Trotz der politischen Situation feierten die Bewohner des Dorfes Feste und ließen sich nicht von den Soldaten einschüchtern. Der Film erzählt auch einiges über das Leben in einem Dorf in Südamerika, dessen politische Situation zum Nachdenken anregt.«

Manganinnie (Manganinnie)

Australien 1980 – Regie: John Honey – Drehbuch: Ken Kelso, nach der gleichnamigen Erzählung von Beth Roberts – Darsteller: Mawuyul Yanthalawuy, Anna Ralph u. a. – 86 Min. – Farbe – empfohlen ab 10 Jahren
16 mm: KJF
Der größte Teil der Ureinwohner Australiens, der Aborigines, ist Ende des 18. Jahrhunderts von den weißen Kolonialisten ausgerottet worden. Manganinnie, Hüterin des Feuers ihres Stammes, ist eine der wenigen Überlebenden. Die siebenjährige Joanna, Tochter englischer Siedler, trifft im Wald auf die nach ihren Leuten suchende Manganinnie, ist fasziniert von der Erscheinung dieser Frau, folgt ihr. Sie sind sich zwar fremd, können sich nicht in Worten verstehen, nähern sich aber durch Gesten an. Es entsteht eine Beziehung und ein Verständnis füreinander, was sich im Laufe der Wanderung vertieft. Joanna lernt etwas über die Geschichte der Aborigines, ihr Leben, ihre Bräuche und ihre Totenbestattung. Als Manganinnie von weißen Jägern tödlich verletzt wird, setzt Joanna in ihrem Elternhaus fort, was sie bei Manganinnie gelernt hat.
»Ein jeder hatte bestimmt schon einmal den Traum: in Freiheit leben und die Freiheit genießen. Joanna erlebt Dinge, von denen sie nicht einmal im Traum glauben würde, daß sie wahr sind.« *(Christoph, 13 Jahre)*

Mein kleiner Partner (Mi socio)

Bolivien 1982 – Regie: Paolo Agazzi – Drehbuch: Oscar Soria
– Darsteller: Gerado Suárez, David Santalla u. a. – 83 Min.
– Farbe – empfohlen ab 8 Jahren
16 mm: BAG; Cine Terz; Filmothek NW; KJF; LBS 13
Don Volvo, ein Lastwagenfahrer, sucht einen neuen Beifahrer, der ihn auf seiner Tour quer durch Bolivien begleitet. Zufällig lernt er den Schuhputzerjungen Brillo kennen, der ihn
bittet, mitfahren zu dürfen, weil er seinen Bruder in La Paz
sehen möchte. Don Volvo, ein rauher, grober Kerl, lehnt diesen Wunsch entschieden ab. Da hilft kein Bitten und Betteln,
also bleibt Brillo nichts anderes übrig, als heimlich auf dem

›Mein kleiner Partner‹

312

›Die Straße der Negerhütten‹

LKW mitzufahren. Die Entdeckung des Jungen macht Don Volvo wütend, nur widerstrebend nimmt er ihn weiter mit. Doch mit der Zeit entwickelt sich zwischen den beiden Vertrauen. Als Brillo nach einem Unfall verletzt ins Krankenhaus eingeliefert wird, merkt Don Volvo, wie gut es war, einen verläßlichen Beifahrer zu haben. So beschließt er, ihn zu seinem kleinen Partner zu machen.

Die Straße der Negerhütten (Rue cases nègres)

Frankreich/Martinique 1983 – Regie und Drehbuch: Euzhan Palcy, nach dem gleichnamigen Roman von Joseph Zobel – Darsteller: Garry Cadenat, Darling Legitimus, Douta Seck u. a. – 106 Min. – Farbe (Sepia-Ton) – empfohlen ab 10 Jahren
35 mm: Concorde
(Originalfassung mit deutschen Untertiteln)

Der zwölfjährige José lebt in der Straße der Negerhütten auf der französischen Antilleninsel Martinique mit seiner Großmutter, einer stolzen, strengen, aber gerechten Frau, die ihren Enkel liebt und möchte, daß er es einmal besser hat. Nebenan in einer Hütte lebt der alte Medouze – ein weiser Mann, dessen Vater noch die Sklaverei am eigenen Leib erfahren hat –, der die Geschichte seines Volkes an José weitergibt, damit sie nie vergessen wird. 1930, in der Zeit, in der dieser Film spielt, gibt es zwar keine Sklaven mehr, aber die Arbeit, die die Schwarzen verrichten, ist dieselbe geblieben: Zuckerrohrschneiden für einen Hungerlohn. Die Großmutter setzt alles, auch ihre Ersparnisse, daran, damit José einen Platz in der Schule der Inselhauptstadt bekommt. Es gelingt ihr, und José enttäuscht die in ihn gesetzten Erwartungen nicht. Trotz Heimweh und Verlust der geliebten Menschen lernt er – nicht für die Schule, sondern für sein Leben.
Zu den Schönheiten des Films gehören auch »die Gesichter

der Menschen vor der Kamera: das klare, aufmerksame und kluge des Jungen, das ausgezehrte von Medouze und das unendlich gütige der Großmutter. So wird schließlich auch Josés Heimatgefühl spürbar, inmitten aller Armut, und ohne dieses wäre seine Biographie schwerlich zu verstehen.«

(H.-G. Pflaum, in: film-dienst 15/84)

Turumba (Turumba)

Philippinen 1981/82 – Regie und Drehbuch: Kidlat Tahimik – 90 Min. – Farbe – empfohlen ab 8 Jahren
16 mm: BAG; EZEF/Matthias; LFD 1–9
Einmal im Jahr findet in einem kleinen Ort auf den Philippinen, 100 Kilometer von Manila entfernt, das religiöse Turumba-Fest statt. Der Junge Kadu und seine Familie fertigen dafür aus Pappmaché traditionelle Figuren an. Davon lebt die Familie. Eines Tages taucht eine geschäftstüchtige Frau aus der Bundesrepublik auf, die auf der Suche nach Billigimporten ist. Sie überredet Kadus Vater, nur noch für sie zu arbeiten, zu einem Entgelt, das nach unseren Verhältnissen niedrig, nach dortigen sehr hoch ist. Doch auch die Norm ist hoch: 25000 »Olympiawaldis« für das Münchner Oktoberfest sind zu produzieren. Es bleibt keine Zeit mehr für anderes, die ganze Familie arbeitet von früh bis spät. Und besonders Kadu leidet darunter, nicht mehr spielen, musizieren, in der freien Natur leben zu können. Er sehnt sich zurück nach der »Zeit vor der fremden Frau«, der Beschaulichkeit der Turumba-Vorbereitungen.
Ein ruhiger Film mit immer wiederkehrenden Einstellungen, die die Monotonie des Lebens zeigen. Aus dem Blickwinkel des Kindes übt der philippinische Regisseur Kidlat Tahimik (der an der Filmhochschule in München studiert hat) harte Kritik an dieser Art von »Entwicklungshilfe«, die jahrhundertealte Strukturen zerstört.

Yusuf und Kenan (Yusuf ile Kenan)

Türkei 1979 – Regie: Ömer Kavur – Drehbuch: Onat Kutlar, Ömer Kavur – Darsteller: Cem Davran, Tamer Celiker, Yalcin Avsar u. a. – 87 Min. – Farbe – empfohlen ab 10 Jahren

16 mm: BAG; EMZ 12; KJF; LBS 1,4,6–9,13 (Originalfassung mit deutschem Kommentar)

Die Brüder Yusuf (14) und Kenan (9) hüten Schafe im zerklüfteten, wilden Anatolien, wo die Zeit stehengeblieben zu sein scheint. Als der Vater Opfer der traditionellen Blutrache wird, wissen die Kinder keinen anderen Ausweg, als zu ihrem Onkel Ali nach Istanbul zu fahren. Yusuf und Kenan sind völlig überfordert von dem Gegensatz Land-Stadt, finden sich weder mit dem Onkel noch mit sich selbst zurecht. Aber da ist »Käfer«, ein cleverer Junge, der mit den Spielregeln der Großstadtstraßen vertraut ist. Er überredet Yusuf zu Diebestouren, Yusuf gerät an einen falschen Freund und landet schließlich im Gefängnis, während der jüngere Bruder es auf ehrliche Weise versucht. – Ein schwerer Weg voller Tücke und Anfechtungen, denen zu widerstehen nicht einfach ist.

»*Yusuf und Kenan* ist ein Actionfilm, der nichts beschönigt. Er zeigt die existentiellen Überlebensnotwendigkeiten von Kindern, die in einer Großstadt auf sich gestellt sind, die Hilfe suchen und keine finden, die Freunde brauchen und an falsche geraten. Die Entwicklung von Yusuf und Kenan steht exemplarisch für viele Kinder, die bei uns sehr schnell den Stempel der Jugendkriminalität aufgedrückt bekommen.«

(Dokumentation, 6. Internationales Kinderfilmfestival Frankfurt 1980)

Nachwort

Erregung, Lust, Langeweile und der Geschmack des Zitronenbonbons auf der Zunge

Thesen zum Kinderkino

Kinderfilme brauchen einen Ort, an dem sie vorgeführt werden können; einen solchen Ort nennt man erfahrungsgemäß Kino. Das Kino ist ein Raum, in dem, eingehüllt in Dunkelheit, Bilder und Gefühle sich bewegen. Ein solcher Raum ist jedoch nicht zu verwechseln mit dem Heimkino, das sich mittlerweile in die Fernseh-Haushalte eingeschlichen hat. Nein, zum Kino muß man schon hingehen, es kommt nicht zu einem gelaufen.

Ein Kinderkino ist ein Ort, an dem speziell Filme für Kinder gezeigt werden, und obendrein ist es ein Treffpunkt. Der Besuch eines Kinderkinos ist für viele Kinder mittlerweile zu einem Ereignis geworden, das zwar meist nur einmal in der Woche stattfindet, doch von großer Bedeutung ist. So berichten Frauen, die in einer Kleinstadt Kinderkino machen, daß sich Mädchen für die Kinderkinovorführung am Freitagnachmittag regelrecht »herausputzen«: Sie ziehen schöne Kleider an, machen ihre Haare zurecht, schminken sich und kommen dann in froher Erwartung mit Handtäschchen und Freundin ins Kinderkino.

Der Besuch des Kinderkinos ist für diese Mädchen allem Anschein nach ein (gesellschaftliches) Ereignis: sehen und gesehen werden – vor, in und nach dem Kinderkino. Das Anschauen der Filme mag zwar wichtig sein, doch ebenso wichtig ist die spannende Frage, ob er oder sie heute auch da sind, ob er oder sie einen denn überhaupt beachten. Kinderkinos nehmen in dieser Republik langsam, aber stetig zu, also Grund genug, über dieses Phänomen einmal nachzudenken – dazu nun im folgenden einige Überlegungen und Thesen.

Kinderkino ist ein kultureller Ort

Kinderkino ist in erster Linie Kino, und zwar Kino für Kinder. Das Kino gehört zur kulturellen Öffentlichkeit einer Gesellschaft. Kinderkino hat also mit Kino und Film zu tun und sollte den Kindern auch als Kino-Erfahrung, als Kino-Erlebnis, als ein kulturelles Ereignis zugestanden und ermöglicht werden. Das ist das Primäre, alles andere ist Nebensache oder unpassend. So ist das Kinderkino auf keinen Fall dazu da, um programmatisch gegen den »übermäßigen Fernseh- oder Videokonsum« von Kindern anzugehen oder dem »zunehmenden Verlust sinnlicher und authentischer Erfahrungen« entgegenzuwirken. Das ist nicht die Aufgabe eines Kinderkinos, ebensowenig eines Kindertheaters, eines Kindermuseums oder einer Kinderbibliothek.

Kulturorte wie Kinos, Theater, Bibliotheken, Büchereien gehören zur klassischen Öffentlichkeit und haben ihren jeweiligen spezifischen Stellenwert, den man den Kindern als solchen vermitteln sollte. Sie sind jedoch nicht als »reaktive Gegenmaßnahmen« im Hinblick auf die Fernseherfahrungen von Kindern zu verstehen. Fernseherfahrungen der Kinder sind etwas anderes als Kinoerfahrungen. So ist beispielsweise »Ronja Räubertochter« als Buch, als bearbeitetes Theaterstück, als vierteilige Serie im Fernsehen und als Kinofilm für Kinder jeweils ein spezifisches und eigenständiges Medienerlebnis. Diese Medienerfahrungen jedoch nach hierarchischen Bewertungsmaßstäben vergleichen zu wollen ist unzulässig; so wird beispielsweise immer wieder argumentiert, daß das Lesen des Buches für die Phantasieanregung des Kindes besser sei als der Kinofilm. Kulturelle Tätigkeiten lassen sich aber nicht gegeneinander ausspielen, denn sie vermitteln jeweils spezifische Erfahrungen und sollten in ihrer jeweiligen Eigenart verstanden werden.

Das Kinderkino als kultureller Ort gehört zu den sogenannten »dritten Orten«. Das sind all jene Orte, an denen sich Kinder außerhalb der Familie oder Bildungseinrichtungen (wie Kindergarten, Schule, Hort) treffen, also: Straßen, Spielplätze, Schwimmbäder, Kaufhäuser, Sportvereine, U- und S-Bahnhöfe, Treppenhäuser und ähnliches. An diesen

Orten treffen sich die Kinder in der Regel ohne Erwachsene, ohne Eltern, es sei denn, daß Erwachsene für die Organisation und die Ermöglichung dieser Orte zuständig sind, also beispielsweise der Bademeister im Schwimmbad oder der Vorführer im Kinderkino.

Das Kinderkino ist also ein Treffpunkt von Kindern, bei dem sie sich aus eigenem Antrieb und eigener Laune heraus anderen Kindern zuwenden können. Kinderfilme vermitteln Kindern Erfahrungen oder Handlungsmuster, die ihnen zeigen, daß ihr eigenes Alltagsleben noch nicht alles an Möglichkeiten enthält und der Phantasie unbegrenzt Flügel wachsen können.

Kinderkino ist ein pädagogischer Ort

Wenn es stimmt, daß der Sinn von Pädagogik insbesondere darin besteht, das Kind (griechisch: pais) da abzuholen (gr.: apogein), wo es gerade steht, dann erfüllt das Kinderkino in besonderem Maße diese Funktion; denn das Kinderkino ist vor allem für Kinder da, und Kinderfilme bieten den Kindern eine Fülle von Geschichten und eine Bandbreite an Inhalten, die mannigfaltige Antworten auf ihre neugierigen Fragen nach Welterklärung und Lebenssinn geben.

Im Mittelpunkt des Kinderkinos steht der Film. Die meisten dieser Filme beziehen ihre Geschichten auf die Lebenssituationen oder Lebensthemen von Kindern. Pädagogisch bedeutet demnach: Mit Hilfe des Mediums Film wird ein Kind abgeholt und für geraume Weile ein Stück begleitet, ohne daß Pädagogik direkt greifen bzw. der Pädagoge eingreifen muß, denn Filme haben als Kunstwerke, als Medium in ihrer Wirksamkeit etwas Authentisches und werden von Kindern in der Regel autonom verarbeitet.

Die Erwachsenen, die Pädagogen, die in einem Kinderkino tätig sind, haben demnach lediglich die Aufgabe, den Kindern Räume anzubieten, das Abspielen von Filmen zu ermöglichen und einen freundlichen und respektvollen Umgang mit Kindern zu pflegen. Bei einer Kulturarbeit mit Kindern – und das Kinderkino gehört zur Kulturarbeit – spielen nach Hermann Giesecke *(Pädagogik als Beruf. Grundformen pädago-*

gischen Handelns. Weinheim 1987) die beiden Faktoren »Geselligkeit« sowie »Vermittlung von Sachinhalten« eine wichtige Rolle. Pädagogen sind lediglich »Lern-Helfer«, die aber von Sachen etwas verstehen und das Lernen von »Kultur-Sachen« mit Geselligkeit verbinden. Pädagogen im Kinderkino sind demnach Spielgesellen für Kinder und müssen in erster Linie etwas von Film und Kino verstehen. Eine Person, die Kinderkino macht, muß sich um ein gutes Bild, um guten Ton und um gute Kino-Atmosphäre kümmern; sie hat für die Wünsche und Anliegen der Kinder dazusein und muß was vom Film verstehen, und zwar nicht nur, wie man ihn einlegt, sondern auch, wie man ihn auslegt.

Zu diesem »Wie man einen Film auslegt« gehört meines Erachtens vor allem Film-Wissen sowie Wissen um den Charakter heutiger Kinder. Zum Film-Wissen gehören insbesondere Kenntnisse darüber, wie ein Film gemacht wird, welche Gattungen es gibt, welche Ausdrucksmöglichkeiten Filme haben, wie filmisch Geschichten erzählt werden können und wie sich Film vom Stummfilm bis heute entwickelt hat.

Beim Wissen um den Charakter heutiger Kinder geht es vor allem um Kenntnisse der relevanten Lebenssituationen und Lebensthemen. Die Kinder haben eine Vielzahl von Lebensthemen: Sie wollen erwachsen, anerkannt und geliebt werden; sie wollen verläßliche Beziehungen mit Kindern und Erwachsenen; sie wollen akzeptiert werden, so wie sie sind, ohne Wenn und Aber; sie haben Vorlieben für bestimmte Medien, für bestimmte Inhalte; sie entwickeln spezifische Medienbedürfnisse und sprechen den Inhalten von Fernsehsendungen und Filmen eigene Bedeutungen zu.

Wissen über Sachzusammenhänge und das Herstellen von Geselligkeit sind Voraussetzungen für Pädagogen, die Kinderkino machen wollen. Auch wenn Kinderkino ein pädagogischer Ort ist, so gilt, was Horst Schäfer vom Kinder- und Jugendfilmzentrum einmal schrieb: »Ich bin strikt gegen ein pädagogisches Kino, aber sehr dafür, daß Pädagogen und andere Initiatoren in ihren Bemühungen um das Kinderkino unterstützt und gefördert werden.«

Ich denke, Kinder haben ein Recht auf eigene Verarbeitung, auf eigene Phantasien, auf eigene Geheimnisse und eigene

Bedeutungszuweisungen. Beim Kinderkino können Kinder ihre Filme auf ihre Weise erleben. Pädagogische Aktivitäten im Kinderkino sollten sich demnach nur auf den Film oder das Kino beziehen. Also beispielsweise Filmemacher oder Filmemacherinnen einladen, Kinder an der Programmauswahl und der Kino-Organisation mitarbeiten lassen, Kinder eine Kinderfilmzeitung mit Informationen und Kritik machen lassen, mit Kindern Filmgeschichte studieren, mit Kindern die Produktion von Filmen veranschaulichen, durch Besuche in Studios Einblick in das Herstellen von Filmen bekommen und ähnliches.

Kinderkino ist ein sozialer Ort

Im Kinderkino begegnen sich Kinder, hier können sie unter sich sein. Zu den Lieblingsbeschäftigungen von Kindern gehören nach wie vor die Tätigkeiten »draußen spielen« und »sich mit anderen treffen«. Insbesondere für heutige Kinder ist dies ein wichtiger Punkt, denn Kind-Sein bedeutet heute vor allem Alleinsein. Zu einem der wichtigsten Veränderungsmerkmale heutiger Kindheit gehört die Tatsache, daß in unserer Gesellschaft die Kinder immer mehr verschwinden – als käme seit Jahren der Rattenfänger von Hameln …
So hatten von 100 Ehen im Jahre 1900 nur neun keine Kinder und 47 vier und mehr Kinder, im Jahre 1982: 39 keine Kinder und drei Ehen vier und mehr Kinder. Das bedeutet, die Mehrkinderfamilien verschwinden, die Geschwister verschwinden, die Kinder verschwinden in der Nachbarschaft. Die Zahl der Einzelkinder nimmt zu, so wie die Zahl der Alleinerziehenden. Viele Kinder wachsen ohne Geschwister und Nachbarskinder auf. Die Eltern sind bei der Arbeit, die Kinder in Institutionen wie Krippe, Kindergarten, Hort oder Schule, und der Familienalltag ist insgesamt geprägt von getrennten Alltagen der Familienmitglieder.
Das Kinderkino bekommt somit für heutige Kinder einen neuen Stellenwert; sie können hier andere Kinder treffen, und dieses Zusammentreffen unterscheidet sich von dem in der Schule. Die Kinder sind hier für sich und ohne Erwachsenenkontrolle. Die Medienwissenschaft spricht hier von

»weicher Rezeption«; oft ist das Medienereignis, hier zum Beispiel der Kinofilm, gar nicht das Entscheidende, sondern der Wunsch der Kinder, gemeinsam etwas zu unternehmen.

Aufgrund dieser Tatsache sollte eigentlich in der näheren Umgebung eines jeden Kindes ein Kinderkino sein, genauso wie ein Spielplatz oder ein Schwimmbad. Ein Kinderkino schafft für Kinder »neue und andere Umwelten« und ermöglicht Kindern sowohl soziale Erfahrungen im Umgang mit anderen Kindern als auch mediale Erfahrungen, indem Kinder durch Dokumentar- und Spielfilme ihre Erfahrungs- und Erlebnishorizonte erweitern können.

Kinderkino ist somit ein Ort der Gegenerfahrung zum Alltag. Der wöchentliche Kinderkinobesuch ist für Kinder in der Regel ein »gesellschaftliches Ereignis«, das sich von ihren alltäglichen Begegnungen mit anderen Kindern in Familie und Bildungseinrichtungen unterscheidet, zum anderen ist das Kinderkinoerlebnis eine Gegenerfahrung zum alltäglichen Medienumgang bzw. Fernsehkonsum, was natürlich nicht bedeutet, daß eine Gegenerfahrung gleich den Medienalltag von Kindern qualitativ verändert. Dies zu glauben wäre eine Illusion, die nur zu Ent-Täuschung und Resignation führen kann. Doch in mehreren Untersuchungen zum Medienumgang von Kindern und Familien zeigt sich immer wieder, daß mit der Zahl an attraktiven Alternativen im außerhäuslichen Bereich sowie der Möglichkeit, andere Kinder zu treffen, sich die Zeit des Fernsehens bei Kindern erheblich verringert.

Kinderkino ist ein emotionaler Ort

Denn im Kinderkino geht es um Filme und somit um Erregung, Lust, Vergnügen und Langeweile. Es geht um Verzauberung, Fiktion und Realität. Und es geht vor allem um Gefühle, wenn Kinder sich auf die vielfältigen Filminhalte einlassen. Es komme nun keiner und sage, Filme gucken, das sei konsumierend, das sei passiv und überhaupt nichts Eigentätiges. Da kann ich nur sagen, das Gegenteil ist der Fall; die Hingabe von Kindern beim Sehen von Filmen ist ein ganz aktiver Vorgang des Mitempfindens und Miterlebens. Ein solcher Vorgang hat natürlich mit Sinnen, Reizen und der Lust am Sehen zu tun. Das hat auch damit zu tun, daß das vegetative Nervensystem sich bemerkbar macht: roteWangen und Ohren, feuchte Hände und erhöhter Pulsschlag, glasige Augen und Gänsehaut. Und es hat mit Gefühlen zu tun: mit Weinen und Lachen, mit Wüten und Trauern, mit Sich-aneinander-Kuscheln oder Sich in-den-Kinosessel-Kauern. Nein, als passiv oder konsumierend kann man das weiß Gott nicht bezeichnen. Kino zu erleben ist Aktivität, ist etwas sehr Lebendiges, hat mit Faszination, also mit Anziehung und Fesselung zu tun – und warum auch nicht? Die Inhalte von Kinderfilmen berühren in der Regel aktuelle oder latente Lebenssituationen und Lebensthemen der Kinder und geben ihnen somit mögliche Antworten auf ihre brennenden Fragen, die Kinder oft für sich behalten bzw. mit sich selbst ausmachen. Filme geben Kindern oft plötzliche Einsichten, wie die eine oder andere Situation bewältigt werden kann.

Zur emotionalen Seite des Kinderkinos gehört auch noch ein biographischer Aspekt: Kinderfilme, wie Medien überhaupt, sind Lebensbegleiter. Wir Erwachsenen erinnern uns bestimmt noch an eindrucksvolle Filme, die wir als Kinder gesehen haben und deren Handlung oder Personen uns tage- und wochenlang beschäftigt haben. Oft tauchen dann auch noch bestimmte Gefühle und Empfindungen in Zusammenhang mit solch intensiven Filmerlebnissen auf. So erinnere ich mich beispielsweise sehr deutlich an den Film *Die Kinder von Mara-Mara,* den ich als Junge mit zehn Jahren zum ersten Mal sah. Ich hatte mich beim Anschauen dieses Films Knall auf Fall in das Mädchen der Kindergruppe »verliebt« und mir mit ihr in Tagträumen wochenlang »Mara-Mara-Geschichten« ausgedacht.

Kinderfilme sind Lebensbegleiter, sowohl in der Kindheit, indem man ein- und denselben Film in verschiedenen Phasen der Kindheit sieht und dann jeweils anders erlebt, als auch im Erwachsenenalter, wenn man diesen Filmen wiederbegegnet und sie einen an die eigene Kindheit erinnern.

Kinderkino ist ein ästhetischer Ort

Ästhetik hat mit Wahrnehmung und Empfindung zu tun. Kinderkino ist ein Ort der Wahrnehmungen und Empfindungen, der Bewegung und des Sehens; denn Filme anschauen spricht alle Sinne der Kinder an: Sehen, Hören, Fühlen, Riechen (denn jedes Kino hat seinen eigenen Geruch, und jeder Mensch im Kino, der eng neben einem sitzt, hat seinen eigenen Körpergeruch und seine »eigene persönliche Note« in Sachen Duftwasser) und Schmecken (wenn der Geschmack von Vanille, Schokolade, Zitrone und Himbeer sich auf der Zunge mit einer bestimmten Empfindung verbindet).

Kinderkino und Kinderfilm haben mit Bewegung zu tun:

- Bewegung im wahrsten Sinn des Wortes: Die Kinder müssen sich von zu Hause weg-bewegen.
- Bewegung im Sinne von »bewegen – sehen«: Die Bilder, die Inhalte, die Geschichten der Filme bewegen die Kinder in ihrem Inneren, in ihren Empfindungen, in ihrem Körper, in ihren Tag- und Nachtträumen. Filme vermitteln ihnen Einblicke und Einsichten.
- Bewegung im Sinne von »es bewegt sich«. Kino (griechisch: kinein = bewegen). Kino ist eine Höhle, eine mythologische Höhle, in der die Kinder sitzen, und von hinten flackern die Schatten an die Wand und bilden das Leben auf bestimmte Weise ab. Die Kinder haben die Möglichkeit, ihren Gedanken und Empfindungen freien Lauf zu lassen, und ihren Projektionen sind keine Grenzen gesetzt. Dies ist in der Tat ein bewegender Vorgang und hat obendrein noch den sozialen Aspekt des gemeinschaftlichen Erlebnisses.

Zum ästhetischen Aspekt des Kinderkinos gehört auch die Eigenart der Filme. Filme sind komplexe Gebilde; sie bestehen aus Bildern und Tönen, ihre Herstellung erfordert mannigfaltige Technik, ihre inhaltliche Gestaltung umfaßt die Bereiche Literatur, Musik, künstlerisches Design, technische Umsetzung und vieles andere mehr. Eine große Zahl von Menschen sind an der Gestaltung eines Films beteiligt. Filme haben eine eigene Sprache mit eigenen ästhetischen

Regeln. Filme haben eine andere Zeit, diese unterliegt dramaturgischen Einheiten. Somit hat Filmgeschehen auch einen anderen Rhythmus als das Alltagsleben von Kindern – und es dauert ja immer eine geraume Weile, bis man sich nach einem Kinobesuch wieder im richtigen Leben zurechtgefunden hat. Filme sind emotional gestaltet, und die emotionale Sprache hat viel mit Ästhetik zu tun, also mit der Frage nach der Wahrnehmung und der Empfindung. Man kann Kino spüren demnach.

Kinderkino ist ein politischer Ort

Beim Kinderkino geht es auch um ein Stück gesellschaftlicher Öffentlichkeit, und es geht um Verantwortung für Inhalte. Kinderkino-Arbeit im nichtkommerziellen Bereich bedeutet, daß engagierte Erwachsene gegen (oder auch zuweilen mit) Bürokratien Räume für Kinder beschaffen müssen; konkret heißt das beispielsweise: einen Trägerverein gründen, die Gemeinnützigkeit einholen, geeignete Räume suchen, Geld beschaffen, Öffentlichkeitsarbeit machen, Kinder, Eltern, Erzieher, Lehrer ansprechen und in die Kinoarbeit einbeziehen ...

Kinderkino als politischer Ort bedeutet ferner, Verantwortung für Inhalte zu übernehmen, denn bei der Auswahl von Filmen für Kinder spielen ja auch die »Kinder-Bilder« von uns Erwachsenen eine Rolle. Wie schätzen wir Kinder ein, was muten wir ihnen zu, mit welchen Inhalten möchten wir sie konfrontieren, in welchem Verhältnis treffen wir die Auswahl hinsichtlich der Unterhaltung, Aufklärung oder Bewußtmachung von Themen, welche Antworten möchten wir mittels Filmen den Kindern bezüglich ihrer Lebenssinn-Suche, ihrer Lebensentwürfe geben? Dafür müssen Erwachsene, die Kinderkino machen oder Kinderfilme produzieren, Verantwortung übernehmen. Und das ist wahrlich eine politische Tätigkeit!

Filme für Kinder und Erwachsene sind Spiegelbilder der jeweiligen Zeit, sie geben Antworten auf Fragen, die in der Zeit ihres Entstehens an die Gesellschaft gestellt werden. Kinderfilme geben somit auch Aufschluß über das »Kinder-

Bild« einer Gesellschaft. Um den historischen Stellenwert von Kinderfilmen zu verstehen, muß man auch die Fragen der Gesellschaft kennen, auf die die jeweiligen Filme Antworten sind, obgleich Kinderfilme auch einen überzeitlichen Stellenwert haben, insbesondere dann, wenn sie Grundmuster kindlichen Handelns oder Empfindens darstellen und zum Thema machen.

Die Programmangebote des Kinderkinos sind für Kinder Spiegelbilder mit Tiefenschärfe, in denen sich ihre Themen, ihre Welten widerspiegeln. Es sind eben ihre Filme. Zu diesen Filmen gehören dann auch Momente der Unterhaltung, der Komik, des Unsinns genauso dazu wie Fiktion, Reales und Dokumentarisches.

Kinderkino ist ein Ort, der überall und jederzeit herstellbar ist, wenn nur der Raum verdunkelt werden kann, für die bewegten und bewegenden Bilder eine Leinwand zur Verfügung steht, der Film gemeinschaftlich angesehen wird und qualitativ gute Filme vorgeführt werden. Dann ist es gleichgültig, ob dies in einem speziell ausgestatteten Kinderkino stattfindet, in einem kommerziell geführten Lichtspieltheater oder im Nebenraum einer Kneipe.

P.S.

»Alle Abenteuer, all die Romanzen, all die Aufregung, die Ihr Alltagsleben nicht bietet, existieren – im Kino!
Es entführt Sie in eine andere Welt, eine wunderbare Welt – hinaus aus dem Gefängnis des alltäglichen Lebens!
Sei es auch nur für einen Nachmittag oder einen Abend – Flucht in die Freiheit!«

(Amerikanische Filmwerbung aus den frühen zwanziger Jahren)

Kinderfilmfestivals im In- und Ausland

BRD

Berlin, Februar:
KinderFilmFest im Rahmen der Internationalen Filmfestspiele (1988 zum 11. Mal)
Frankfurt am Main, September:
Internationales Kinderfilmfestival (1988 zum 14. Mal)
München, Juni:
Kinderfilmfest im Rahmen vom Filmfest München (1988 zum 6. Mal)
Essen, Oktober:
Kinderfilmfestival (1988 zum 6. Mal)
Lübeck, November:
»Skandinavische Kinder- und Jugendfilme« im Rahmen der Nordischen Filmtage
Oberhausen, April:
»Kinderkino« im Rahmen der Internationalen Kurzfilmtage (1988 zum 11. Mal)

Neben diesen jährlichen Festivals werden inzwischen in einer Reihe von Städten (von Augsburg bis Walsrode) Kinderfilmfeste, Kinderfilmtage oder Kinderfilmwochen, oft in Zusammenarbeit von kommunalen Einrichtungen, nichtgewerblichen Kinderkinos und kommerziellen Filmtheatern, veranstaltet.

DDR

Nationales Festival »Goldener Spatz« für Kinderfilme in Kino und Fernsehen der DDR, Gera, alle zwei Jahre (1989 zum 6. Mal)

Ausland

Internationales Filmfestival in Gijon/Spanien
»Certamen Internacional de cine para la Infancia y la Ju-

ventud«, eines der ältesten internationalen Festivals für Kinder- und Jugendfilme (1988 zum 26. Mal)

Internationales Kinder- und Jugendfilm-Festival in Giffoni/ Italien
»Festival Internazionale del Cinema per i Ragazzi e per la Gioventù«, Giffoni Valle Piana (1988 zum 18. Mal)

Nationales Festival für Kinder
»Festival filmu pro deti« in Gottwaldov/ČSSR (1988 zum 28. Mal)

Internationales Kinderfilmfestival im Rahmen des Internationalen Filmfestivals in Moskau/UdSSR (jeweils alternierend mit Karlovy Vary; 1989 zum 12. Mal)

Neben diesen »traditionellen«, jährlich stattfindenden Kinderfilmfestivals gibt es seit einigen Jahren in *Frankreich* (Laon und Paris), in *Portugal* (Tomar), in *Skandinavien* (Nordisches Kinderfilmfestival abwechselnd in den Hauptstädten der skandinavischen Länder), in den *USA* (Chicago), in *Kanada* (Montreal), in *Indien* (wechselnd in den verschiedenen Bundesstaaten) u. a. internationale Kinderfilmfestivals.

Wer mehr wissen möchte über Termine und Programme, wende sich bitte an das Kinder- und Jugendfilmzentrum, Küppelstein 34, 5630 Remscheid.

Institutionen der Kinderfilmarbeit

Kinder- und Jugendfilmzentrum in der Bundesrepublik
Deutschland, Küppelstein 34, 5630 Remscheid,
   Telefon 02191/794233
Förderverein Deutscher Kinderfilm e.V.
   Kasinostraße 16, 4100 Duisburg 1, Telefon 0203/26262
Kinderkino München e. V.
   Werner-Friedmann-Bogen 18, 8000 München 50,
   Telefon 089/1491453
Bundesarbeitsgemeinschaft für Jugendfilmarbeit und Me-
dienerziehung e.V.
   Schweizer Str. 6, 6000 Frankfurt 70, Telefon 069/610439

Verleiher-Verzeichnis

I. 16-mm-Verleih

Überregional

Die gewerblichen Verleihfirmen sowie Filmotheken von Institutionen verleihen ihre Filme – gegen Leihmiete/-gebühr – im gesamten Bereich der BRD und West-Berlin.

atlas film + av
    Ludgeristr. 14−16, 4100 Duisburg, Telefon 0203/308222
AV-Film GmbH
    Hanns-Braun-Str. 59, 8056 Neufahrn, Telefon 08165/5536
Basis-Filmverleih
    Güntzelstr. 60, 1000 Berlin 31, Telefon 030/8533035
Cine Terz e. V.
    Buschstr. 18, 5300 Bonn 1, Telefon 0228/213283
EZEF Evangelisches Zentrum für entwicklungsbezogene Filmarbeit, Gänsheidestr. 67, 7000 Stuttgart,
    Telefon 0711/240512 (Verleih über Matthias)
Filmothek der Jugend des Landes Nordrhein-Westfalen
    Adlerstr. 46, 4050 Mönchengladbach,
    Telefon 02161/662220
Imbild GmbH
    Postfach 44 02 63, 8000 München 44,
    Telefon 089/390774 + 331414
KJF-Medienverleih
    Postfach 30 04, 6500 Mainz 1, Telefon 06131/234641
Krauskopf Clubfilm
    Gerstenstr. 10, 8902 Neusäss, Telefon 0821/488246
Lupe Filmverleih, *Die Lupe GmbH*
    Groner Landstr. 3, 3400 Göttingen, Telefon 0551/750881/82
Matthias-Film gem. GmbH
    Gänsheidestr. 67, 7000 Stuttgart,
    Telefon 0711/240512 + 240410
Meteor
    Brunnenstr. 7, 6234 Hattersheim 1, Telefon 06190/6032
Nickelodeon

Am Schweizer Hof 5 c, 1000 Berlin 37, Telefon 030/8 11 44 48
Paikert
Konkordiastr. 13, 4000 Düsseldorf, Telefon 02 11/39 40 32
Bruno Schmidt
Kurfürstendamm 187, 1000 Berlin 15, Telefon 030/8 81 19 37
TCF Twentieth Century Fox
Hainer Weg 53, 6000 Frankfurt, Telefon 069/62 72 23
UIP Filmverleih GmbH
Stresemannallee 13, 6000 Frankfurt 70, Telefon 069/63 70 96
Unidoc Film
Balkenstr. 17–19, 4600 Dortmund 1, Telefon 02 31/57 79 00
Zentral Film Verleih GmbH
Friedensallee 14–16, 2000 Hamburg 50,
Telefon 040/39 16 76

Filme, die bei der BAG zur Verfügung stehen, werden nur an BAG-Mitglieder verliehen; wegen der kostengünstigen Möglichkeit der Filmausleihe (20,– DM pro Tag/Film) empfiehlt sich eine Mitgliedschaft. Informationen: Bundesarbeitsgemeinschaft für Jugendfilmarbeit und Medienerziehung e.V., Schweizer Str. 6, 6000 Frankfurt 70, Telefon 069/61 04 39.
Filmverleih der BAG:
Clubfilmothek, Deutschhausplatz, Postfach 30 04, 6500 Mainz 1, Telefon 0 61 31/23 46 41

Regional

Landesbildstellen (LBS), Landesfilmdienste (LFD) und konfessionelle Medienzentralen (EMZ bzw. KMZ) verleihen – kostenlos oder gegen geringe Gebühr – nur im Bereich ihres Bundeslandes. Deshalb sind hinter den entsprechenden Abkürzungen diejenigen Bundesländer, in denen verliehen wird, durch eine Zahl aufgeführt (zum Beispiel LFD 1: Landesfilmdienst Baden-Württemberg).

Landesbildstellen (LBS)

LBS 1: Baden
Rastatter Str. 25, 7500 Karlsruhe 51, Telefon 07 21/3 49 71
LBS 2: Nordbayern
Carl-Burger-Str. 26, 8580 Bayreuth, Telefon 09 21/4 10 51

LBS 3: Südbayern
Am Stadtpark 20, Eingang Maria-Eich-Str. 29, 8000 München 60, Telefon 089/8 39 43-124 (Verleih)
LBS 4: Berlin
Wikingerufer 7, 1000 Berlin 21, Telefon 030/3 90 92-1
LBS 5: Bremen
Uhlandstr. 53, 2800 Bremen, Telefon 04 21/4 96 31 21
LBS 6: Hamburg
Kieler Str. 171, 2000 Hamburg 54,
Telefon 040/54 99-2 87/2 90
LBS 7: Hessen
Gutleutstr. 8−12, 6000 Frankfurt, Telefon 069/25 68-1
LBS 8: Niedersachsen
Niedersächsisches Landesverwaltungsamt − Landesmedienstelle, Postfach 107, Stiftstr. 13, 3000 Hannover 1,
Telefon 05 11/1 08-95 27
LBS 9: Rheinland
Prinz-Georg-Str. 80, 4000 Düsseldorf 30,
Telefon 02 11/8 99-81 82
LBS 10: Rheinland-Pfalz
Hofstr. 257, 5400 Koblenz-Ehrenbreitstein,
Telefon 02 61/7 20 22-23
LBS 11: Saarland
Staatliche Landesbildstelle Saarland, Beethovenstr. 26,
6602 Dudweiler, Telefon 0 68 97/79 08-20
LBS 12: Schleswig-Holstein
Schloß, 2300 Kiel 1, Telefon 04 31/9 40 55 + 9 40 59
LBS 13: Westfalen-Lippe
Warendorfer Str. 24, 4400 Münster, Telefon 02 51/5 91 39 11
LBS 14: Württemberg
Rotenbergstr. 111, 7000 Stuttgart, Telefon Zentrale
07 11/28 32 04, Telefon Verleih 07 11/28 10 82/83

Landesfilmdienste (LFD)

LFD 1: Baden-Württemberg
Wolframstr. 20, 7000 Stuttgart 1, Telefon 07 11/25 10 12
LFD : Bayern
Dietlindenstr. 18, 8000 München 40, Telefon 089/34 70 65

Filmothek Augsburg, Prinzregentenplatz 4, 8900 Augsburg,
Telefon 0821/510715
Filmothek Nürnberg, Fürther Str. 80 a, 8500 Nürnberg,
Telefon 0911/262605
Filmothek Würzburg, Kardinal-Döpfner-Platz 5, 8700 Würz-
burg, Telefon 0931/54141
LFD 3: Berlin
Bismarckstr. 80, 1000 Berlin 12, Telefon 030/3138055
LFD 4: Hessen
Kennedy-Allee 105 a, 6000 Frankfurt, Telefon 069/638025
Filmothek Fulda, Sturmiusstr. 8, 6400 Fulda,
Telefon 0661/73138
Filmothek Kassel, Hermann-Schafft-Haus, Wilhelmshö-
her Allee 19, 3500 Kassel, Telefon 0561/13710
Leopold-Lucas-Str. 8, 3550 Marburg/Lahn,
Telefon 06421/27577
LFD 5: Niedersachsen
Podbielskistr. 30, 3000 Hannover 1, Telefon ℘ 0511/661393
LFD 6: Nordrhein-Westfalen
Schirmerstr. 80, 4000 Düsseldorf 1, Telefon 0211/360556
LFD 7: Rheinland-Pfalz
6500 Mainz 1, Postfach 30 04, Deutschhausplatz, Telefon
06131/234641, Btx * 20375 #, Btx 0613122 1782, Telex
4187163 mas d
5400 Koblenz 1, Postfach 2463, Markenbildchenweg 38,
Telefon 0261/36243, Btx 026132853
6739 Neustadt 1, Postfach 10 07 10, Talgrafenstr. 2,
Telefon 06321/84672, Btx 0632181272
5500 Trier 1, Postfach 25 66, Zurmaienerstr. 114,
Telefon 0651/23055, Btx 065123056
LFD 8: Saarland
Mainzer Str. 30, 6600 Saarbrücken 1, Telefon 0681/67174
LFD 9: Schleswig-Holstein
Thormannplatz 20−22, 2370 Rendsburg,
Telefon 04331/76388

Evangelische Medienzentralen (EMZ)

EMZ 1:
Evangelische Bildstelle Baden, Postfach 22 69, Erbprin-
zenstr. 5, 7500 Karlsruhe 1, Telefon 0721/147368

EMZ 2:

Evangelische Medienzentrale in Bayern, Postfach 45 01 63, Hummelsteiner Weg 100, 8500 Nürnberg 45, Telefon 09 11/43 04-215

EMZ 3:

Evangelische Medienzentrale in der Berliner Arbeitsgemeinschaft für kirchl. Publizistik, Goethestr. 27−30, 1000 Berlin 12, Telefon 030/3 19 12 92

EMZ 4:

Amt für Medienarbeit (Medienzentrale) der Ev.-luth. Landeskirche in Braunschweig, Klostergang 66, 3300 Braunschweig, Telefon 05 31/37 10 11

EMZ 5:

Medienzentrale der Bremischen Evang. Kirche, Franziuseck 2−4, 2800 Bremen, Telefon 04 21/55 97-2 11

EMZ 6:

Nordelbische Medienzentrale, Amt für Öffentlichkeitsarbeit der Nordelbischen Ev.-luth. Kirche, Feldbrunnenstraße 29, 2000 Hamburg 13, Telefon 040/45 66 24

EMZ 7:

Medienzentrale im Amt für Gemeindedienst der Ev.-luth. Landeskirche, Archivstraße 3, 3000 Hannover 1, Telefon 05 11/12 41-5 01

EMZ 8:

a) Ton- und Bildstelle e. V., Medienzentrale der EKHN, Eschersheimer Landstr. 48, 6000 Frankfurt/Main, Telefon 069/5 97 00 79 + 5 97 00 70

b) Filmdienst der Ev. Kirche in Hessen-Nassau im Amt für Missionarische Dienste und Gemeindeaufbau, Elisabethstraße 51, 6100 Darmstadt, Telefon 0 61 51/40 54 50

EMZ 9:

Evangelische Kirche der Pfalz, Landeskirchenrat, Film-, Bild- und Tonstelle, Domplatz 5, 6720 Speyer, Telefon 0 62 32/10 91 79

EMZ 10:

Film Funk Fernseh Zentrum der Ev. Kirche im Rheinland, Lenaustraße 41, 4000 Düsseldorf 30, Telefon 02 11/63 98−2 22

EMZ 11:
a) Evang. Zentralbildkammer und Evang. Filmzentrale der Evang. Kirche inWestfalen, Cansteinstraße 1, 4800 Bielefeld 14, Telefon 0521/4486297
b) Medienpädagogik und Beschaffung: RPI Villigst, Ref. AV-Medien, 5840 Schwerte 5, Telefon 02304/71615

EMZ 12:
Ev. Medienzentrale Württemberg, Theodor-Heuss-Straße 23, 7000 Stuttgart 1, Telefon 0711/22276-63

EMZ 13:
Ev. Informationszentrum Kurhessen-Waldeck (Medienzentrale), Heinrich-Wimmer-Straße 4, 3500 Kassel, Telefon 0561/31001-0

Katholische Medienzentralen (KMZ)

KMZ 2:
AV-Medienzentrale Diözese Augsburg, Kapellberg 1, 8900 Augsburg, Telefon 0821/3152−205

KMZ 3:
AV-Medienzentrale Erzdiözese Bamberg, Heinrichsdamm 32, 8600 Bamberg, Telefon 0951/203248

KMZ 5:
AV-Medienzentrale Diözese Eichstätt, Luitpoldstraße 2, 8078 Eichstätt, Telefon 08421/50-333

KMZ 7:
Bild- und Filmstelle d. Erzdiözese Freiburg, Okenstraße 15, 7800 Freiburg, Telefon 0761/5144-252

KMZ 9:
Medienstelle d. Bistums Hildesheim Ref.: Medien und Kommunikationspädagogik, Domhof 18−21, Postfach 13 07, 3200 Hildesheim, Telefon 05121/307285

KMZ 10:
Diözesanfilmstelle Köln e. V., AV Medienzentrale, Kardinal-Frings-Str. 1−3, 5000 Köln 1, Telefon 0221/120501 + 120502

KMZ 12:
AV-Medienzentrale der Diözese Fulda, Limburg, Mainz, Speyer, Trier, 6500 Mainz 1, Postfach 30 04, Deutschhausplatz LFD-Haus, Telefon 06131/234641

336

KMZ 12:
  6400 Fulda 1, Postfach 1 47, Paulustor 4,
  Telefon 0661/87−288
  5400 Koblenz, Postfach 24 63, Markenbildchenweg 38,
  Telefon 0261/36243
  6730 Neustadt 1, Postfach 10 07 10, Talgrafenstraße 2,
  Telefon 06321/84672
  6600 Saarbrücken 3, Postfach 4 63, Mainzer Straße 30,
  Telefon 0681/67174
  5500 Trier 1, Postfach 25 66, Zurmaienerstraße 114,
  Telefon 0651/23055
  6330 Wetzlar, Pariser Gasse 34, Telefon 06441/48228
KMZ 13:
  AV-Medienzentrale Erzdiözese München-Freising, Nuß-
  baumstraße 30, 8000 München 2, Telefon 089/532685
KMZ 15:
  Religionspädagogische   Arbeitsstelle/Diözesanmedien-
  stelle im Bischöflichen Seelsorgeamt, Domhof 12, Post-
  fach 13 80, 4500 Osnabrück, Telefon 0541/318208
KMZ 16:
  Medienzentrum für das Erzbistum Paderborn, Rathaus-
  platz 7, 4790 Paderborn, Telefon 05251/26418
KMZ 18:
  AV-Medienzentrale Diözese Regensburg, Obermünster-
  platz 7, 8400 Regensburg, Telefon 0941/565251
KMZ 19:
  Fachstelle für Medienarbeit Diözese Rottenburg-Stutt-
  gart, Sonnenbergstraße 15, 7000 Stuttgart,
  Telefon 0711/241702
KMZ 22:
  AV-Medienzentrale, Kardinal-Döpfner-Platz 5, 8700 Würz-
  burg, Telefon 0931/386-267

II. 35-mm-Verleih

atlas film-studio
  Ludgeristr. 14−16, 4100 Duisburg, Telefon 0203/308222
Atlas/prokino Filmkontor GmbH
  Graf-Adolf-Str. 108, 4000 Düsseldorf, Telefon 0211/358101

Basis-Filmverleih
Güntzelstr. 60, 1000 Berlin 31, Telefon 030/8 53 30 37
Columbia Filmgesellschaft mbH
Ickstattstr. 1, 8000 München 5, Telefon 089/2 36 90 00
Concorde-Filmverleih GmbH
Widenmayerstr. 5−6, 8000 München 22,
Telefon 089/22 07 44
FiFiGe/AG Kino
Allende-Platz 3, 2000 Hamburg 13, Telefon 040/41 88 30
Filmkontor GmbH
Graf-Adolf-Str. 108, 4000 Düsseldorf, Telefon 02 11/35 81 01
Filmverlag der Autoren GmbH
Rambergstr. 5, 8000 München 40, Telefon 089/38 17 00 21
Filmwelt-Imperial
Ismaninger Str. 51, 8000 München 80, Telefon 089/4 18 00 10
Flop-Film, Berliner Kinderkino Initiative
Tauentzienstr. 8, 1000 Berlin 30
igelfilm GmbH
Friedensallee 7, 2000 Hamburg 50, Telefon 040/3 90 24 03
Impuls-Film H. J. Flebbe & Co.
Grazer Str. 10, 3000 Hannover 18, Telefon 05 11/83 50 01
Jugendfilm-Verleih-GmbH
Lietzenburger Str. 44, 1000 Berlin 30, Telefon 030/2 19 90 10
Lupe GmbH
Groner Landstr. 3, 3400 Göttingen, Telefon 05 51/7 50 81/82
Neue Constantin Film GmbH
Kaiserstr. 39, 8000 München 40, Telefon 089/38 60 90
Nickelodeon
Am Schweizer Hof 5 c, 1000 Berlin 37, Telefon 030/8 11 44 48
Pahl-Film
Wilhelmstr. 12, 7400 Tübingen, Telefon 0 70 71/2 76 71
Pegasus Filmverleih
Kurfürstendamm 229, 1000 Berlin 15, Telefon 030/8 81 60 50
prokino Filmverleih GmbH
Ungererstr. 84, 8000 München 40, Telefon 089/36 50 81
Senator Film
Kaiserstr. 35, 8000 München 40, Telefon 089/3 81 90 30
TCFTwentieth Century Fox of Germany GmbH
Hainerweg 37−53, 6000 Frankfurt, Telefon 069/60 90 20

Tobis-Filmkunst GmbH
  Bismarckstr. 108, 1000 Berlin 12, Telefon 030/3 10 00 50
Troll-Film
  Alt-Moabit 57, 1000 Berlin 21, Telefon 030/3 92 96 00
UIP
  Stresemannallee 13, 6000 Frankfurt, Telefon 069/63 70 96
Unidoc Film
  Balkenstr. 17−19, 4600 Dortmund 1, Telefon 02 31/57 79 00
Warner Bros. Film GmbH
  Rosenheimer Str. 143 b, 8000 München 80,
  Telefon 089/4 18 00 90

Quellen/Arbeitsmaterialien/ Fachpublikationen (Auswahl)

Ev. Filmbeobachter, jetzt epd FILM, Hrsg: GEP, Fachbereich Film BildTon, Friedrichstr. 2–6, 6000 Frankfurt 17
medienpraktisch, Hrsg.: GEP, 6000 Frankfurt 17
film-dienst, Hrsg.: Kath. Institut für Medieninformation e. V., Am Hof 28, 5000 Köln 1
Spielfilmliste (die Auswahlliste erscheint jährlich überarbeitet), Hrsg.: Institut Jugend Film Fernsehen e. V., Waltherstr. 23, 8000 München 2/Gemeinschaftswerk der Ev. Publizistik, Friedrichstr. 2–6, 6000 Frankfurt 17
Kinderfilm im Kino (verleihübergreifender Kinder- und Familienfilmkatalog), Hrsg.: Förderverein Deutscher Kinderfilm e. V., Kasinostr. 16, 4100 Duisburg
Kino für Kinder (verleihübergreifender Kinderfilmkatalog für die nichtgewerbliche Filmarbeit), Hrsg.: Kinder- und Jugendfilmzentrum, Küppelstein 34, 5630 Remscheid
Kinder- und Jugendfilm Korrespondenz (KJK) – Themenhefte: »Kinderkino – Eine Alternative zu Video«; »Kinderfilmlandschaft München«; »Drehbuchwerkstatt Kinderspielfilme«; »Vom Zauberwald zur Traumfabrik (Märchen + Film)«; »Der Kinderfilm in der Tschechoslowakei«; »Der Kinderfilm in Schweden«; »Der Kinderfilm in Dänemark«; »Der Kinderfilm in der DDR«; »Der Kinderfilm in der Sowjetunion«; »Der Kinderfilm in Großbritannien«; »Der Kinderfilm in Ungarn«; Hrsg.: Kinderkino München e.V., Werner-Friedmann-Bogen 18, 8000 München 50
Erlebnis »Kinderkino«, BAG-Magazin Sonderdruck (Informationen über Kinderkino zum Selbermachen und über die Kinderfilme im Verleih der BAG). Hrsg.: Bundesarbeitsgemeinschaft für Jugendfilmarbeit und Medienerziehung e. V., Schweizer Str. 6, 6000 Frankfurt 70
Kino zum Anfassen, Handbuch der nichtgewerblichen Filmarbeit, Hrsg.: Raimund Franken und Dagmar Riekenberg in Zusammenarbeit mit dem Kinder- und Jugendfilmzentrum, Extrabuch-Verlag, Frankfurt/Main 1985

Aufbruch zum neuen bundesdeutschen Kinderfilm, Hrsg.: Wolfgang Schneider, Beiheft 18 zum Bulletin Jugend + Literatur, Eulenhof-Verlag Ehrhardt Heinold, Hardebek 1982

Kinder- und Jugendfilm Korrespondenz (KJK) informiert kontinuierlich seit 1980 über Ereignisse und Entwicklungen, Tendenzen und Perspektiven auf dem Gebiet des Kinder- und Jugendfilms im In- und Ausland, mit Filmkritiken, Produktionsnachrichten, Interviews, Festivalberichten, Informationen zu Filmpolitik, Filmförderung und Kinderkinopraxis. Erscheinungsweise: vierteljährlich, Jahresabonnement: 22,– DM (Privatbezieher) bzw. 36,– DM (Institutionen), Hrsg.: Kinderkino München e.V., Werner-Friedmann-Bogen 18, 8000 München 50.

Fotovermerk

C & H Film, Denkmal, prokino, Frankfurter Filmwerkstatt, Concorde-Film, Common-Film, Alpha-Film, Basis, Kai Wessel, WDF, SFB, WDR, Provobis, Filmverlag der Autoren, ARD-Filmredaktion, Linda-Film/Gloria-team-press, AB Svensk Filmindustri, Lars Erik Svantesson, Tobis, atlas, Jugendfilm Verleih, Hungarofilm, Ivan Minár, Partanen & Rautoma, Walt Disney Productions, Herzog-Film, DEFA, Swedish Film Institute, United Artists, Barrandow-Studio, UIP, Neue Constantin Film, Kinder-Film-Archiv München.

Filmregister

Namenregister

A

Agazzi, Paola 312
Agthe, Arend 17, 27, 37
Algar, James 185 f.
Annakin, Ken 92
August, Bille 251

B

Badham, John 204
Bakshi, Paul 68
von Baky, Josef 56
Ballard, Carroll 180
Barrera, Olegario 309
Barthelmeß-Weller, Usch 22
Bass, Jules 200
Batchelor, Joy 122
Beck, Walter 275
Becker, Wolfgang 44
Bedrich, Václav 129
Behrens, Gloria 195
Benedek, Laslo 178
Berger, Ludwig 103
Black, John 154
Bohm, Hark 20, 33, 43, 46
Boldt, Rainer 19
Boorman, John 277
Borgelt, Hans-Henning 35
Bozzetto, Bruno 140
Brauer, Jürgen 62
Bruckman, Clyde 213, 215
Bykov, Rolan 298

C

Carow, Heiner 259, 283
Chaffey, Don 192
Chaplin, Charles 210, 216 f., 219
Chaski, Grupo 306
Claus, Richard 13
Clément, René 296
Cockliss, Harley 163
Comencini, Luigi 65
Couffer, Jack 175
Curtiz, Michael 154

D

Dalva, Robert 181
Danielsson, Tage 95
Daves, Delmer 168
Deutschmann, Wolfram 48
Deville, Michel 150
Dolin, Boris 172
Donner, Richard 148
Donskoj, Mark 290
Draeger, Thomas 29, 31
Dunning, George 141
Dziuba, Helmut 267, 272, 279, 283

E

Eastmann, David 158
Edwall, Allan 286
Engel, Thomas 93

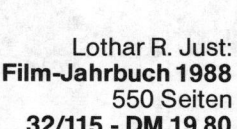

HEYNE FILMBIBLIOTHEK
HEYNE BÜCHER

Themenbände, die sich mit bestimmten Filmarten, wichtigen Epochen und Kategorien beschäftigen.

32/40 - DM 9,80

32/62 - DM 6,80

32/68 - DM 10,80

32/54 - DM 9,80

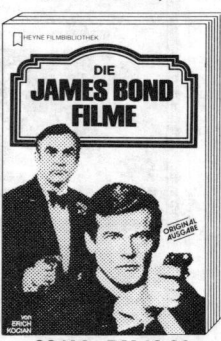

32/44 - DM 10,80

32/78 - DM 12,80

32/95 - DM 12,80

32/100 - DM 12,80